O DOCE AMARGO DA
INVEJA

Américo Simões
Ditado por Clara

O DOCE AMARGO DA
INVEJA

Barbara

Revisão: Sumio Yamada

Projeto gráfico e diagramação: Meco Simões

Foto capa: Gettyimages

Edição 2015/2016
8000 exemplares

ISBN 978-85-99039-53-3

Índices para catálogo sistemático:
1. Romances espíritas psicografados: Espiritismo

BARBARA EDITORA
Rua Primeiro de Janeiro, 396 - 81
Vila Clementino - São Paulo - SP
CEP: 04044-060
Tel.: (11) 26158082
(11) 992084999 - (11) 55815472

E-mail:barbara_ed@estadao.com.br
americosimoes@estadao.com.br
www.barbaraeditora.com.br

Todos os direitos reservados. Proibida a reprodução total ou parcial desta obra, por qualquer forma ou meio, seja ele mecânico ou eletrônico, fotocópias, gravação etc., tampouco apropriada ou estocada em sistema de bancos de dados, sem permissão expressa do editor (lei n° 5.988, de 14/12/73).

"Deus nos concede, a cada dia, uma página de vida nova no livro do tempo. Aquilo que colocarmos nela, corre por nossa conta."

Chico Xavier

Prólogo

Para alguns, quando se perde a esperança, restam apenas o ódio e a inveja...

Em 1935, aos primeiros dias do novo ano, Honório José das Palmeiras casou-se com Arminda Lago e foram morar na pequena fazenda que ele herdara do pai recém-falecido. Na época ele estava com 21 anos e Arminda com 17.

As terras, situadas no interior do Paraná, ficavam nas proximidades do Rio Paranapanema, bem perto de uma cidadezinha minúscula, chamada Patrimônio dos Seis que muitos acreditavam se chamar, na verdade, Patrimônio *D'ocês*, mas que na hora de registrar o nome, o responsável compreendera errado. Ninguém até então conseguira desvendar o mistério e, talvez, nunca o fariam, visto que os primeiros residentes do lugar já haviam morrido há tempos.

Apesar dos anos, o lugarzinho pouco evoluiu, apenas cerca de cem pessoas residiam ali, talvez menos. Era composto apenas de uma rua principal onde havia um barracão que servia de escola e paróquia ao mesmo tempo, construído pelo dono de uma das fazendas mais importantes da região.

Um lugar onde havia poucos jovens, especialmente rapazes, onde muitas moças temiam se casar apenas pelas circunstâncias, por serem levadas a ver sempre o mesmo rapaz, sem terem a oportunidade de conhecer outros. Mas algumas tinham sorte, tal como Arminda que se casou com Honório José porque realmente se apaixonou por ele.

No final de 1935, o casal teve a primeira filha que foi batizada com o nome de Assunta e popularmente chamada por todos de Assuntinha.

Em 1937, nasceu Durvalina, a segunda filha do casal. Seguida de Bela, carinhosamente chamada por todos de Belinha, nascida em 1939.

Poucas e boas a família passou às margens do Paranapanema, mas unidos, acabaram sempre vencendo no final.

Quando Belinha ficou mocinha, ao contrário da maioria das moças da região, ela se apaixonou por um rapaz de fora, filho de um português que comprara um sítio vizinho ao de seu pai. O nome dele era Manoel Lustosa Filho, com quem teve dois filhos: Manoel Lustosa Neto, que logo ganhou o apelido de Maneco e Maridelma Palmeira Lustosa, duas crianças lindas e orgulho de seus pais.

O casal foi morar numa cidade em ascensão, com faculdades, a cerca de 170 quilômetros de distância do Patrimônio dos Seis ou *D'ocês*. Numa casa simples, mas aconchegante, onde muitas vezes Belinha e a filha se sentavam no balanço feito de ferro, que ficava na varanda em frente à morada, para conversarem descontraidamente.

Belinha podia sim, se orgulhar de sua família, porque era exemplo de caráter e honestidade. Exemplo de bondade e respeito ao próximo. Era, em suma, aquela família feliz que vemos muitas vezes nos comerciais de margarina hoje em dia.

Uma família feliz que todas podem ser desde que se disponham a isso. Uma família feliz que incomodava um bocado aqueles que não se permitiam ser felizes, porque felicidade é, sim, uma questão também de opção.

Parte Um

O ano era 1970 e Maridelma estava com apenas doze anos nesta data. Tratava-se de uma garota fisicamente muito parecida com a mãe. Olhos e cabelos cor de avelã, ao sol, dourados como as folhas de outono. O temperamento de ambas também era muito igual. Ponderado, polido, sempre disposto a pôr panos quentes quando os nervos das pessoas ao seu redor se exaltavam.

Mãe e filha se encontravam na varanda da casa, aconchegadas no balanço de ferro, conversando mais uma vez, de mãos dadas, como duas grandes amigas.

– Já lhe contei sobre as enchentes que enfrentamos quando morávamos às margens do Rio Paranapanema? – perguntou Belinha enquanto alisava os cabelos da filha.

– Acho que sim, mas conte de novo, por favor, adoro ouvir a senhora falar do passado.

– A fazenda em que vivíamos nessa época, era bem rente ao rio e quando chovia forte e por dias consecutivos, o rio transbordava e nossa casa ficava imersa na água por dias, muitas vezes, por semanas. Tantas foram as enchentes que seu avô se viu obrigado a demolir a casa e reconstruí-la num lugar mais afastado, onde as águas não pudessem mais nos importunar.

– Quer dizer que vocês chegavam a ficar por dias com a casa no meio da enchente?

– Sim. Em certos anos chegamos a ficar semanas. Era um Deus nos acuda. Éramos obrigados a dormir ao relento até que a água se escoasse. Ainda que fosse verão, precisávamos cobrir o corpo todo com o lençol para nos proteger dos pernilongos.

– Que situação!

– Nem fale, filha. Quando olho para trás e revisito o passado, percebo que somos muito mais capazes do que pensamos para enfrentar os problemas que passamos. Somos bem mais corajosos do que supomos.

Maridelma beijou a bochecha da mãe num gesto carinhoso e comentou:

– Mamãe, a senhora fala tão bonito... Não tem sotaque algum do interior. Como é que conhece tantas palavras?

Belinha riu.

– Porque, minha filha, eu sempre li muito. Você sabia que fui eleita a melhor aluna da escola que eu frequentava?

– É mesmo?

– Sim. E a professora que me elegeu quis me dar um livro de presente. Ela tinha vários e pediu que eu escolhesse um. Então eu disse para ela que eu queria o dicionário. Ela se espantou com a minha escolha e me explicou:

"O dicionário é um livro que contem todas as palavras da língua portuguesa e seus significados, não conta história alguma."

"Mas é esse que eu quero", respondi, "pois só assim eu vou saber o significado das palavras e conhecer as muitas que não fazem parte do meu vocabulário".

Dona Dalva era o nome da professora em questão e ela ficou boquiaberta diante da minha resposta. Sorrindo, disse:

"Você tem razão, Belinha. Toda razão. Um dicionário lhe será no momento bem mais útil do que um livro de contos. Parabéns, você fez uma ótima escolha."

– E ela lhe deu o dicionário, mamãe?

– Não naquele momento, pois aquele era o que ela usava para dar aula. Mas prometeu-me que haveria de comprar um para me presentear.

– Que professora gentil.

– Sim. Um amor de mulher. Eu aguardei a chegada do dicionário com muita ansiedade. Cheguei até a sonhar com ele. Aí, então, aconteceu algo muito desagradável. Dona Dalva adoeceu e ficamos sem aula por alguns dias até vir uma substituta. Eu rezava dia e noite para que Dona Dalva melhorasse, esqueci-me até do dicionário que ela havia me prometido. Chegou, então, a triste notícia de sua morte. Acho que foi o primeiro dia em que eu chorei sentida e demoradamente em toda a minha vida.

Eu, por mais que tentasse, não conseguia parar de derramar lágrimas. Eu tinha Dona Dalva como uma mãe; perdê-la, foi como se eu tivesse perdido a minha própria mãe. Sua avó tentou me consolar, mas eu estava realmente sentida. Profundamente sentida.

Foi então que meu pai, no seu jeito brusco de sempre, voltou-se para mim e disse, elevando a voz:

"Se *num pará* de *chorá* agora, menina, *dô n'ocê* uma bela surra de cinto. Tá ouvindo?".

A seguir, ele tirou o cinto e colocou-o sobre a mesa para mostrar que falava sério.

Aquilo me assustou profundamente e só serviu para tirar de mim mais lágrimas. Diante do meu estado, papai não falou, berrou:

"Seca essas *lágrima,* agora! E eu que pegue *ocê* com os *zoio moiado* outra vez!".

Ele empunhava o cinto, ameaçando me bater. Foi assustador. Por medo dele segurei todas as lágrimas que insistiam extravasar de meus olhos.

Papai fora sempre um homem muito austero, mas jamais pensei que chegasse a tanto. Daquele dia em diante tive ainda mais medo dele. Só hoje percebo que ele agia assim porque aprendera com o pai a agir desse modo por acreditar que essa era a melhor forma de educar. Por isso, lhe perdoei por esses momentos agressivos e quando perdoamos, Maridelma, sentimos um alívio danado ecoar aqui no peito.

Ela suspirou e retribuiu o beijo recebido há pouco da filha. A pequena Maridelma sorriu e comentou:

– E quanto à titia Assuntinha e a titia Durvalina? Elas são tão diferentes da senhora... têm um sotaque caipira carregado...

– Suas tias nunca foram de estudar. Nunca tiveram interesse em ler um livro. Sempre foram completamente opostas a mim.
– Incrível como irmãos e irmãs podem ser tão diferentes um do outro, não? Como pode ser isso, se nascem da mesma barriga?
– Nem fale, Maridelma... Isso é o que mais surpreende os pais. Por mais que a criação seja a mesma, cada filho a absorve diferentemente um do outro.
– Como explicar?
– É que cada um nasce com uma personalidade diferente do outro. A educação dada pelos pais, influencia, sim, os filhos, mas não completamente.
Maridelma refletiu por instantes e disse:
– Eu gosto da tia Assuntinha e da tia Durvalina.
– E elas também gostam muito de você, Maridelma.
– Eu sei. Com qual das duas a senhora se dava melhor antes de se casar com o papai?
– Sempre procurei me dar bem com ambas. O gênio delas foi sempre muito diferente do meu. Tinham o pavio curto quando eram adolescentes. Pareciam estar constantemente de mau humor.
Risos.
– Mas hoje elas são tão calmas, tão ponderadas, tão educadas... – retrucou Maridelma.
– Você nunca ouviu dizer que o tempo melhora as pessoas? Pois bem, suas tias são o exemplo disso. Elas mudaram muito com o avanço da idade.
– Que bom, *né?* Que bom para elas.
– Sim. Agora me parecem mais felizes. E é tão bom nos tornarmos mais felizes... Tão bom quando nos permitimos ser mais felizes.
Após breve pausa, Maridelma perguntou:
– Por que elas não se casaram? Não houve pretendentes?
– Houve, sim. Para as duas.

— É mesmo?! Acho que a senhora nunca me contou a respeito. Se bem que acho que eu também nunca perguntei a respeito, não é mesmo?
Risos.
— Demorou para aparecer pretendentes. Sua tia Assunta, por exemplo, só foi conhecer o dela aos vinte anos — começou Belinha. — Isso mesmo, ela já estava com vinte anos quando conheceu aquele que viria a ser o grande amor de sua vida. Ela, nessa época, não era o que se podia chamar de uma jovem bonita. Seus traços eram rijos. Era, sem dúvida, um rosto masculino. Ela, como toda garota dessa idade, o que mais queria na vida era se casar. Atrevo-me a dizer que ela deveria pensar nisso vinte e quatro horas por dia. Chegava a suspirar só de se imaginar casando e também pelo medo de seu maior sonho jamais se realizar.

Foi no Patrimônio dos Seis, perto da nossa fazenda, que ela conheceu Reinaldo Soares. Era esse o nome do fulano. Ela havia ido com o nosso pai comprar algumas coisas na loja de secos e molhados, quando eles se encontraram pela primeira vez.

Ele era bem mais velho do que ela, uns dez, doze anos, mas não aparentava a idade que tinha, sua aparência era bem jovial, tinha porte esbelto, usava o cabelo sempre assentado com brilhantina, era realmente um homem bonito.

Lembro-me bem do dia em que ele foi a nossa casa pedir o consentimento ao meu pai, seu avô, para cortejar Assuntinha. Suas palavras foram:

"Venho até aqui, meu senhor, pedir permissão para cortejar sua filha."

Ao ouvir seu pedido, Assuntinha quis morrer de alegria.

"Cortejar minha *fia?*", exaltou-se papai, medindo o homem da cabeça aos pés com um olhar desconfiado e matreiro.

"Sim, senhor."

"Ora, *diacho,* como posso *permiti* que corteje minha *fia* se num sei nada sobre o senhor?"

Reinaldo Soares sorriu, sem graça, e falou um pouco de si.

Penso que já esperava por aquilo e, por isso, levou o texto na ponta da língua, pois nunca vi alguém falar tão claro e direto.

Sua tia Assuntinha chegou a ficar corada, até os olhos se avermelharam de tanta excitação com aquilo. Não é de se estranhar que tenha reagido dessa forma, eu mesma fiquei assim quando seu pai foi pedir consentimento ao meu para me namorar. Para nós, mulheres, nessa época, eu diria que esse era um momento mágico. Acho mesmo que só uma mulher dessa época pode compreender, no íntimo, o que significava essa hora, esse gesto, esse grande acontecimento em nossa vida. Os tempos eram outros, você sabe. Ainda mais num lugar tão simples como o que morávamos.

Pois bem, assim que Reinaldo Soares partiu de casa, papai voltou-se para a minha mãe e disse:

"*Num* confio nesse sujeito."

"Ora, marido, por que não?"

"*Num* sei... *Arguma* coisa me diz que ele *num* é *flô* que se cheire."

"Besteira, marido, besteira... Nossa *fia* precisa de um *home bão* e *trabaiador*, que lhe dê sustento... pense no quanto isso vai *fazê ocê, óme,* economizar no *finar* do mês."

Essa era a arma que minha mãe tinha para convencer o marido a consentir o namoro. Papai sempre fora muito apegado ao dinheiro, era capaz de comer pão mofado ou até mesmo frutas e legumes passados só para economizar. O duro é que todos nós tínhamos de comer o mesmo quando ele determinava e, ai de quem torcesse o nariz. Eu cheguei a vomitar por diversas vezes, ao sentir na boca aquele gosto horrível de fruta e legume passados. Ele me repreendia no mesmo instante:

"Da próxima vez que *ocê vomitá*, menina, *ocê* vai *levá* uma cintada, ouviu?"

Eu, como sempre, assentia, balançando a cabeça em concordância, para baixo e para cima, uma, duas vezes. Papai comia com os olhos pregados em nós. Nem mesmo quando passou mal por ter comido comida mofada, ele perdeu o hábito. A impressão que eu tinha é de que, para ele, nada importava mais do que saber que havia economizado algum trocado. Nem que fossem meros centavos.

Pois bem, sua avó conseguiu convencer seu avô a permitir que Reinaldo Soares cortejasse sua tia Assuntinha, desde que fosse sob sua guarda, logicamente. Assim, Reinaldo Soares passou a frequentar nosso sítio toda vez que tinha tempo livre. Ficava sentado num banco a cerca de dois metros de distância do qual Assuntinha se sentava. Não muito longe dali, a cerca de quatro, cinco metros ficava seu avô em companhia da sua espingarda.

– Desde essa época o vovô não se desgrudava da espingarda?!
– Por nada desse mundo. Até quando ia ao banheiro, ela ia junto. Dormia com ela pousada em cima do criado-mudo para qualquer imprevisto durante a noite.

Maridelma estava pasma com mais essa particularidade do avô materno.

– Assim, Assuntinha e Reinaldo Soares namoraram por longos meses. Quando eles percebiam que o avô havia cochilado, o que volta e meia acontecia, ele ousava estender a mão e ela também até se tocarem no ar.

– Como é que a senhora sabe disso?
– Porque eu ficava, muitas vezes, espiando os dois por entre as frestas da cerca que cercava a varanda da nossa casa. Isso era para mim uma aventura.

– E o vovô nunca pegou os dois fazendo isso?
– Pegou!
– E daí?
– Foi um Deus nos acuda!

Risos e Belinha retomou a história:

– O dia em que Reinaldo Soares pediu Assuntinha em casamento foi para todos nós uma grande surpresa. Nenhuma de nós, nem mesmo meu pai esperava que ele se decidisse casar tão cedo com Assuntinha. A data do casamento foi marcada, os convites feitos de boca, porque nessa época era assim, gastar dinheiro com convite era um luxo para poucos. Só faltava o

grande dia chegar...
Reinaldo Soares já havia dito que sua família não poderia ir ao casamento devido à distância que moravam dali...
– Não iria ninguém?! Nem os pais dele?
– Não. Segundo ele, moravam muito longe. Muitos casamentos aconteciam assim, minha filha, sem a presença dos parentes por causa da distância. Ainda hoje é assim para muitos. Especialmente para quem tem família, morando em estados longínquos. Fica dispendioso para eles irem à cerimônia.
– Mas, conte-me... Conte-me logo, como foi o casamento da titia. Estou ansiosa.
– Pois bem... Minha mãe vestiu Assuntinha com o vestido de cetim que ela usara em seu casamento, o qual fora guardado com muito cuidado para ser usado por uma filha, caso tivesse uma no futuro.
– Quer dizer que tia Assuntinha usou o mesmo vestido que a vovó usou para se casar?
– Sim. E se ela não o tivesse guardado, duvido muito que teria um apropriado para o casamento. Como lhe disse, seu avô sempre fora um homem de conter gastos e, para ele, um vestido de noiva era tido como supérfluo.
– O barracão que servia também de paróquia da nossa cidadezinha, ficou consideravelmente cheio de convidados. O padre já estava a postos para celebrar a cerimônia quando Assuntinha chegou à "igreja" levada pela carroça de boi, guiada pelo nosso pai. Ela estava trêmula de emoção e ansiedade pela hora do casamento.
Estava tudo pronto, só faltava o noivo chegar. Por algum motivo ele se atrasara. Os minutos foram passando e nada de ele aparecer. As pessoas começaram a ficar incomodadas com a demora e o padre também.
"Deve ter acontecido *arguma* coisa", disse minha mãe para meu pai.
"E aconteceu *memo, muié!*", respondeu papai, irônico. "O safado fugiu! *Enganô nóis tudo!*"
"Mas ele me parecia um sujeito tão *bão*, tão honesto."

"*Argo* sempre me disse que ele *num* era *flô* que se cheire! Ocês *num* me ouviram... *Muié* é tudo tonta *memo!*".
Assuntinha não queria acreditar que aquilo pudesse ser verdade. Reinaldo Soares não podia ter feito uma coisa daquelas com ela. Não era justo. Ela o amava.
"Eu *vô* atrás daquele safado!", anunciou meu pai. "*Vô* eu e minha espinga*rda*! *Vô trazê* o fujão pra cá sob a mira da danada e, se ele *num quisé casá* com minha fia, passo fogo nele! Ah, se passo!".
"Pelo amor de Deus *home,* cuidado.", alertou minha mãe.
Mas papai não lhe deu ouvidos, pediu emprestado o cavalo de um compadre seu e partiu em busca de Reinaldo Soares. Nós, digo, eu, mamãe, Assuntinha e Durvalina voltamos para o sítio no carro de boi.
Já era quase noitinha quando papai voltou para casa.
"O *tar* de Reinaldo Soares *tomô chá de sumiço memo,* minha gente!, explicou ele. "O fujão já deve *tá* do outro lado do *praneta* numa hora dessa."
Voltando-se para Assuntinha, completou:
"*Ocê, fia,* que arranque esse vestido, porque *num* vai ter mais casório *argum!* Nem se aquele estrupício *vortá* e me *pedi,* de *joeio, descurpa* pelo que fez *pra nós,* eu deixo ele *casá* com *ocê!*".
– Tia Assuntinha ainda estava com o vestido de noiva?
– Ainda. E nas mãos segurava o buquê feito de flores do canteiro ao lado de nossa casa. Não desgrudava dele por nada desse mundo. Visto que ela não se moveu, papai berrou:
"*Ocê tá* surda, por acaso, Assuntinha? Arranca esse vestido, porque *num* vai ter mais casório *argum!* Nem se aquele estrupício *vortá* e me *pedi* de *joeio descurpa* pelo que fez, eu deixo ele *casá* com *ocê!*".
Assuntinha saiu correndo de casa pela porta do fundo, gritando histérica e desesperadamente.
"Assunta!" gritou mamãe. Chegou a pensar em correr atrás dela, mas não teve forças.

Os gritos de Assuntinha eram tão fortes e agudos que ecoavam por toda a mata que cercava o nosso sítio.
Sua tia Durvalina, não moveu um músculo sequer por ela. Ficou parada na soleira da porta, olhando para Assuntinha que desaparecia na escuridão da noite, gritando, em total desespero. De casa, fui eu, a única que partiu em busca dela.
Encontrei-a caída no meio do capinzal, chorando copiosamente. Parecia um animal, agonizando durante o abatimento. Um porco sendo estripado. Ela era expressão mais completa da dor que a decepção pode causar numa pessoa, principalmente numa mulher. Foi horrível. Fiquei petrificada, olhando para ela, querendo ajudá-la sem saber ao certo como.
Num acesso de fúria, ela tirou o véu da cabeça e começou a rasgá-lo com toda força. Sua expressão era demoníaca, parecia um monstro daqueles que eu via em minha imaginação quando ouvia falar deles.
Lágrimas e mais lágrimas começaram a rolar por minha face enquanto meus lábios tremiam.
"Assuntinha", balbuciei.
Ela soltou um grunhido que mais parecia o uivo de um cão furioso.
"Vamos para casa, Assuntinha."
"Deixa-me em paz, Belinha."
"Por favor, minha irmã. Será melhor para você!"
De repente, ela parou de chorar e seu semblante mudou. Parecia ter se transformado num espantalho. Seus olhos ficaram vidrados, não mais piscavam. Aquilo me deixou apavorada, receando que ela tivesse morrido.
"Assuntinha", murmurei com voz trêmula.
O silêncio dela me fez tocá-la.
"Assuntinha", tornei eu.
Arrepiei-me, ao perceber que sua pele estava gelada. Lembrei-me de minha avó Anastácia, quando toquei seu corpo morto.
Rodei nos calcanhares no mesmo instante e voltei para casa correndo.

"Belinha...", disse minha mãe.
Eu estava tão sem fôlego e tão nervosa que não consegui dizer uma só palavra.
"Belinha, vem cá", chamou-me minha mãe, acolhendo-me em seus braços.
"Encontrou sua irmã?", perguntou meu pai no seu tom ríspido de sempre.
Não soube o que responder.
Papai levantou-se da cadeira com sua espingarda em punho, atravessou a porta do fundo da casa e chamou por Assuntinha:
"Assuntinha!?", papai repetiu o chamado umas cinco, oito vezes. Ouvimos apenas o silêncio da noite como resposta. Por fim, ele entrou em casa e fechou a porta com o ferrolho.
"Marido, como é que a sua *fia* vai *entrá* em casa se *ocê fechô* a porta, *ôme?*"
"Ela *num* veio quando eu chamei, pois agora que passe a noite lá fora!"
"No sereno, *ôme?*"
"No sereno *pra aprendê* a me *respeitá.*"
Sem mais palavras, papai se retirou para o seu quarto.
Creio que mamãe não conseguiu pegar no sono naquela noite, tamanha a preocupação com Assuntinha. No dia seguinte, assim que o galo cantou, ela saiu de casa em busca da filha, encontrou-a no mesmo lugar que eu a havia deixado na noite anterior. Assuntinha, graças ao bom Deus, estava viva, mas em estado de choque, foi com muito tato que mamãe conseguiu levá-la de volta para casa.
A coitada ficou acamada por semanas e, quando estava dando os primeiros sinais de melhora, ela, infelizmente, ouviu meu pai comentar com minha mãe:
"Verdade seja dita, *muié,* o *tar* de Reinaldo Soares *num casô* com a nossa *fia* porque ela é feia de doer!"
"*Num* diz uma coisa dessas, marido."
"Mas é ve*r*dade, *sô.* E digo mais, sabe quando a Assuntinha vai *consegui arranjá* outro marido, *muié?* Nunca! Nunquinha!"

Assuntinha infelizmente ouviu a opinião do papai e aquilo só serviu para deixá-la ainda pior diante do acontecido, em relação à vida, em relação a si própria. Aquilo foi, como se costuma dizer, a gota d'água. O pouco de vitalidade e entusiasmo pela vida que haviam restado nela, pareceu morrer naquele dia. Ela nunca mais haveria de ser a mesma.
– E quanto ao Reinaldo Soares?
– Nunca mais ouvimos falar dele. Seu avô o procurou por todas as cidades vizinhas, mas nunca o localizou, confirmou apenas que ele era realmente um vendedor que passava de cidade em cidade, mas ninguém também o viu mais.
– Que estranho. Pelo visto o vovô estava certo quando pressentiu que ele não era boa pessoa.
– Não sei... Para mim algo de muito grave aconteceu e, por isso, ele não pôde ir ao próprio casamento. Penso assim, pois a meu ver, Reinaldo Soares gostava mesmo de Assuntinha e gostando como gostava, não teria feito uma coisa dessas com ela. Teria, pelo menos, dado a todos uma explicação e não desaparecido feito brisa. Além do mais nunca mais alguém ouviu falar dele pelas redondezas, o que é muito estranho. Ninguém desaparece assim, nenhum homem se evapora no ar.
– O que teria acontecido?
– Eu não sei, filha.
– Mais um mistério da vida?
– Sim, minha querida. Mais um.
E Belinha estava certa no que supôs. Reinaldo Soares a cavalo a caminho da igreja, sofreu um acidente. O cavalo pisou em falso junto a um declive na estrada e ambos rolaram abaixo e morreram ali mesmo. Ele por ter batido a fronte numa pedra, o cavalo por ter quebrado a perna. Quando Reinaldo Soares foi encontrado, seu corpo já estava em decomposição avançada, e quem o encontrou não o conhecia, tampouco fez questão de dar parte à polícia que ficava longe dali, tampouco se envolver com algo tão desagradável.
Após breve pausa, Maridelma retomou o assunto:
– E quanto à titia Durvalina, por que ela não se casou?

– Sua tia Durvalina, quando jovem, era fisicamente bem diferente de Assuntinha. Tinha o rosto e o corpo muito bonitos, no entanto, aos quase vinte anos de idade, ainda não tinha conseguido arranjar um pretendente para se casar. E isso a estava deixando nervosa.

Até hoje não compreendo por que muitas mulheres, mesmo sendo bonitas, não conseguem atrair um homem para se casarem com a mesma facilidade que outras consideradas não tão bonitas. Isso me leva a pensar que o destino de muitas é ficar solteira mesmo. Só gostaria de saber o porquê. Enfim...

Nessa época, papai havia contratado um empregado novo para ajudá-lo nos afazeres do sítio. Seu nome era Mirosmar Correa. Um rapaz bem apessoado e bonito, com vinte e poucos anos e que cortejava uma jovem chamada Darcilene que morava no Patrimônio. Um encanto de moça, ajudava na missa, era boa para com os necessitados, um exemplo de mulher.

Certo dia, Durvalina voltou para a casa, bem na hora do café da tarde, esgoelando-se de tanto berrar. Seu vestido estava todo amassado e sujo de terra. Seu rosto parecia em brasa.

"O que diacho aconteceu, sua espevitada?!", exaltou-se papai, espantado com os chiliques da filha. "Parece até que viu uma onça."

"Papai, papai...", Durvalina tentava falar.

"Desembucha, menina!", retrucou ele, agarrando firmemente em seus braços.

"Foi o Mirosmar. O Mirosmar, papai..."

"O que tem ele, *fia?*"

"Ele *agarrô eu* lá perto do celeiro e..."

"O Mirosmar!? Se aquele demônio teve a pachorra de pôr um dedo *n'ocê, fia,* eu mato aquele *infiliz.*"

"Ele me agarrou à força e me beijou."

"O quê?! *Vô dá* uma lição naquele atrevido, agora *memo!*"

Sem mais delongas, papai deixou a casa, pisando duro. Eu, minhas irmãs e minha mãe o seguimos. Mamãe suplicava a ele que se acalmasse:

"Honório José das *Parmeira, num* vai *fazê* nada *pra* se arrepender depois!"
"Preciso *dá* uma lição naquele *infiliz, muié*. Uma lição bem dada! *Ôme* nenhum faz o que bem entende das *minha fia* e sai sem *pagá* por isso!"
"*Num* se precipite, *ôme* de Deus!"
"Calada, muié!"
Mirosmar assustou-se com a chegada repentina do patrão.
"Aconteceu alguma coisa, seu Honório José?
"*Num* se faz de sonso *pra* cima *d'eu*, seu meliante! Ocê sabe muito bem o que aconteceu."
Nisso, papai empunhou a espingarda contra ele e gritou:
"Eu *vô matá ocê*, seu desgraçado!"
O rapaz caiu de joelhos em frente ao meu pai e começou a chorar, implorando por sua piedade.
"*Num* fiz nada de errado, meu senhor, por que está me tratando assim?"
"*Ocê* fez sim, seu safado! *Abusô* da minha *fia!*"
"Eu?!"
"*Ocê* sim, estrupício!"
Nisso, minha mãe pegou no cano da espingarda e o desviou para o chão. Disse:
"Se o Mirosmar *abusô* da nossa *fia*, Honório José, ele vai *tê* de *casá* com ela!"
Papai enviesou os lábios.
"É isso *memo*, marido, force esse danado a *casá* com a nossa *fia*, Durvalina.
Mirosmar Correa tentou se defender, mais uma vez:
"Patrão, juro por Deus que não abusei da sua *fia*. Nem sequer encostei um dedo na Durvalina!"
Papai empunhou novamente a espingarda na direção do sujeito e bramiu:
"*Ocê* vai *casá* com a minha *fia*, sim, e *num* se fala mais nisso!"
Sem ver escolha, o empregado se viu obrigado a concor-

dar:
"Está bem, meu senhor, se é assim que o senhor quer, caso com a sua *fia.*"
Durvalina que até então se mantinha chorosa, secou as lágrimas no mesmo instante.
Desde então, os preparativos para o seu casamento com Mirosmar Correa começaram e Durvalina era só alegria, parecia ter se transformado numa outra pessoa.
– E o que Mirosmar fez com a noiva?
– Terminou com ela.
– Deve ter sido muito doloroso para ele desmanchar o namoro com a moça, não? Ainda mais se gostava dela!
– Se foi. Quando faltava pouco para o casório, algo surpreendente aconteceu. Tínhamos acabado de jantar quando Assuntinha falou alto e em bom tom:
"Papai, a Durvalina *tá* mentindo!"
"Mentindo, sobre o que, Assuntinha?", inflamou-se, papai.
"O Mirosmar nunca *abusô* dela. Ela *inventô* tudo isso só *pra fazê* ele se *casá* com ela."
Papai voltou-se como um raio para Durvalina que, no mesmo instante, defendeu-se:
"É mentira dessa infeliz, papai! Assuntinha só *tá* dizendo isso, porque não quer ver eu casada, quer me ver *sorteira* assim como ela ficou."
Papai se viu perdido, sem saber em quem acreditar.
"Eu digo a verdade", reforçou Assuntinha, com a boca espumando de raiva.
"Pois eu também digo a verdade!", defendeu-se Durvalina, estufando o peito.
"*Ocês* duas querem *ficá quieta?* Minha cabeça *tá* ardendo com essa gritaria. Matraqueando assim nos meus *ouvido num* consigo *pensá* direito. Eu vou *perguntá pro* Mirosmar amanhã..."
Assuntinha interrompeu papai no mesmo instante:
"É lógico que ele vai *negá,* papai, porque tem medo do

senhor."
"Isso lá é verdade", concordou papai, olhando desconfiado para a filha.
Minha mãe se mantinha calada, olhando para nós com seriedade. Por fim, disse:
"É feio mentir, Durvalina. *Num* quero *fia* minha *fartando* com a verdade. De jeito *argum!*"
Durvalina, fazendo beicinho, defendeu-se mais uma vez:
"Falo a verdade, mãe."
"Acho *bão memo.*"
Assuntinha soltou um risinho cínico.

No dia seguinte, pela manhã, Assuntinha estava curvada sobre a margem do Paranapanema, lavando roupa, quando Durvalina chegou. Estava tão concentrada no que fazia que nem percebeu sua aproximação. Foi num repente, que Durvalina pulou feito um gato sobre Assuntinha e, segurando firme sua nuca, pressionou sua cabeça dentro da água. Assuntinha se debatia como uma galinha que se debate quando é pega para o abate.
"Desgraçada! Ordinária!", rugia Durvalina, envenenada de raiva.
Assuntinha continuava se debatendo na água, em total desespero.
Foi o estampido da espingarda de meu pai que fez com que Durvalina soltasse o pescoço de Assuntinha. Por muito pouco, ela não morreu afogada. A pobre criatura respirava ofegante quando sua cabeça ganhou ar novamente.
"*Ocês* duas *num* tem jeito *memo*", ralhou papai. "Parece até que tem o demônio no corpo."
Assuntinha voltou-se para Durvalina e disse:
"*Ocê* deve me *agradecê* por *dizê pro* pai a verdade!"
"Invejosa."
"*Ôme* nenhum presta, Durvalina. Depois de casada, Mirosmar ia *judiá d'ocê* pelo que *ocê* fez a ele. Por ter inventado toda essa mentira. Pensa que eu não via o modo como *ocê* me

23

oiava quando eu fiquei noiva daquele desgraçado do Reinaldo Soares?"

"Olhava feio *pr'ocê* porque era eu quem deveria estar casando, *afinar,* sou mais bonita do que *ocê.* Bem feito! Muito bem feito *memo* por ele ter largado *ocê* bem no dia do casamento. Feito *ocê* de tonta na frente de todo mundo!"

"Eu mato *ocê!*"

Papai deu outro tiro de espingarda e forçou Durvalina a dizer a verdade, mas ela se manteve irredutível quanto a sua versão da história.

Eu assistia a tudo calada e de olhos atentos. Bem, o final dessa história foi tão lamentável quanto o começo. Mirosmar fugiu da cidade com a Darcilene, sua verdadeira paixão e papai não foi atrás dele porque sabia, no íntimo, que Durvalina havia realmente inventado tudo aquilo, apesar de jurar por Deus que não.

Quando Belinha fez nova pausa, Maridelma comentou:

– Nossa, mamãe, que história... O que a senhora pensa a respeito? Digo, a senhora acha que a titia inventou tudo aquilo ou tudo aconteceu realmente como ela falou?

– Eu não sei, filha. Sinceramente não sei. Sua tia me parecia tão sincera.

Maridelma assentiu e Belinha prosseguiu:

– O boato de que Durvalina havia inventado tudo aquilo para forçar Mirosmar a se casar com ela espalhou-se pelo Patrimônio e pelas cidades vizinhas. As poucas amigas que ela tinha, romperam o laço de amizade com ela por medo de que ela inventasse alguma coisa sobre seus namorados, noivos ou maridos. Durvalina foi se tornando uma jovem triste, tão triste quanto Assuntinha se tornava.

Belinha, enlaçando a filha, com alegria, prosseguiu com grande satisfação:

– Foi nessa época que conheci seu pai.

– É mesmo?! Conte-me tudo, por favor.

Belinha atendeu ao pedido prontamente:

– Seu avô Manoel Rodrigues Lustosa, pai de seu pai, havia comprado um sítio ligado ao nosso. Um homem que vivia sempre de muito bom humor, sempre muito entusiasmado com a vida, jamais havia conhecido alguém assim. Admirável. Mas meu pai, seu avô, Honório José das Palmeiras, não se simpatizou com ele a princípio. Seu bom humor o incomodava profundamente. Pessoas amargas e mal-humoradas não gostam de seus opostos, pode observar. São capazes de tudo para fazer com que os bem-humorados e de bem com a vida tornem-se amargos como elas.

Certo domingo, após a missa no Patrimônio, quando meu pai foi montar a carroça, o cavalo deu um passo à frente e ele, distraído, desequilibrou-se e foi ao chão.

Seu Amarante, que se encontrava nas proximidades, ao ver o que aconteceu, tentou, mas não conseguiu, conter o riso. Riu a ponto de se contorcer, deixando a mim e a suas tias apreensivas, receosas de que papai se zangasse com o homem e perdesse a amizade com ele por causa de seu riso escrachado. Se seu Amarante não tivesse lhe pedido desculpas, papai, certamente, teria rompido o estreito elo que havia entre os dois.

Se bem que se ele se zangasse com o seu Amarante, a zanga logo acabaria passando, pois algo me dizia que o papai gostava bem mais do seu Amarante do que supunha.

Um mês depois, quase no mesmo local, ao final da missa de domingo, seu Amarante escorregou numa casca de banana e foi com tudo ao chão. Papai, aturdido, procurou ajudá-lo a se levantar, mas seu Amarante ria tanto do acontecido que papai acabou rindo com ele, rompendo-se numa gargalhada tão gostosa e escrachada quanto à dele.

Creio ter sido essa a primeira vez em que vi meu pai, rindo daquele jeito. Não me recordo até essa data de vê-lo gargalhar daquele modo. Acho que foi essa também a primeira vez em que vi sua dentadura reluzir. Desde esse dia, para espanto meu e, principalmente, de minhas irmãs, papai passou a rir com mais frequência.

Foi no verão, durante as férias da faculdade que seu pai,

hoje meu marido...
— Manoel... — enfatizou a menina com grande satisfação.
— Isso mesmo — respondeu Belinha sorrindo, orgulhosa —, finalmente foi conhecer as terras que seu pai havia comprado. Foi então que fomos apresentados um ao outro no final de uma missa de domingo. Aprofundamos nossa amizade num almoço na casa de seu Amarante, convite feito por ele próprio.
Ao comentar que gostaria de pescar, papai se prontificou a levá-lo ao ponto mais adequado do Rio Paranapanema para que tivesse êxito na pescaria. Fui junto com os dois e acabei ficando só com Manoel quando papai teve uma súbita e desagradável dor de barriga.
Desde esse dia, seu pai aparecia na fazenda para pescar e detestava a minha companhia porque eu não conseguia ficar quieta. Um dia ele gritou comigo. Mandou-me calar a boca. Seu jeito ríspido me feriu tanto a ponto de me arrancar lágrimas.
Ao perceber que havia sido rude comigo, ele procurou imediatamente me consolar e quando dei por mim, eu estava encostada em seu peito e ele passava carinhosamente as mãos pelos meus cabelos. Foi nesse momento que algo dentro de mim se acendeu. Era o amor e eu soube naquele exato momento que Manoel Lustosa seria o homem com quem eu haveria de me casar e ter meus filhos.
— E como foi que o papai pediu permissão para o vovô para namorar a senhora?
— Não foi ele quem pediu minha mão a seu avô, filha, foi o pai dele, o próprio Seu Manoel Rodrigues Lustosa quem fez o pedido e de uma forma muito elegante. Seu pai me cortejou até o fim de suas férias e, desde então, voltava sempre que podia para me ver. Logo decidiu se casar, pois já estava prestes a terminar a faculdade e começaria um estágio na sua área, algo muito importante para sua ascensão como profissional, o que dificultaria ir me ver com assiduidade. Então seu pai, ao pedir ao pai, que fosse pedir minha mão a meu pai... Nossa, quanto pai, não? — Belinha riu. — Mas você me entendeu, não?
— Sim, continue.

— Pois bem, Seu Manoel Rodrigues Lustosa, seu avô, respondeu: "Dessa vez, Manoel, é você quem vai falar diretamente com o velho Honório José das Palmeiras". E ensinou a ele tudo que deveria dizer, na hora que fosse pedir minha mão em casamento. Para espanto de seu pai, contou-me ele depois, o nervosismo que o fez gaguejar do começo ao fim na hora do pedido, não foi tanto quanto esperava.

— Então, dessa vez, foi o papai quem falou com o vovô Honório?

— Sim, filha, tinha de ser. Assim manda a tradição.

— E o vovô Honório, como reagiu?

— Por namoramos por tão pouco tempo, receávamos que desaprovasse, mas, para espanto de todos, aprovou o pedido de imediato e ainda brindou o evento com cachaça.

— Cachaça?! Eca!

Risos.

— Mas foi um dia de muita alegria para as duas famílias. Uma festança só!

— E o que a tia Assuntinha e a tia Durvalina acharam da união de vocês dois? Como elas se sentiram?

— Felizes, certamente, apesar de pouco demonstrarem. Ainda se sentiam tristes, obviamente pelos rumos que suas vidas amorosas tiveram. Sua tia Assuntinha, preocupada com o meu destino e a minha felicidade, veio até mim poucos dias antes do meu casamento e disse:

"Belinha, a vovó *num tá* mais aqui *pra te aconseiá,* então eu digo por ela: *Ôme* nenhum presta! *Num* esquece *disso!*"

"Mas eu confio no Manoel."

"Eu também confiava no Reinaldo Soares e deu no que deu!"

"Obrigada por se preocupar comigo, Assuntinha, mas não é porque o Reinaldo Soares não agiu corretamente com você que o Manoel vai agir da mesma forma comigo. Cada caso é um caso, não?"

"*Num* quero *vê ocê* sofrendo que nem eu, Belinha!"

"Eu vou correr o risco, Assuntinha."

Abracei-a e murmurei ao seu ouvido, ao perceber que ela chorava em meu ombro:
"Não se preocupe comigo, Assuntinha. Vai dar tudo certo."
"Ocê é a nossa irmãzinha querida, Belinha... Nossa *fiínha*... *Nóis* se preocupa com *ocê*. *Dô* esses *conseios* porque nossa avó *num tá* mais aqui *pra te aconseiá!*"
Recuei o rosto, enxuguei suas lágrimas e lhe disse:
"Vamos ter fé no melhor. Que tudo vai correr às mil maravilhas para mim e o Manoel."
Sua tia Assuntinha pareceu-me mais aliviada, então.
Sua tia Durvalina também veio me dar conselhos e eu também procurei tranquilizá-la. Elas sempre me amaram muito e era compreensível a preocupação que tinham por mim, não queriam me ver sofrer.
Maridelma, pensando no próprio irmão, perguntou:
– Será que o Maneco me ama tanto quanto as titias Assuntinha e Durvalina amam a senhora?
– É lógico que sim, Maridelma. Maneco, seu irmã é apaixonado por você.
– Eu também o amo.
– E que esse laço nunca se rompa, filha. Porque os laços familiares são mais fortes do que tudo diante das intempéries da vida. Mesmo de longe, rezo por minhas irmãs da mesma forma que para meu pai. E eles sabem que podem contar comigo para qualquer emergência. Da mesma forma que eu posso contar com eles. Isso é o que é mais bonito e forte numa família. Não se esqueça disso!
A menina assentiu e quis saber mais:
– Fale-me do dia do casamento da senhora.
– Foi um dia memorável, Maridelma. Um dia que ficou guardado para sempre em nossa lembrança.
Seu Amarante deu uma baita festa em sua fazenda para celebrar o nosso enlace. Convidou praticamente o vilarejo inteiro, fora os parentes que vieram de longe. Dançamos, cantamos, foi lindo.

Lágrimas transbordaram dos olhos de Belinha.
– O vovô Amarante veio mesmo de Portugal? – quis saber Maridelma a seguir.
– Veio, sim. Ele sua avó, Dona Jacinta. O casamento dos dois foi arranjado por seus pais. Conheceram-se uma semana antes do casamento e respeitavam-se e aprenderam a se amar mutuamente com o convívio.
– Nossa! – exclamou Maridelma.
– Ao chegarem ao Brasil, seu avô começou a transportar madeira e com suas economias abriu uma padaria que lhe possibilitou prosperar, dar estudo aos filhos e um futuro mais digno para sua família. Em casa, tratava todos com carinho e respeito. Como vê, ele não era só bem-humorado, era amoroso também. Comprou o sítio, junto ao nosso, quando conseguiu juntar boas economias e usufruiu do lugar por quase quinze anos, só vendeu quando já não tinha mais forças para administrá-lo e os filhos não demonstraram interesse nisso.
– Que pena.
– É, mas como ele mesmo disse: "Foram anos maravilhosos, usufruí ao máximo do sítio, já me dei por contente". Meu pai sentiu muito quando Seu Manoel Lustosa (meu sogro, seu avô) voltou para a cidade, eram tão amigos... Mas a vida é mesmo assim, nada é para sempre, precisamos nos acostumar às mudanças.
Nova pausa antes de a menina perguntar:
– E quanto às titias, nunca mais apareceu nenhum pretendente para elas?
– Apareceu, sim. Um dia, um primo do dono da loja de secos e molhados do Patrimônio dos Seis, Nassif era seu nome, viúvo, que havia ido visitar seu parente conheceu Assuntinha, por acaso, na rua e se interessou por ela. Mas ela não quis saber dele, receava que ele fizesse o mesmo que Reinaldo Soares fizera com ela, ou algo pior. Ele, então, engraçou-se por Durvalina.
Nossa mãe, que nessa época andava muito adoentada, faleceu repentinamente, aos 39 anos de idade, deixando to-

dos nós surpresos e amargurados. Papai jamais pensou que ficaria viúvo tão cedo, foi um choque para ele. Ele gostava muito dela.

— Quantos anos a senhora tinha quando a vovó faleceu?

— Eu tinha apenas dezoito anos, filha. Eu queria tanto que ela estivesse viva quando meus filhos nascessem, mas Deus quis assim.

Belinha enxugou uma lágrima e retomou o que contava:

— Pois bem, quando o tal Nassif quis propor casamento para sua tia Durvalina, nosso pai se opôs terminantemente: "Durvalina já *passô* da idade de se *casá*. Vai *ficá* aqui comigo, cuidando dos *afazer* da casa, do sítio, cuidando *d'eu*."

A decisão de papai caiu sobre Durvalina como um balde de água fria. Ai, se ela protestasse, dissesse alguma coisa. Papai era muito severo.

— Poxa, ela não teve mesmo sorte! Nem ela nem tia Assuntinha.

— É, nesse sentido, não mesmo.

— A senhora acha que elas sentiram raiva do vovô por isso?

— No começo, talvez... Depois, não.

— Pobres titias...

— Eu sinto pena delas, filha... São boníssimas comigo e com você e seu irmão. Não sabem o que fazem para nos agradar quando vamos ao sítio visitá-las, passar um final de semana.

— É verdade. Elas são muito legais. Gosto delas.

— E elas gostam de você, Maridelma. Gostam de você como uma filha.

— Pobre titias... Por que será que alguns encontram sua *cara metade* e outros não?

— Uns dizem que é questão de sorte, outros que é o destino.

— Coitadas... Deve ter sido desesperador para elas verem a idade avançando, as amigas se casando e elas permanecendo solteiras...

– Pode ter sido, sim, mas elas nunca reclamaram, não abertamente, pelo menos comigo.
– A senhora acha que as titias vivem bem com o vovô?
– Ele não é fácil, confesso, tem lá suas manias e implicâncias, mas sempre foi um bom pai, isso nenhuma de nós pode negar.
Houve uma pausa até Maridelma perguntar:
– A senhora sempre quis se casar?
– Sim. Como toda mulher...
– Por que o casamento é tão importante para a mulher, mamãe?
– Porque está no coração de cada uma de nós, o desejo enorme de encontrar um homem maravilhoso, feio ou bonito, que tome as rédeas da casa, nos compreenda e faça nos sentir, acima de tudo, mulher.
Você também anseia em se casar, filha. O desejo secreto de toda mulher é se casar. Mulher nenhuma se casa, esperando que seu casamento possa dar errado, todas se casam dispostas a serem felizes, fazer de seu marido um homem feliz, para viverem mais alegrias do que tristezas ao lado dele, mais saúde do que doença...
A mãe olhou bem para a filha e afirmou:
– Maridelma, toda mulher só espera o melhor de um casamento. Só o melhor!
– E o que acontece se esse melhor não vem?
– Uma grande frustração. Uma grande decepção que precisa ser remediada a qualquer custo. A relação de um casal é tal e qual a massa de pão ou de bolo que você prepara. O namoro é o preparo da massa, o noivado é o período em que ela é assada, o casamento é ela assada e agora requer cuidados para não mofar e estragar de vez.
A menina refletiu por instantes e perguntou:
– A senhora é feliz com o papai?
– É lógico que sim, filha. Seu pai é um homem maravilhoso. Eu o amo profundamente. Mas saiba que o relacionamento para alguns é um exercício diário, para muitos, semanal, para quem

tem mais sorte, mensal, para os ainda mais sortudos, anual, o que é uma maravilha.
– Em qual categoria a senhora se encontra?
Belinha riu.
– *Decadenal*, se é que existe essa palavra. – ela riu ainda mais. – Não, não existe.
Risos extensos.
– Será que eu vou ter a mesma sorte, mamãe?
– Só o tempo lhe dirá, filha. É preciso viver para saber. Mas saiba que na vida nunca é tudo. Queremos muitas coisas, mas não temos tempo nem condições de viver tudo o que almejamos. Uma escolha implica na desistência de outra. Precisamos compreender essa realidade e ser felizes independentemente dela.

Maridelma absorveu a informação e empolgada, quis saber:
– E como é que vocês vieram mesmo parar aqui, nesta cidade?
– Isso eu conto depois, já é tarde. Precisamos dormir.
– Está bem, mamãe.

A mãe acompanhou a filha até seu quarto, ajeitou-a na cama, beijou-lhe carinhosamente a testa, e foi se deitar.

Maridelma ficou ali, pensando na triste história de suas tias, no que faria se estivesse no lugar delas. Depois pensou no seu próprio casamento, como seria e com quem seria. Dormiu, tentando adivinhar o rosto do rapaz por quem um dia se apaixonaria, casaria e teria seus filhos. Por mais que se esforçasse não conseguiu ver rosto algum, deixou o desapontamento de lado para dormir serena e tranquila.

A vida, sempre disposta a nos surpreender, nunca nos revela o futuro como tenta um adivinho. Ao conhecermos uma pessoa, jamais podemos prever que nos ternaremos amigos ou que nos apaixonaremos e um dia nos casaremos.

Talvez seja assim, para se tornar mais interessante. Não de hoje, que os céus demonstram um profundo interesse em tornar nossas vidas o mais interessante possível, ainda que

muitos não queiram.
    E foi exatamente isso que Maridelma descobriu com o passar dos anos. Ao conhecer Leonias Veneziani jamais pensou que viriam a se apaixonar um pelo outro. A princípio, viram-se apenas como futuros bons amigos e só. Mas o tempo e as circunstâncias foram unindo cada vez mais os dois, conduzindo-os a um namoro que logo se tornou sério e respeitoso.

    Só havia um momento em que Leonias reclamava do convívio com Maridelma, era nos fins de semana quando ela viajava com os pais para a fazendinha da família, para visitar o avô materno e as tias. Ele nunca podia ir, pois precisava continuar estudando com afinco. Seu sonho era passar na faculdade de Medicina e ele sabia que sem estudo, não conseguiria.

    Somente nas férias é que Leonias pôde acompanhar a namorada à propriedade de Seu Honório José e foi muito divertido, pois pescaram no Rio Paranapanema, respirando ar puro, com cheiro de mato e se deliciaram com as gostosuras que Assuntinha e Durvalina faziam. Jamais comera tanta coisa boa de uma só vez. Até a pipoca feita por elas parecia diferente.

    Maneco Neto também estava presente, mas sem a namorada, os pais não permitiam que viajassem juntos ainda que na companhia dos pais do moço. Nessa época, o rapaz já se encantara pelo Espiritismo e passara a frequentar um Centro à revelia de seu pai que era católico roxo. Mas Belinha, com jeitinho, fez o marido aceitar e tudo voltou novamente às boas entre os dois. Chegou a pensar que seria pior se o filho tivesse tomado gosto por um time que não fosse pelo qual seu pai torcia.

    Manoel também estranhou o fato de que a namorada do filho era oriental e budista. Mas Belinha o lembrou novamente que cada um era um e que tinham de respeitar as diferenças.

    E ao passar dos anos, cada qual, na sua idade, foi entrando na faculdade que sonhava, preparando-se para o futuro num país tomado pelo regime militar como era na década de setenta. Um regime que deixou de existir no final de 1984, quando começamos a narrar este romance.

Parte 2

Final de 1984

O carro guiado por Manoel Lustrosa Filho, levando consigo sua adorável esposa Belinha e Maridelma, a filha do casal, cruzou o mata-burro que dava acesso à propriedade de 48 alqueires, de Honório José das Palmeiras, às margens do Rio Paranapanema. O dia estava tão ensolarado, que as flores de São João pareciam lâmpadas acesas. Logo, a casa, sede da fazenda, apareceu a certa distância, por entre mangueiras enormes e viçosas.

O ronco do motor chamou a atenção de Seu Honório José que naquele momento estava na varanda em frente à sua casa, sentado na cadeira de balanço, fumando um cigarrinho de palha e tendo ao seu lado, como sempre, a inseparável espingarda para afugentar qualquer intruso de sua propriedade.

Ao avistar o poeirão, levantando-se com a passagem do carro, o rosto do homem de 71 anos serenou. O ar carrancudo deu lugar a um de contentamento e ansiedade. Isso sempre acontecida com a chegada da filha mais nova, do genro e dos netos.

– Assunta, Durvalina – berrou Honório José das Palmeiras, com austeridade. – A irmã *d'ocês tá* chegando!

Assuntinha correu para a varanda e olhou com aflição na direção do *poeirão*.

– *É* eles *memo,* pai. Chegando mais cedo do que de costume. Eu ainda nem me arrumei direito.

– Pra que se *arrumá*, seu traste? *Ocê* acha que *tua* irmã, *teu* cunhado e *teus* sobrinho se *importa* em *te* vê arrumada?

– É que *num* fica bem eu receber eles assim, papai.

– Que diferença faz *ocê* com vestido mais asseado, o cabelo ajeitado, e de banho tomado? Mais bonita *ocê* num vai *ficá*, então...

Assuntinha desamarrou o avental todo sujo e procurou ajeitar o vestido e o cabelo mesmo com a mão engordurada.

Nisso, Durvalina apareceu e disse:

– Chegaram mais cedo, hoje.

– Ainda bem que *acordamo* cedo *pra matá* as *galinha pro armoço*, hein?

– *Inda* bem.

A mulher suspirou. Parecia exausta e aborrecida ao mesmo tempo. Nisso, a voz do pai, grave e intolerante se propagou no ar outra vez:

– *Ocês* duas já terminaram o *armoço*?

– Tá no fogão, meu pai. No fogão!

– Num quero *armoço* demorado. *Ocê* sabe que *tua* irmã, *teu* cunhado e *teus sobrinho* chegam aqui *morto* de fome!

– Sei, sim, meu pai – assentiu Durvalina.

– *Ocês* querem *fazê* o favor de *vortá* lá *pra* cozinha, agorinha *memo,* antes que o *armoço* queime?

– O senhor tem razão, papai – respondeu Assuntinha, puxando Durvalina pelo braço.

Assim que as duas entraram, o ar de felicidade voltou a transparecer na face de seu Honório José, uma face enrugada pelo tempo e excessivamente bronzeada pelo trabalho ao sol.

Minutos depois, o carro guiado por Manoel Filho, parava em frente a casa onde vivia o sogro e as duas cunhadas.

– Papai! – cumprimentou Belinha. – Que bom revê-lo!

O pai sempre se emocionava, ao rever a filha caçula.

– Como vai, seu Honório? – cumprimentou o genro.

Depois do abraço, foi a vez de Maridelma cumprimentar o avô.

– Sua bênção, vovô.

– Deus *te* abençoe, minha neta.

Lançando o olhar para o carro, Seu Honório José inda-

gou:
— Cadê meu neto? Por que não veio?
— Ah, papai... o Maneco está naquela idade em que só tem tempo para os amigos e a namorada. Não sai mais conosco como antes.
— Ocês deviam exigir mais respeito da parte dele.
— Tentamos, mas nem sempre conseguimos.
O homem emburrou.
— Papai, não fique chateado por ele não ter vindo. Da próxima vez, prometo trazê-lo.
O semblante do homem mudou. Desanuviou-se.
Conversa pra lá, conversa pra cá, Belinha aproveitou uma pausa para perguntar das irmãs.
— Os *traste tão* lá na cozinha preparando o *armoço* — respondeu o pai com o descaso de sempre com que se referia às filhas mais velhas.
— Papai, não as chame assim.
— Vou chamar do quê? *É* dois *traste,* sim! Senão, tinham arranjado marido!
— Mas elas cuidam do senhor com tanto carinho. Não seja mal-agradecido.
— Cuidam porque *num* tiveram outra *escoia...* Dependem de mim pra se *alimentá.* Se não fosse eu, Honório José das Parmeira, elas *tavam* perdida por aí.
Antes que o assunto se prolongasse, Belinha pediu licença para ir ver as irmãs. Maridelma a acompanhou.
— Belinha! — exclamou Assuntinha, demonstrando grande alegria. — Minha irmã, que saudade!
A mulher correu até a outra e abraçou-a forte e calorosamente. Depois foi a vez de Durvalina.
— Como *ocê tá* linda, minha irmã — elogiou Durvalina, dando uma espiada na recém-chegada.
De fato, Belinha como sempre estava muito bem vestida.
— Que vestido é esse, Belinha? Coisa *d'outro* mundo!
— Ficou tão bom assim?

– *Ficô* uma *maravia!* Num é *memo,* Assuntinha?
– Verdade!
– *Num* é *memo,* minha sobrinha?
– Eu disse para a mamãe que ela tinha ficado linda nesse vestido, mas ela achou que era exagero. Não é porque ela é minha mãe, não, mas tudo que ela usa, fica lindo, não concordam?
– Verdade! – concordaram Durvalina e Assuntinha, chacoalhando a cabeça para cima e para baixo.
Belinha pediu licença um minutinho para ir buscar algo no carro. Minutos depois voltava com uma trouxa de roupa.
– Tá pesada!
– Por que a senhora não me pediu ajuda, mamãe?
– Que nada, filha. Você estava tão entretida, conversando com suas tias que não quis interromper.
– O que é isso? – agitou-se Durvalina, transparecendo curiosidade e ansiedade ao mesmo tempo.
– São roupas para vocês!
– Para nós? – alegrou-se a mulher, sorrindo de orelha a orelha.
– São vestidos meus, usados, digo de passagem, que vão servir muito bem em vocês duas.
– Ah, Belinha, não precisava, minha querida.
– Precisava, sim.
– Só você mesmo, irmãzinha, para se lembrar de *nóis.*
Assuntinha abraçou e beijou a irmã calorosamente. Foi Maridelma quem começou a tirar os vestidos da trouxa e expor para as tias.
– Veja, Assuntinha – suspirou Durvalina – Que lindo!
– Lindo? Põe lindo nisso, minha irmã.
– Ponha na frente da senhora para ver como fica – sugeriu Maridelma.
A tia atendeu ao pedido.
– Vá se *ver* num espelho.
– Vou, sim.
– Este eu acho que combina com a senhora, tia Assunti-

nha.
— *Ocê acha, meu bem?*
— *Veja!*
A mulher segurou o vestido por sobre o corpo, olhando para baixo para ver como ficava.
— *O que achou?*
— *Maravioso, fia. Maravioso!*
— *Vocês gostaram, mesmo?* — perguntou Belinha.
— *Se gostamo, muié?! Diz pra ela, Durvalina.*
— *Nóis adorô, Belinha! Adorô!*
— *Que bom... fico tão feliz!*
— *Deixa eu dá um beijo de agradecimento nessa bochecha rosada d'ocê, minha irmã* — agitou-se Durvalina.
— *Eu também quero!* — empolgou-se Assuntinha e, assim, Belinha ganhou, ao mesmo tempo, um beijo na bochecha direita de Assuntinha e na esquerda de Durvalina. Depois se abraçaram enquanto os olhos das três se encheram d'água devido a forte emoção.
— *Em que podemos ajudar?* — prontificou-se Belinha a seguir. — *Digo, nos preparativos para o almoço.*
— *Ajudá, minha irmã?!* — respondeu Durvalina, rapidamente. — *Em nada, nadica de nada. Ocês aqui é visita. Se quisé, ocês duas senta aqui em vorta da mesa e fica proseando enquanto nóis termina o armoço!*
Assim Belinha e Maridelma se sentaram.
— *Como vão as coisas por aqui? Digo, com a fazenda, com o papai?*
— *Tudo nos conforme, Belinha.*
— *E o humor do papai, melhorou?*
Foi Assuntinha quem respondeu:
— *O pai num muda, Belinha. Ocê sabe... É de lua... um dia tá de bem cá vida, noutro de mar... Um dia resmunga o dia inteiro, noutro ri... Vareia!*
— *Mas nóis aguenta, Belinha* — opinou Durvalina — *nóis aguenta porque pai é pai, né? Fio que é fio, fia que é fia tem de cuidá dele até o pobre coitado batê com as butina! Sem*

o pai *nóis* duas também num somo nada nesse mundo, né, minha irmã?
– Nada?! – espantou-se Belinha. – Como assim?
– Ô diacho, Belinha... – continuou Durvalina. – O pai vive dizendo que *nóis num* serve *pra* nada...
– Chama *nóis* de traste! – completou Assuntinha.
– Chama, sim, é verdade... – confirmou Durvalina.
Belinha tentou pôr panos quentes na situação:
– O papai tem esse jeito grosseirão de ser, mas ele ama muito vocês.
– Ô!!! – exclamou Durvalina, fazendo bico.
– Ama, sim!
– *Nóis sabe!* – afirmou Assuntinha, balançando a cabeça como um pêndulo de relógio Cuco.
– *Nóis* também *amamo* muito ele! – falou Durvalina.
– Que *fio e fia* num ama o pai, num é *memo?* – arrematou Assuntinha.
Belinha levantou-se e foi até as irmãs.
– Minhas queridas, vocês não se preocupem. O dia em que o papai não estiver mais aqui, eu estarei. E vocês vão sempre poder contar comigo para o que der e vier.
Assuntinha pareceu explodir de emoção:
– *Ocê* num existe, minha irmã.
– Num existe!
Novo abraço, dessa vez em meio a lágrimas e mais lágrimas que riscaram o rosto das três.

O almoço foi servido e os pratos estavam *saborosíssimos*. Assuntinha e Durvalina tinham mesmo o dom para culinária. A galinha caipira de panela, com batatas e mandioca era especialidade de Durvalina e o arroz tenro com legumes era a de Assuntinha.
– Está tudo muito uma delícia! – elogiou Manoel.
– Que nada, meu cunhado – respondeu Durvalina.
– Tá, sim. Tudo muito bom.
– É verdade, titia – reforçou Maridelma.

39

— *Brigada* — *agradeceu* Durvalina, avermelhando-se ligeiramente.
Assuntinha também agradeceu:
— *Brigadinha*.
— Mais um pouquinho de mandioca? — sugeriu Durvalina ao cunhado.
— Ah, sim, não resisto — admitiu Manoel.
— E você, minha sobrinha querida, mais um pouquinho?
— Ah, sim, tia Durvalina, por favor. E quero também um bocadinho de galinha e batata.
Ao ver a tia, colocando colheradas e colheradas de comida, Maridelma com sua delicadeza de sempre, falou:
— É muito, titia! Uma colherada só basta.
— Que nada — respondeu Durvalina, apressada. — Minha sobrinha *tá* muito mirradinha, precisa *ganhá corpo, pra ficá* robusta! Magrinha assim *num* vai *arrumá* um bom pretendente.
Maridelma enrubesceu.
— Se não consegui comer tudo, eu a ajudo, filha — prontificou-se Belinha, considerando que a adolescente não desse conta.
Ao perceber que todos estavam satisfeitos, Assuntinha levantou-se e foi até o fogão.
— Agora é hora do arroz-doce de sobremesa. Quem vai *querê?*
Todos se manifestaram.
— *Num* pus canela, porque sei que não é todo mundo que gosta. Cada um põe no seu prato.
O cheiro do arroz-doce se alastrou pelo ar, assim que a mulher destampou a panela. Um aroma delicioso, de dar água na boca. Todos ali se serviram duas vezes e se seguraram para não comer uma terceira pratada.
Quando o café, produzido ali mesmo na fazenda, foi coado, Belinha contou ao pai e às irmãs algo que a seu ver era uma grande conquista.
— Temos uma novidade — anunciou.
Os olhos de Assuntinha e Durvalina se arregalaram.

– *Num* vai *dizê* que *ocê tá* grávida de novo!
– Não! – riu Belinha. – Já passei da idade de engravidar.
– Sei, não...
Risos.
– Eu e Manoel vamos realizar um sonho. Vamos finalmente fazer uma viagem para a Europa.
– Europa!
A exclamação partiu de Durvalina, dita como quem diz a coisa mais bonita do mundo.
– É. Há muito que queríamos conhecer e não tínhamos oportunidade.
– Dinheiro sobrando, na verdade – corrigiu Manoel.
– Quer dizer que *ocê* vai ver de *pertico pertico* a *tar* da Estátua da Liberdade, maninha?
– Minha irmã, a Estátua da Liberdade fica em Nova York, Estados Unidos. Nós vamos para a Europa.
Honório José gargalhou.
– Papai, não ria assim... – pediu Belinha delicadamente.
– *Ocê* é muito burra *memo,* Assuntinha – Seu Honório José gargalhou ainda mais. – Eles vão *pras* Europa, seu traste. E-u-r-o-p-a! Onde fica...
Percebendo a repentina falta de memória do sogro, Manoel procurou ajudá-lo:
– A Inglaterra...
– Isso *memo!* – agitou-se o velho. – A Inglaterra, o Japão, a Argentina...
Manoel trocou olhares com a filha e ambos pensaram no mesmo instante que seria melhor não corrigir o idoso.
– Eu sempre quis conhecer *as* Europa, sabe? – continuou Seu Honório José. – Pescar naquela cidade que falam que no lugar das *rua* tem rio.
– Veneza – ajudou Maridelma.
Mas Seu Honório José entendeu "Sobremesa".
– Sobremesa?! Não, minha neta, *tô* cheio. Se eu *comê* mais arroz-doce vou começar a *peidá* que nem uma metralhadora.

A menina avermelhou-se e Belinha retomou o assunto:
— Vamos visitar Portugal, Espanha, Itália, França, Suíça e a Inglaterra.
— Também a Grécia, Holanda e Suécia — lembrou o marido.
— É verdade, querido, ainda não decorei todo o trajeto.
— E o *tar* do Paraguai, *ocês num* vai? — indagou Honório José depois de um arroto longo e mal-cheiroso.
— Ora, papai — observou Assuntinha em tom de zombaria.
— Todo mundo sabe que o Paraguai *fica no* Estados Unidos.
— *I é?!*
O idoso ficou tão chocado quanto Belinha, Manoel e Maridelma com o comentário da mulher.
— Na verdade, titia — a sobrinha resolveu ajudar. — O Paraguai fica aqui mesmo na América do Sul, é um país vizinho ao Brasil.
Honório José gargalhou novamente.
— Querendo dá uma de esperta *pra* cima *d'eu,* Assuntinha? *Ocê* é tão burra quanto a Durvalina.
A fim de quebrar o péssimo clima que se estendia, Manoel falou:
— Eu também não sei onde ficam todos os países do mundo, até mesmo os estados brasileiros. Por diversas vezes já me confundi. E olha que sou um homem estudado.

Enquanto as mulheres lavavam e enxugavam a louça, Manoel ficou na varanda na companhia do sogro que volta e meia soltava puns e acabou cochilando sem perceber. Apesar do mau cheiro, Manoel acabou cochilando também, estava cansado, levantara cedo e a viagem até lá era exaustiva.
 Depois de deixarem a cozinha toda arrumada, as mulheres saíram para dar uma volta pela fazenda. Pegaram ovos frescos no galinheiro e verduras e legumes da horta para Belinha levar.
— *Vamo pegá* umas *penca* de banana nanica *pr'ocês levar.*

– Estão bonitas – apreciou Belinha, admirando a pequena plantação.
– *Bonita e saborosa. Dá* gosto só de ver – comentou Assuntinha enquanto se esforçava para cortar a penca com um facão. – Com elas *ocê* pode *fazê* doce de banana de tudo quanto é jeito. Bolo de banana, banana frita, bananada... Tudo *fica* muito bom.
– Que é isso, Assuntinha? – observou Durvalina em tom de reprimenda. – *Ocê* acha que nossa irmã querida perde tempo na cozinha, fazendo essas *coisa?* Se ficasse na cozinha em *vorta* do fogão, mexendo e remexendo as *panela c'os* cozido, *num* teria essas *mão delicada* que tem.
Belinha achou graça.
– Mãos delicadas?
– É, sim. Quem cozinha como *nóis,* as mãos *fica ensebada, enrugada, áspera e cheia* de mancha, pode ver!
De fato, aquilo era bem verdade.
– Belinha compra fora ou a empregada faz, *num* é? – concluiu Durvalina, seus pensamentos.
– Eu mesma faço. A empregada de casa é boa para limpeza; para comida, uma negação.
– Pois *ocê divia arranjá* uma *muié pra fazê* comida *pr'ocê.* Comida da boa! – sugeriu Assuntinha. – Senão, meus dois *sobrinho amado* vão *crescê mirradinho, mirradinho.*
– Nesse ponto Assuntinha *tá* certa! – concluiu Durvalina seriamente. – *Ocês* tem *memo* que se *alimentá mió!*
Antes de entrarem na casa, as mulheres limparam os pés no tira-barro.

Na hora da despedida, o mesmo martírio de sempre se repetiu. Durvalina abraçou a irmã e chorou convulsivamente.
– Ah, irmãzinha, quanta *farta ocê* nos faz.
– Que é isso, Durvalina? Estou sempre aqui para visitar vocês.
– É tão pouco. Queria ver *ocê,* irmãzinha, todo dia, a toda hora.

43

— Não chore, por favor.
Ela suspirou, enxugou as lágrimas e cedeu lugar a Assuntinha que aguardava para se despedir da irmã caçula. Assuntinha abraçou Belinha tão forte que parecia querer se colar a ela. Era como se houvesse um apelo naquele abraço: "Me leve com você para bem longe daqui! Para um lugar cheio de vida e modernidade!"
Diante do abraço demorado, seu Honório José das Palmeiras ralhou:
— Desgruda dela, ô traste! Até parece carrapato!
— O que é isso papai? – protestou Belinha com delicadeza.
— É abraço de irmã que ama a outra, tem de ser demorado, sim!
— Irmã que ama a outra, essa é boa — riu Seu Honório José quase deixando cair a dentadura superior. — Esses *traste* tem *zóio de seca pimenteira, fia*. Se *ocê deixa,* elas *oiá* muito *pr'ocê, ocê* seca!
— Bobagem.
As irmãs finalmente se afastaram e Belinha, com toda sinceridade, falou:
— Eu amo você, Assuntinha. Minha querida.
A irmã derramou mais lágrimas e Belinha estendeu a mão para Durvalina, convidando a tomar parte no abraço e assim se fez um abraço a três.
— Essa *muierada* num desgruda mais, sô? — resmungou o velho Honório José das Palmeiras, tirando definitivamente a dentadura para tentar localizar o fiapo de mandioca ou de galinha que ficara preso ali.
— Deixe-as, vovô — falou Maridelma, massageando o trapézio dele. — Isso é coisa de quem se ama.
O carro partiu com todos acenando uns para os outros, tanto os que ficavam como os que partiam. Conforme o carro foi se afastando, Maridelma comentou com a mãe:
— As titias amam tanto a senhora, mamãe. Muito.
— Eu sei, filha. É na mesma intensidade com que eu as amo.

– Sinto pena de deixá-las aqui... A fazenda é bonita, mas me parece tão solitária.
– Solitária... Sim, pode ser muito solitária, sim, mas acho que com o papai ao lado delas, elas quase não têm tempo para sentir solidão.
Risos.
– E quando ele se for?
– Vira a boca pra lá, filha.
– Mas, mamãe, um dia ele morrerá.
Manoel opinou:
– Maridelma tem razão, Belinha. A morte é certa.
– Eu sei, mas não quero pensar nisso agora.
– Pois devia, o vovô já está bem velhinho. O que será das titias sem ele aqui?
– Eu não sei. Mas certamente pensaremos em algo que seja bom para as duas.
Voltando os olhos para trás, na direção da casa, Maridelma comentou:
– Elas continuam acenando.
– Elas são adoráveis. Simplesmente adoráveis.
Enquanto isso na casa da fazenda, Durvalina e Assuntinha continuavam acenando:
– Lá se vão eles... – murmurou Durvalina entre dentes.
– Continue acenando, minha irmã... – respondeu Assuntinha, segurando um sorriso amarelo no seu rosto desbotado de alegria. – Continue acenando e sorrindo...
– Sorrindo por fora, chorando por dentro, Assuntinha.
– Que chorando que nada, Durvalina... *Borbuiando* de raiva e de ódio!
– *Ocê* tem razão, Assuntinha... *Borbuiando* de raiva...
Assuntinha suspirou e irritada, comentou:
– *Ocê* viu como ela *tá* cada *veiz* mais metida?
– E *num* vi, Assuntinha?! Esses meus dois *zóio* que a terra há de *comê vê* tudo!
– Belinha vem aqui só *pra* humilhar *nóis* duas, Durvalina! Dá um ódio...

45

As duas palpitaram.
– Enquanto eles vão viajar *pras* Europa, dar a *vorta* ao mundo, *nóis damo* a *vorta* no pasto com as *mula, né?* Que ódio! – desabafou Assuntinha.
– *Ocê reparô* no vestido da menina? – completou Durvalina. – Coisa de rico, *sô*...
– E o pai? Parece um bobo quando eles *chega*. Seria *mió* que eles nunca mais *aparecesse* aqui.
– Se o avião que eles *pega pra* ir *pra tar* das Europa, cair, eles nunca mais põe os *pé* aqui.
– Bate na boca, Durvalina.
– Ora, por que, *uai?* Por que ela ganha de tudo e *nóis* aqui *tamo* sempre nesse *miserê*, nesse fim de mundo imundo? *Num* é justo, não, Assuntinha. *Num* é justo!
Assuntinha refletiu enquanto imaginava o avião, caindo. Um brilho maligno transpareceu em seu olhar. Sim, ela odiava a irmã caçula, ela, o cunhado e os sobrinhos... Ela queria a vida que eles tinham, a felicidade que eles transpareciam, o dinheiro e posses que possuíam. Tanto ela quanto Durvalina almejavam o mesmo. Era tanta inveja que chegava a latejar dentro delas como uma comichão.

Naquela noite uma forte tempestade assolou a região. Durvalina e Assuntinha já estavam recolhidas em seu quarto, debaixo dos lençóis e de uma colcha de retalhos, herança da mãe, quando Seu Honório José das Palmeiras adentrou o quarto com um pontapé na porta. Durvalina e Assuntinha quase tiveram um enfarto pelo susto, foi como se seus corações tivessem se deslocado do peito e ido parar em suas bocas.
– Papai, o que foi?!!! – perguntou Durvalina.
– Que susto o senhor nos deu!!! – admitiu Assuntinha.
– As duas *desmiolada* tão fazendo o que aí deitada debaixo dessas *coberta*? *Levanta* essa gordura dessa cama e vão guardar os animais no celeiro. Principalmente a vaca leiteira.
– Mas e a chuva, papai? – questionou Assuntinha.
– Que se lasque a chuva!

– Mas eu e Durvalina *vamo ficá moiadinha, moiadinha.*
– E quando *ocês* duas *toma* banho, *ocês num fica moiadinha, moiadinha?*
– O senhor *qué memo* que *nóis...*
O pai cutucou as pernas de Assuntinha com a ponta da bengala.
– *Vamo* logo suas *inútil.* Loguinho! *Pula* dessa cama e vão *guardá* os *animar* no celeiro. *Tô* mandando!
Sem ver outra escolha as duas mulheres saltaram da cama para atender ao pedido do pai. Ao vê-las, abrindo o guarda-roupa, o homem enfureceu-se ainda mais.
– O que as duas *espivetada* tão pensando em fazer?
– Trocar de roupa, meu pai – adiantou-se Durvalina, perdendo ligeiramente o controle. – Não *podemo* sair assim de camisola.
– Pois vão assim *memo!* Não dá tempo pra trocar de roupa.
– Mas, papai...
– Calada! Vai logo! Antes que eu dê uma boa surra de cinta *n'ocês* duas. Posso *tá véio* e capenga, mas ainda tenho muita força no braço. Muita!
– Papai!
– Vão!
E lá foram Assuntinha e Durvalina acudir os animais como o pai havia determinado. Ao se infiltrarem na chuva pesada e fria ambas gemeram de frio e mal-estar. Por estarem com os corpos quentes por terem ficado cobertas com a colcha, entrar naquela chuva fria e pesada foi quase um choque térmico para seus corpos.
  Ao tentar puxar a vaca para dentro do celeiro, Durvalina pisou num monte de estrume e escorregou, caindo sobre o chão enlameado e cheio de fezes. Assuntinha sentiu vontade de rir, mas calou-se, ao tropeçar no balde com a lavagem que seria servida para os porcos no dia seguinte. Também foi ao chão e se sujou toda de lama e estrume. Logo, lágrimas de desespero, nojo, revolta e ódio se misturavam às gotas pesa-

das da chuva.
— Levanta, Assuntinha — encorajou Durvalina, tentando se recompor.
— Que ódio! — ralhou Assuntinha entre dentes. — Tô uma imundice.
— E eu? E eu?!!! Agora levanta antes que o pai venha aqui com a espingarda e atire em *nóis!*
— Ele *num* faria isso, Durvalina.
— O pai? Brinca só *pro cê* vê. Ele odeia *nóis* duas.
— Será? Mas *nóis* faz tanto por ele.
— Ainda assim ele odeia *nóis* duas.

Com muito custo, ambas conduziram os animais para um local seco e seguro da chuva. Ao final, estavam ensopadas, enlameadas e exaustas. Tiveram de ferver baldes da água para tomarem um banho para poderem dormir novamente limpas e sossegadas. Tudo isso levou quase duas horas, quando voltaram a se deitar, clamavam pelo leito como um esfomeado clama por um prato de comida.

No dia seguinte foram acordadas pelo pai e pelo galo, por mais que tivessem ido dormir mais tarde (vivido todo aquele episódio que lhes custou duas horas de sono) o pai não as deixou dormir um pouco mais, despertou ambas no horário habitual: cinco da manhã.

— Estou pregada — admitiu Durvalina em meio a um bocejo longo.
— E eu? — respondeu Assuntinha, também bocejando.
— Isso não é vida.

Diante dos resmungos, o velho Honório José das Palmeiras berrou:
— As duas querem *calá* a boca e ir *trabaiá? Ocês* só servem *memo pra reclamá!* Uma reclama de cá, a outra reclama de lá, que só vendo, sô! Diacho!

Ambas se olharam e se contiveram para não chorar de raiva e desespero. Aquela manhã de segunda foi mais exaustiva que as demais. Ao final da tarde, Durvalina e Assuntinha caíram na cama e só levantaram porque o pai exigiu. Espirravam a cada cinco, dez minutos e sentiam fortes dores pelo corpo, sinal de que haviam pegado resfriado ou algo pior.

Todavia, convivendo com o tinhoso Honório José das Palmeiras ficar de cama (repousar por causa de uma doença) era luxo. Ele não dava direito a ninguém, especialmente as duas, para adoecer.

– *Pegamo* resfriado, pai – tentou dizer Assuntinha.

Ele deu de ombros e disse:

– Se morrerem, não farão *farta arguma*, são duas *inútil*.

– Ô, pai, num fala assim de *nóis*...

Ele tirou o catarro da garganta e cuspiu longe. Coçou a pélvis e apanhou a espingarda e foi ocupar seu lugar habitual na varanda da casa. Assim que ficou a sós com a irmã do meio, Durvalina comentou:

– O pai num devia *tratá nóis* duas assim, Assuntinha.

– E adianta dizer *arguma* coisa? Adianta? Num adianta. Estúpido como ele é...

Durvalina bufou:

– Eu num me conformo. Num me conformo *memo*.

– Com o quê?

– Com a queridinha do papai... Enquanto ela viaja *pras* Europa, *nóis* fica aqui nesse pardieiro.

– *Ocê* tem razão, Durvalina, toda razão.

– Tenho, num tenho?

– Tem sim, irmã. Como ela pode ter tanta sorte na vida e *nóis* duas aqui tendo de *aguentá* o nosso pai, esse *óme* chato e *impricante*?

– Se a vida fosse justa, mas justinha *memo,* o mínimo que podia acontecer era o avião da *zoiuda* cair, né?

– Acho *difíci*, irmã.

– *Uai*, por quê?

– Porque os *avião voa pra* tudo quanto é lugar e os *danado* nunca *cai*...

– *Ocê* tem razão, Durvalina. Isso é demais... *Inaceitáve*.

As duas se silenciaram temporariamente.

– Sabe o que mais me irrita na Belinha? – Assuntinha

voltou a falar. – É aquele ar de superioridade na face dela... É *intolerave, irmã... Intolerave!*
– Intolerante.
– Intolerante, *intolerave* é tudo a *mema* coisa.
– É...
– Ela é muito metida.
– Ela faz de propósito, Assuntinha, só *pra provocá nóis* duas. *Humilhar nóis.* Belinha é má, má que nem o pai. Mas um dia, Assuntinha, um dia ela há de *pagá* por tudo que faz *nóis* duas *passá.*
– Deus há de *fazê* justiça. Ah, vai *fazê,* sim! Deus é justo, Deus é pai.
– Deus é *bão.* Se é *bão* vai *fazê* aquela *fiinha* de papai *pagá* por tudo que *nóis passamo* ao lado do nosso pai.
– Vai, vai, sim.
Aquietaram-se, saboreando, em silêncio, o prazer de ver a irmã que tanto queria bem as duas, que tanto se preocupava com ambas, um dia pagar pela vida triste e infeliz que levavam.
– Durvalina.
– Fala, Assuntinha.
– Tava aqui pensando com os *meu botão...*
– Sim.
Assunta calou-se.
– Fala, *muié* de Deus. O gato comeu tua língua, foi?
– É que... – murmurou Assuntinha.
– Desembucha, *vamo!* – exaltou-se Durvalina.
– E se Ele num *tomá* as *devida providência.*
– Ele quem Assuntinha?
– Ora, Durvalina, Deus.
– Deus? *Ocê tá* falando de Deus?
– Ora, sua bocó, quem mais tem esse nome? Se disse Deus só pode ser *memo* Ele. O sabe tudo, o senhor de tudo. O dono do céu e da Terra. O barbudo que vive nas *nuvem* lá no céu.
– O tar... – sussurrou Durvalina com certa apreensão.

– O *tar!* – confirmou Assuntinha resoluta. – O de barba branca que veste branco e vive numa nuvem branca.
 – O que tem Ele? – a voz de Durvalina estava trêmula agora.
 – E se Ele, por acaso, esquecer de *nóis* duas nesse fim de mundo?
 – Esquecer?
 – É, sua burra. De *nóis* duas aqui. *Noizinha.*
 – Vira essa boca *pra* lá, Assuntinha. Deus nunca se esquece de ninguém!
 – E se esquecer?
 – Num esquece, *tô* falando.
 – É tanta gente pra Ele cuidar, fazer justiça. Ocê acha que Ele vai se lembrar de duas *caipirona sorteirona* e infeliz, morando nesse fim de mundo?
 – É, pensando bem...
 – Deus num deve nem sequer saber que *nóis* duas existe. Com tanto lugar bonito pra Ele *visitá, ocê* acha que Ele vai *perdê* tempo, visitando *essas terra* daqui? Nunquinha!
 – É, *ocê* tem razão. Mas tomara que não tenha.
 – Ora, por quê?
 – Senão aquela metidinha petulante, *fiinha* do papai, a Belinha, nunca vai ter o que merece. *Pagá* por tudo o que a gente sofre.
 – Se Deus esqueceu de *nóis* e acho que Ele se esqueceu, é *mió nóis* duas *fazê* justiça com as *própria mão.*
 – *Ocê* acha, é?
 – *Ô!*
 – Só me pergunto, uma pergunta que não quer calar aqui nos *miolo.*
 – E *quar* é, Assuntinha, posso *sabê?*
 – Por que uns têm mais riqueza do que os *outro?* Porque uma *muié* arranja um homem bonito e outra não? Tem *fio* bonito e outra não?
 – É porque Deus não dá conta de tudo, irmã. É que nem numa fazenda. *Nóis* faz nossas *obrigação,* mas nem sempre

conseguimo dá conta de tudo. Sempre fica uma coisinha esquecida num canto aqui, outro acolá. *Nóis somo* essa *coisinha esquecida*, esquecida por Deus.
– É isso aí, Assuntinha. *Ocê* é *memo* muito inteligente.
– *Ocê* acha *memo* Durvalina?
– Hum hum.
– *Ocê tamém,* minha irmã. *Ocê tamém.*

O elogio despertou algo de bom no interior de cada uma, fazendo com que pegassem no sono com mais tranquilidade e tivessem sonhos bons.

Parte 3

No final de semana seguinte Belinha com o marido e os filhos partiram para um *tour* de 30 dias por oito países europeus. Era verão* quando lá chegaram, e seria sob os raios agradáveis do Sol que a família iria aproveitar aquele momento tão especial em suas vidas.

O primeiro país a ser visitado foi Portugal, onde permaneceram por quatro dias, visitando todos os cantos e encantos de Lisboa e Coimbra.

O ponto marcante para o casal Manoel e Belinha foi assistir a um show de fado enquanto saboreavam uma deliciosa bacalhoada numa das tabernas mais queridas de Lisboa. A fadista cantava lindamente as canções que marcaram a carreira de Amália Rodrigues, considera a cantora número um de Portugal.

Ao fim de mais um dia de longos e fatigantes passeios por Lisboa, Maridelma estava demasiado cansada; logo após o jantar atirou-se na cama e dormiu como um bebê. Maneco se mantinha inteiro, para um rapaz da sua idade, uma viagem daquela era importante demais para perder tempo, dormindo. Dormir só o necessário; depois, quando de volta ao Brasil, aí reporá as energias, ali não, cada segundo valia ouro, por isso tinha de aproveitar ao máximo.

Enquanto isso na fazenda de Seu Honório José das Palmeiras, Assuntinha e Durvalina trabalhavam em dobro depois que o pai havia demitido mais um empregado para poupar

---

Na Europa o verão acontece quando é inverno no Brasil. (N. A.)

gastos. No final de tarde, quando as duas puderam sentar ao pé do lance de escada que levava à cozinha da casa, Durvalina desabafou:

— Numa hora dessas, Belinha *tá* lá com o maridão e os *fio* se esbaldando pelas Europa.

— *Eta muié* sortuda, sô.

— É sorte demais, Assuntinha. Sorte demais, eu digo. Ninguém pode ter tanta sorte. *Num* pode, *num* é justo. *Num* é.

— Deixa *pra* lá, Durvalina. É *mió*. Senão *nóis* pira com mais ódio dessa vida ingrata.

— Ah se o bendito do avião caísse na *vorta* pro Brasil... Isso, sim, seria justo.

— Justíssimo, minha irmã. Justíssimo!

— Belinha com tanto e *nóis* sem nada. Nadica de nada. Isso *num* é certo!

— Ela *filiz* e *nóis* duas nessa desgraça de vida. Nessa porcaria de vida. Por isso penso que Deus esqueceu *memo* de *nóis*.

— Eu também acho. Esqueceu, esqueceu, sim.

— O diabo *num* esqueceu de *nóis*, ele não! *Nóis* sabe. Porque ele tá lá dentro de casa, daqui a pouco, dá um berro, *qué vê?*

Dito e feito. Seu Honório José chamou pelas filhas naquele exato momento:

— Durvalina, Assunta, venham aqui, seus trastes!

— É o diabo *memo* em pessoa. O demônio encarnado. Isso num é justo. Belinha com o Manoel, um maridão daquele e *nóis* duas na companhia do demônio. Que ódio!

— É muita *farta* de sorte. Muita *farta!*

Durvalina e Assuntinha se sentiam mesmo as mulheres mais injustiçadas do planeta. Acreditavam piamente que ninguém tinha uma vida pior, tão infeliz quanto a delas. Cheias de desejos e vontades que nunca tiveram a chance de realizar.

Mal sabiam que na África, milhares e milhares de crianças morriam de fome e outras tantas espalhadas pelo mundo morriam de câncer.

Mal sabiam também que pessoas e mais pessoas que se achavam infelizes por não se contentarem nunca com o que adquiriram, com o que conquistavam, por jamais reconhecerem os presentes que Deus lhes deu e dá a cada dia, começando pelo ar que nos mantém vivos, o Sol que ilumina tudo, faz tudo crescer, dá vida ao mundo.

Elas também desconheciam a vida difícil e arriscada de milhares e milhares de latinos que partiam para países onde podiam ter mais chances de prosperar, tendo de se distanciar de suas famílias queridas, de sua gente e de seu país amado.

Elas se esqueciam também dos milhares de desabrigados, dos muitos que moravam debaixo das pontes, dos vitimados pelas drogas e pelo álcool, querendo desesperadamente se livrar do vício, sem conseguir...

Não, elas não sabiam. Como muita gente não sabiam porque viviam somente concentradas no próprio umbigo.

Em resumo, Durvalina e Assuntinha viviam a doce amarga ilusão de que somente elas enfrentavam os desafios e dificuldades na vida, ninguém mais.

Não levavam em consideração que tinham uma casa para se abrigar, comida farta sobre a mesa, dinheiro para pagar um médico particular quando necessário, até mesmo uma herança para garantir uma velhice tranquila, além de terem saúde e disposição e uma irmã, um cunhado e sobrinhos que as adoravam e se preocupavam com elas.

Não, elas não viam nada, não. Porque estavam presas à cegueira da visão, atoladas ao doce amargo da inveja que cega a visão e a percepção, tornando tudo infeliz porque distorce a realidade, fazendo com que a pessoa veja tudo da forma mais medíocre que possa existir, desmerecendo a sorte que Deus lhes deu.

Sim, Durvalina e Assuntinha viviam imersas no lodo da inveja, da depreciação que levava a um eterno descontentamento pela vida por si mesmas, gerando depressão e revolta que só serviam para torturar suas próprias almas.

O próximo país a ser visitado por Belinha, Manoel e os filhos foi a Espanha, onde também passaram quatro dias inesquecíveis e um momento bem desagradável: as touradas em Madrid, horrorizando-se com aquilo, algo bruto e desumano, totalmente desnecessário à vida.

Ao chegarem à França, na deslumbrante Paris, todos concordaram com o título de Cidade Luz que a capital parisiense recebera há muito, muito tempo.

Horas depois, no Brasil, o relógio marcava 5:15 da manhã e o galo repetia seu canto pela terceira vez. Durvalina a contragosto se pôs de pé.

– Acorda, Assuntinha. Acorda! *Temo* de *tirá* água do poço e *matá* o leitão que o pai *qué comê* no *armoço*.

– Já vou, irmã, já vou. É que é a cama tá tão boa hoje.

– *Tá memo* uma *dilícia*.

Ela voltou a se recostar e se espreguiçar, soltando um suspiro de prazer.

– Onde *cê* acha que a espevitada da Belinha tá numa hora *dessa?*

– Tomara que no inferno, o *memo* que *nóis* vive.

Nisso a porta do quarto se abriu com uma pancada, causando grande susto nas duas mulheres.

– *Ocês* duas *pode* me *dizê* o que *tão* fazendo *deitada* até essa hora? O galo já cantou e *ocês* continuam *largada* nessas cama. *Tão morta,* é? Se *tão,* já mando abri a cova *pra jogá ocês* duas. Eu que *num vô gastá* com caixão. Não *pra guardá* duas *encaiada* que nem *ocês*.

Ele limpou a garganta, arremessou o catarro longe e prosseguiu:

– *Ocês* levanta essa banha dessa cama e vão *fazê* o meu café que já *passô* da hora. *Vamo!*

Foi mais um dia exaustivo e ensurdecedor aos berros e achaques de Seu Honório José das Palmeiras.

No dia seguinte, em Paris, Belinha e a família visitavam o

museu do Louvre.
– Que lindo, mamãe! Que lugar mais lindo – comentava Maridelma, estarrecida com a beleza do lugar.
– É lindo mesmo, filha.
A mãe enlaçou a jovem por trás num gesto carinhoso.
– Vejam – exclamou Maneco Neto. – A Mona Lisa.
A visão arrancou suspiros de todos.
– Ohhhh!!!
– Mas ela é tão pequenina. Pensei que fosse uma pintura enorme – comentou Manoel, ajeitando os óculos sobre o nariz para poder ver melhor a obra-prima.
Os quatro se aproximaram mais da parede onde o quadro mais famoso do mundo estava exposto.
– Nossa é muito pequeno mesmo! – concordou Maridelma.
– Não se sabe até hoje quem foi ela – comentou Belinha.
– Não?! – estranhou Maneco.
– Não, pelo que sei, filho.
– Pode ter sido a senhora, mamãe.
– Eu, Maneco?! Como assim?
– Se existe mesmo reencarnação a Mona Lisa pode ter sido a senhora noutra vida.
– Quanta besteira – resmungou Manoel, inconformado com o comentário do filho.
– Mas é verdade, papai.
– Não diga bobagens, Maneco. Isso não existe. A vida é uma só. Nasceu, morreu, acabou.
– Tão simples assim?
– É.
– Não sei, não. Penso que há muito mais sobre a vida que desconhecemos. Como diz o ditado: há mais mistérios entre o céu e a Terra do que julga a nossa vã filosofia. O senhor mesmo, papai, pode ter sido Leonardo Da Vinci.
– Eu não sei pegar nem num pincel.
– Agora, mas no passado pode ter sabido muito bem.

— Bah! Quanta tolice.
— E eu maninho, o que fui noutra vida? – indagou Maridelma com ligeira curiosidade.
— No mínimo uma escrava de Cleópatra.
— Escrava?
— É. Queria o quê? Ser a Cleópatra?
— Pelo menos.
— Engraçado, quando se fala em outra vida, todo mundo acha ou deseja ter sido alguém importante, ninguém quer ter sido uma pessoa simples e comum.
Risos.
Manoel Lustrosa Filho, repreendeu mais uma vez os filhos:
— Vocês dois querem parar, por favor, e prestar atenção às obras? É um momento muito importante para todos nós.

A visita ao Louvre foi um dos pontos marcantes da viagem que a família usufruiu e aproveitou como poucos.

À noite foram visitar a Torre Eiffel e não podiam ter escolhido data melhor para estarem ali, a noite estava limpa e perfeita, permitindo a todos que tivessem uma vista espetacular da deslumbrante Paris.

— Que privilégio poder estar aqui – comentou Belinha.
— Você está feliz? – questionou Manoel, achegando-se à esposa adorada.
— Muito. Obrigada, meu amor. Por tudo isso, por tudo que tem trazido de bom para a minha vida. Eu nunca me canso de agradecer a Deus. Toda hora que elevo meus pensamentos a Ele, é mais para agradecer do que para pedir alguma coisa. É na verdade, sempre para agradecer por tudo, *tudinho* de bom que dá a mim e a minha família. Se me perguntarem o que quero da vida, nada responderei, porque já tenho tudo o que preciso. Quero somente saber aproveitar o que Deus me deu, fazer valer toda a sua bondade comigo, sua bênção eterna para com todos nós.
— Eu também sou muito grato a Deus por ter me dado uma esposa dedicada, filhos amorosos, saúde e entusiasmo

para trabalhar.
Ambos se beijaram.
— E aí, Maneco — perguntou Maridelma, ao perceber que o irmão estava distante. — Pensando na Lieco?
— Estava sim. Ela ia adorar isso daqui.
— O Leonias também.
— Um dia podemos vir os quatro para cá, que tal?
— Uma ótima ideia!

Horas depois, no Brasil, Durvalina apanhava mais um penico cheio de xixi, deixado pelo pai em seu quarto. Seguiu para fora da casa, andando com o rosto virado para o lado para evitar o cheiro forte da urina. Atravessava a porta que dava para a sala quando Assuntinha vinha na direção contrária. A colisão das duas resultou no derramamento do líquido malcheiroso sobre ambas.
— Ai! — grunhiu Assuntinha.
— Que nojo! — reclamou Durvalina.
— *Ocê* fez de propósito, Durvalina.
— Que de propósito que nada, Assuntinha. Eu também *tô* toda *moiada*.
Assunta bufou.
— Isso *num* é vida! — reclamou.
— *Num* é.
— É *mió nóis* ir se *lavá,* antes que o cheiro fique grudado em *nóis*.
— *Vamo!*

Belinha, por sua vez, continuava na Europa e, naquele exato momento, passeando pela Champs-Élysées com a família numa carruagem alugada. Um luxo.
— Será que as titias iriam gostar daqui? — indagou Maridelma.
— Quem não gostaria? — observou Maneco.
— Mas elas são tão simples. Tão sem ambição.
— É isso que as torna tão simples e humanas — opinou

59

Belinha.
— É verdade. Não podemos nos esquecer de lhes comprar uma lembrancinha.
— Oh, sim, filha. Estava pensando nisso agorinha mesmo.

E eles continuaram apreciando a lindíssima e luxuosa avenida mais famosa da França e uma das mais famosas do continente europeu. Era luxo só.

A chegada à Itália não foi tão emocionante quanto a visita ao Vaticano. Sendo Manoel de família católica fervorosa, estar ali era quase como estar com Deus. Belinha e Maridelma também se emocionaram, até mesmo Maneco que há tempos se convertera para o Espiritismo não pôde deixar de sentir a forte emoção. A visita a Veneza foi também impactante para os quatro, andar de gôndolas pelos estreitos canais da cidade era romântico e admirável. A noite que passaram ali estava estrelada e enluarada, algo deslumbrante de se ver e sentir. Quando os filhos pegaram os pais, beijando-se ao luar, bateram palmas e urraram como se caçoam os românticos no Brasil. O fogo da paixão ainda reinava no coração de Belinha e Manoel, uma paixão linda, sincera e serena.
— Eu te amo, meu amor — admitiu ela ao ouvido dele.
Ele, sorrindo, respondeu em tom brincalhão:
— Pois eu a amo, Belinha, a adoro e venero.
Risos e um novo beijo aconteceu entre os dois ao luar.
O país visitado a seguir, foi a Suíça onde se esbaldaram de tanto comer chocolates, considerados os melhores do mundo.
A seguir, chegaram à Alemanha onde a família Lustosa também viveu momentos emocionantes. Não havia um dentre eles que não tivesse a impressão de estar vivendo, nas últimas semanas, dentro de um sonho, no qual tudo se realiza, onde a felicidade impera, onde a realidade mundana, a pobreza e a miséria foram trituradas até a morte.
— Europa... — murmurou Belinha —, é tudo muito mais lindo

do que havia imaginado.
   Manoel estava verdadeiramente feliz por poder estar propiciando aquilo a sua família, realizando um sonho de anos, seu e da esposa. Economizara dez anos consecutivos para poder estar ali, mas valera cada sacrifício. Só não pôde oferecer à família, estadia nos melhores hotéis de cada cidade que visitavam, pois sairia muito caro. Além da estadia tinha também de arcar com as refeições, o que era bastante dispendioso, por isso, optou por se hospedarem em hotéis mais simples, o que, como brasileiros, eram até considerados luxuosos.

   Na tradicional missa de domingo no Patrimônio dos Seis, Durvalina e Assuntinha observavam discretamente os presentes enquanto o padre desenrolava o seu sermão. Pulavam com os olhos de nuca, em nuca, secando uma a uma, ao praguejar suas vidas por inveja.
   Ao final da missa, o padre foi lhes falar:
   – Durvalina, Assuntinha, bom dia.
   – Bom dia, padre. Sua bênção.
   – Que Deus as abençoe.
   Elas emitiram um novo sorriso amarelo.
   – Notei que vocês duas estavam dispersas durante o sermão. Tinham um semblante pesado. Algum problema na fazenda?
   – *Probrema?!* – Assuntinha riu, cínica. – Que nada...
   – Com seu pai – arriscou o padre mais uma vez.
   Foi Durvalina quem respondeu:
   – Com papai? Quem dera... quer dizer... que nada... anda forte como um touro.
   – Estimo. E com vocês duas está tudo bem?
   – Conosco?
   As duas irmãs se entreolharam e suspiraram.
   – Sim, padre – respondeu Assuntinha. – Tudo bem... um lumbago aqui outro ali às vezes mas... tudo bem.
   – Vocês são duas abençoadas por Deus, nosso pai.
   – Ô!!! Nossa! Abençoadíssimas – Assuntinha fez rapida-

mente o nome do Pai.
— Nem fale! — concordou Durvalina, imitando o gesto da irmã.
— E a irmã de vocês? Belinha, como vai?
— *Nas* Europa numa hora *dessa.*
— Na Europa? Mas que maravilha!
— Maravilha seria se o senhor estivesse junto com ela e a família, né, padre?
Diante do comentário, Padre Arlindo ficou sem graça.
— Seria bom, sim... Mas...
— Padre, gostaria muito de saber se o senhor não sente inveja de quem se casou com uma *muié* bonita e fogosa e teve *fios* lindos e sadios.
— Eu escolhi ser padre porque...
— Porque é feio? — adiantou-se Durvalina. — *Achô* que não ia conseguir *muié.*
— Não, minha filha. Foi porque Deus me chamou...
— Ah, padre, por favor... Seja franco *co'nóis.*
— Estou sendo.
— *Pra* cima de *nóis,* padre? Que é isso?
— Mas estou sendo sincero. Você pode me achar feio, mas eu me acho bem apanhado. Não existe feio e bonito, o que existe é comparação.
— Sei...
Durvalina e Assuntinha se entreolharam, zombeteiras.
Padre Arlindo bufou e disse:
— Sou muito feliz, sendo padre...
— Faço ideia... — Durvalina zombou ainda mais do sujeito.
Padre Arlindo ia novamente tentar se defender, quando Assuntinha, puxando a irmã pelo braço, disse:
— *Vamô* indo, Durvalina.
Nem bem se distanciaram do homem, Assuntinha comentou alto o suficiente para ser ouvida por ele:
— Tendo casa comida e roupa lavada com o dinheiro do dízimo que *nóis paga* é lógico que ele num tem o que *reclamá*

da vida. Assim *inté* eu!
   Nisso, Dona Umbelina, uma das moradoras do Patrimônio, fez sinal para as duas:
   – Durvalina, Assuntinha, esperem, minhas queridas.
   – Lá vem aquela mulher insuportável – resmungou Assuntinha entre dentes.
   – Queridas, como vão? – saudou Dona Umbelina, simpática como sempre.
   – Bem, Dona Umbelina e a senhora? – foi Durvalina quem respondeu e com forjada alegria.
   – Bem, com a graça de Deus.
   – Ah, sim...
   – Padre Arlindo falou tão bonito hoje, não?
   – *Falô?*
   – O sermão. Refiro-me ao sermão.
   – Ah, o sermão... é verdade.
   Durvalina e Assuntinha se entreolharam novamente, como dois corvos sinistros de Malévola.
   – Vocês não têm aparecido no grupo de oração.
   – É o papai, ele anda muito necessitado de *nóis* – respondeu Durvalina em tom de vítima.
   – Pobrezinho.
   – Sim, pobrezinho. O demônio...
   – Demônio? – Dona Umbelina se assustou. – Você disse demônio?
   Durvalina havia cometido um ato falho e tratou logo de se safar do que disse:
   – Ah, sim... Quis *dizê* que o demônio anda atormentando a cabeça do papai. Pobre coitado!
   – É a idade. Quando a idade vem, todos voltam a ser crianças...
   – É?!
   Durvalina endereçou novamente um olhar de abutre para Assuntinha que impaciente, puxou pela irmã com a desculpa de estarem atrasadas para servirem o almoço para o pai. Pelo caminho, Assuntinha explodiu:

— Eu quero que aquele padre Arlindo se exploda! *Eta ôme forgado!* Só aparece na casa das *pessoa pra enchê* o bucho de graça! Dá conselho sobre casamento, mas nunca *casô*, se num *casô* como pode dar conselho? Fala de *fio* sem ter *fio*, ah... Quanta *bobage*...
Elas pegaram a carroça e voltaram para a fazenda, só que pelo caminho, havia outras carroças com famílias, vindas dos sítios e fazendas vizinhas que também haviam ido assistir à missa e agora voltavam para a casa. Como não chovia há tempos, o trotar dos animais levantava um poeirão horrível, sujando todos, irritando os olhos e muitas vezes a boca dos que seguiam por ali. Durvalina e Assuntinha chegaram a engasgar de tanto pó que comeram sem querer.

— *Nóis* aqui comendo poeira e a outra lá nas *Europa*... — trovejou Durvalina. — Ai, que ódio...

— E tudo *pra vê* a *tar* Estátua da Liberdade — arrematou Assuntinha. — Se *qué vê* estátua, vai no cemitério que tem um monte de estátua de santo, anjo... Pra que *pegá* avião *pra* isso?!

— É só *pra esbanjá,* Assuntinha. *Ocê num* tinha entendido ainda?

— Af! — arrepiou-se ela. — Eu quero que essa *tar* de Europa... paçoca...

— Europa paçoca?! — riu Durvalina. — Essa foi boa!

E as duas caíram na risada e, com isso, engoliram ainda mais pó do *poeirão* que se levantava com o passar das carroças.

Assim que a carroça chegou à fazenda, Durvalina, como sempre, ajudou Assuntinha a soltar o cavalo e guardar o veículo.

— Tá tudo tão silencioso por aqui hoje — comentou Durvalina, olhando ao redor.

— É porque hoje é domingo, Durvalina. Os *domingo* são sempre assim.

— Mas parece que hoje tá mais silencioso do que o normal, Assuntinha.

– É... Talvez *ocê tem* razão.
Assim que entraram na casa estranharam a quietude.
– Pai? – chamou Assuntinha. – Onde o senhor *tá?*
Nenhuma resposta. As duas se entreolharam.
– Papai! – chamou Durvalina, erguendo a voz e seguindo apressada para a grande sala. – Papai, cadê o senhor? Ambas correram para o quarto do homem e, chegando ali, pararam abruptamente à porta. Diante do homem estirado ao chão, um grito agudo irrompeu de suas gargantas.
– Papai! – gritou Assuntinha, ajoelhando-se diante do corpo e rompendo-se em lágrimas.
– Ele está... ele está... – balbuciou Durvalina, arrepiando-se toda.
– *Num diz* uma coisa dessa, Durvalina! O que será de *nóis* sem ele? A vovó já dizia: "Ruim com ele, pior sem ele!". *Vai* até o Patrimônio chamar o médico, urgente!
– *Num* sei se consigo chegar lá, Assuntinha, tô tremendo inteira.
– *Ocê* precisa ir, Durvalina, e o mais rápido *possíve*.
Assuntinha ajudou a montar novamente a carroça e, assim, Durvalina partiu, exigindo grande velocidade do animal.
Assuntinha ficou observando a carroça partir, o desespero tomava conta de seu rosto. Ela odiava o pai, sim, sempre o odiara, só não sabia que odiava muito mais ficar sem ele. Sem Seu Honório José ali seria como ser entregue à solidão para todo o sempre. Só lhe restava rezar e foi o que ela fez. Caiu de joelhos sem se importar em sujar o vestido, uniu as mãos, voltou os olhos para o céu e orou fervorosamente.
Quando o médico chegou, Assuntinha estava ajoelhada ao lado do pai orando, concentrada. O médico examinou o velho Honório José das Palmeiras e ele, então, ressurgiu para a vida como se tivesse desperto de um sono tranquilo e sereno. Ao verem que o pai estava vivo, os olhos das filhas brilharam de emoção.
– Papai... – gaguejou Durvalina, emocionada.
– Oh, papai... – murmurou Assuntinha, secando as lágri-

mas.
— O que *ocês* duas tão fazendo aí *ajoelhada?*
— Papai, o senhor...
O médico tomou a palavra:
— Seu Honório...
— Honório José. Gosto de ser chamado pelo meu nome todo.
O profissional, um tanto sem graça, corrigiu-se e explicou o que havia acontecido.
— O senhor precisará fazer alguns exames...
— Escuta aqui, seu doutor... Se o senhor pensa que vai se aproveitar da minha fraqueza *pra ganhá* uns trocado em cima *d'eu, tá* muito enganado.
— Só estou tomando as devidas providências para o caso do senhor precisar, meu senhor.
Honório José limpou a garganta e escarrou longe como de hábito.
— Sei não, conheço muito bem essa raça de médico. O que *ocês* querem é enfiar a faca em *nóis!* Tirar o pouco que *nóis* tem.
Assim que ficou a sós com Durvalina e Assuntinha, o médico falou:
— Estou tentando fazer o meu melhor, mas pelo visto seu pai tem um gênio difícil...
— Tem, senhor.
— *Pro* senhor vê o que *nóis passa* com ele.
— Bem, eu já vou indo. Quando posso receber pela visita?
— Ahn?
— Os meus honorários.
— *Nóis vamo* atrás do senhor *pra* pagar assim que *nóis tirá argum* trocado do pai.
— Está bem, aguardarei.
Assim que o médico partiu, as duas irmãs se entreolharam, pensativas.
— *Ocê* pensou o que eu pensei, Assuntinha?

– Acho que pensei, Durvalina. Esse médico... *Eta home bonito, sô.*
– E *num* é casado, prestei bem atenção na mão dele *pra vê* se tinha aliança.
– E num tinha não?
– Num tinha não, Assuntinha.
– Hum... – ambas suspiraram.

Nos dias que se seguiram, Seu Honório José ficou de cama, com febre forte e muita tosse.

– *Pra* gripe *braba* como essa do pai, *ocê,* sabe, *né,* Assuntinha? Leite quente, pelando, pelando, com açúcar queimado e canela antes de dormir. No dia seguinte, tá novinho em *foia.*

Assunta nada respondeu, ficou parada, olhando em certa direção.

– Assunta... – chamou Durvalina e visto que a irmã não respondeu, dirigiu os olhos na mesma direção que os dela.

Ela na verdade não olhava para nada especificamente, seu olhar estava perdido no nada.

– *Tava* pensando aqui com os meus *botão,* Durvalina – falou Assuntinha, enfim. – Se *nóis* num *dé* esse leite quente com açúcar queimado e canela, o pai pode muito bem...

Durvalina arrepiou-se inteira.

– Assunta, minha irmã, *ocê num pensô* em...
– É lógico que não, Durvalina!
– *Ocê* pensou sim, admite! *Tô* vendo nos seus *zóio.*
– Quer saber?! Pensei, sim e daí?!
– Mas...
– Nem mais nem menos... Só assim *nóis* duas *fica* livre desse peste! Só assim *nóis* duas *encontra* a paz.
– Mas isso *num* é direito, minha irmã.
– Num é direito *nóis* duas *continuá* sendo *martratada* por ele como ele faz, *sô.*
– É, *ocê* tem razão.
– Eu sempre tenho razão, Durvalina. Sempre...

Houve uma pausa até que Durvalina perguntasse:

— Mas quando o pai *passô mar*, *ocê ficô* desesperada... Sem ele, *ocê* sabe, *nóis* duas *vamo acabá sozinha* nesse fim de mundo.
— Não se...
— Não se, o quê, irmã?
— Se a Belinha *levá nóis pra morá* na cidade, numa casa perto dela.
— Ela falou isso, foi?
— *Comentô* certa *veiz*.
— E *ocê* acha *memo* que aquela metida da Belinha vai fazer uma coisa dessa por *nóis*? Nunca! Se falou, falou da boca *pra* fora.
Assuntinha voltou o semblante enviesado para a irmã e bem nessa hora ouviu-se mais um berro de Seu Honório José.
— O leite, Assuntinha, *vamo fazê* o bendito leite quente com açúcar e canela.
— *Ocê* tem razão, Durvalina. Toda razão.

Nesse ínterim, Belinha, o marido e os filhos chegavam à Holanda, onde também se maravilhavam com a cidade de Amsterdã.

Enquanto isso, no Brasil, numa de suas tentativas para apanhar um copo com água de cima do criado mudo, Seu Honório José derrubou sem querer o copo com água onde guardava a sua dentadura.
— Ô diacho! – ralhou. – Durvalina, Assuntinha *corre* aqui!
As duas imediatamente apareceram.
— O que foi, papai? – perguntou Durvalina ainda assustada com o berro.
O homem explicou o ocorrido e as duas irmãs se entreolharam com nojo. Se havia algo que elas realmente não suportavam era ter de encarar a dentadura do pai. Chegavam a sentir ânsia de vômito.
— *Ocês* duas *tão* fazendo o que *parada* aí com essas *cara*

de boba? É pra *procurar* a minha dentadura, *vamo!*
Ambas se ajoelharam ao chão contra a vontade e espiaram embaixo da cama. Não demorou muito para que avistassem aquilo pela qual sentiam tanta repugnância. As duas se entreolharam, pensando em qual delas pegaria aquilo, algo que nenhuma queria fazer.
— Vou buscar uma vassoura — sugeriu Durvalina.
— Ou um rodo — sugeriu Assuntinha.
— *Pra* que as duas *qué* um rodo e uma vassoura? — questionou o velho acamado.
— Pra puxar a dentadura do senhor para cá — respondeu Durvalina, abrandando a voz como sempre. — A bendita *tá* parada bem debaixo da cama. Não *arcançamo* lá.
— *Arcança,* sim.
— Não, senhor.
— Isso é frescura *d'ocês* duas.
— Não, pai.
Arregaça essa manga e estica o braço até apanhar a minha dentadura. *Vamô, tô* mandando! Se usar rodo ou vassoura pode *quebrá* a bendita e eu vou ter que *gastá* um dinheirão pra fazer uma nova. Nem pensar!
— Mas, papai...
— *Vamô* lá, Durvalina.
A mulher se curvou e esticou o braço enquanto sentia seu estômago se contorcer de ânsia.
— Ai...
— E num quero resmungo.
— Ai...
Ao alcançar seu objetivo, o rosto de Durvalina verteu-se numa careta asquerosa... Jamais pensara que a dentadura do pai fosse mole como uma gelatina.
— Que nojo! — deixou ela escapar.
— O que foi que *ocê* disse, Durvalina?
— Ai — grunhiu ela novamente.
Então ouviu-se um sonoro coachar de sapo, algo que fez Durvalina se assustar e abrir a mão. O que ela havia agarrado

69

era um sapo que se alojara embaixo da cama e devido a pouca luz não conseguiu distingui-lo.

O sapo pulou para fora enquanto Durvalina, aos berros, ergueu-se e subiu na cadeira que havia ali perto.

Assunta, ao ver a cena, procurou onde subir e só lhe restou um banquinho nas proximidades, o qual com o peso arrebentou e ela foi ao chão. E o sapo pulava de um lado para o outro e ela pulava para fugir dele de forma tão tragicômica que Seu Honório José riu tanto que fez xixi na cama. Conclusão, além de as duas terem de afugentar o sapo do aposento, tiveram de trocar os lençóis.

Restava ainda pegar a dentadura que acabou indo parar debaixo do criado mudo, descobriu-se mais tarde.

– Por falar em dentadura... – comentou Durvalina. – Precisamos ir ao dentista.

– Pois da próxima vez que *ocês* forem, pede pra ele *arrancá* todos os dente *d'ocês* e pôr uma dentadura de uma vez por todas.

– Não, papai...
– Que não, papai, o quê?
– Eu não quero usar dentadura.
– Vai usar, sim! Todo mundo usa.
– A Belinha não usa.
– A Belinha é a Belinha.
– Os fios dela vão sempre ao dentista. Ela sempre conta *pra nóis*.
– *Ocê num* é *fia* dela, é *fia* de Honório José das *Parmeira* e vai *usá* dentadura, sim!
– Não!

Durvalina começou a chorar e saiu correndo do quarto.
– *Vorta* aqui, sua inútil!
– Papai! – Assuntinha tentou acalmá-lo.
– Se aquela espevitada num *vortá* eu vou atrás dela com a espingarda, ah, se vou!

Assuntinha receosa que o pai chegasse de fato àquele ponto, correu atrás de Durvalina que saiu da casa e correu

desesperada na direção do rio.
— Durvalina! — berrou Assunta a sua procura. — Onde *cê tá, muié* de Deus? Assim que localizou a irmã, Durvalina, chorosa, desabafou:
— *Ocê* ouviu o jeito que ele fala da Belinha? Ela pode. Tudo ela pode! Que ódio que eu sinto dela, Assuntinha. Que ódio!
— É... A Belinha é mesmo poderosa. *Eta* muié poderosa, sô.

Depois da breve passagem pela Holanda, Belinha e a família chegaram a Londres na Inglaterra, onde completariam os trinta dias de viagem. Conhecer de perto o Palácio de Buckingham, residência oficial da Rainha Elizabeth foi maravilhoso. Depois, a Abadia de Westminster em arquitetura gótica, local de coroação da monarquia foi também inesquecível. O museu britânico, a National Gallery, St. Paul's Cathedral, o Regent's Park, o Picadilly Circus foram também visitas memoráveis.

Enquanto isso, no Brasil, Assuntinha e Durvalina estavam sentadas embaixo de uma mangueira, deliciando-se com mangas doces e fresquinhas. Foi quando chegou um dos empregados da fazenda de seu Jacó, querendo falar com Seu Honório José, que o atendeu prontamente e sem fazer alarde. O sujeito não demorou mais do que três minutos ali e partiu apressado, exigindo um bocado do cavalo.
— Durvalina?! Assuntinha?! — berrou o pai. — Onde *ocês tão? Vem* logo aqui!
Durvalina e Assuntinha se entreolharam, com a boca toda suja de manga e se disseram somente pelo olhar: "Nossa alegria acabou!".
Assim que o pai avistou a filhas, vindo na sua direção, falou com seu vozeirão carregado:
— O seu Jacó morreu!
— Mo-morreu? — gaguejou Durvalina, arrepiando-se da cabeça aos pés.

— *Ocês* se *arruma* que *nóis* precisa ir *pro* velório do *ôme*.
— Mas papai, o senhor sabe o quanto eu abomino velório. Depois não durmo à noite — Durvalina tentou se explicar.
— Que num dorme o quê! Já tá mais do que crescida para...
— Mas, papai...

Bastou o pai voltar-se para a filha, lançando-lhe seu olhar severo de sempre que a mulher calou-se e foi atender suas ordens, acompanhada de Assuntinha.

Uma hora depois, os três chegavam ao velório de Seu Jacó. Abraçaram Dona Chicória, a viúva, com forjado pesar e evitaram a todo custo, não olhar diretamente para o caixão. A viúva, sem perceber a situação, chamou as duas para admirar o falecido.

— Óia só o Jacó, meninas... *Num* parece que só tá dormindo?

Durvalina fez que sim com a cabeça, fazendo o possível para não baixar os olhos para o cadáver.

Não muito longe dali, um compadre de Seu Honório José, flagrou a cena e voltando-se para o compadre, disse:

— Ô, compadre.
— Fala, compadre.
— A *tua fia*, por acaso, tem medo de defunto, tem?
— Se tem, compadre. As duas. *Óia, vô confessá* uma coisa *pr'ocê*, compadre. Juntando as duas num dá uma inteira.

O homem riu de chacoalhar a pança.

— Mas que besteira *tê* medo de *difunto,* eles num faz *mar* pra ninguém. *Mar* só faz os que tão *vivo, sô*.
— Eu digo isso pras duas, compadre, mas elas *me escuta?* Nunquinha.
— Eta! Pera um minutinho, compadre, que eu *vô chamá* a comadre *pra ajudá* tuas *fia* a *perdê* o medo de velório. A Januária tem um jeitinho muito *especiar* pra isso.
— Vai, sim, compadre.

E lá foi o homem. Enquanto isso, Durvalina, no ápice da indignação por estar ali, comentava com a irmã:

– Eu num entendo velório, Assuntinha. Uns *chora,* outros *ri... Num* entendo, não!
– Eles *ri* porque *fica* contando piada, Durvalina. Uma farta de respeito com o falecido.
– Deve *sê* pra amenizar a tristeza, Assuntinha.
– Sei lá.
E Durvalina deixou escapar mais um *pum* sem querer. Exagerara nas mangas e com o nervoso por estar ali, seu intestino estava se revirando inteiro.
Quando Dona Januária ali chegou, as duas novamente fingiram alegria por vê-la.
– O compadre Honório *contô* que *ocês* tem medo de defunto, é verdade?
As duas se avermelharam toda.
– Num precisam *tê* vergonha, não – continuou a mulher e baixando a voz, explicou: – *Pra perdê o medo, ocês* só tem que *pegá,* uma veizinha só, na mão de um morto. É *pegá* uma vez e o medo some.
– A senhora tá falando sério? – perguntou Durvalina.
– *Tô,* sim, Durvalina. *Vamô* lá. *Ocê* e a Assuntinha.
– Mas eu num quero! – recusou-se Assuntinha na mesma hora. – Tô muito bem aqui.
– Que nada, *ocê tá* é com medo. *Vamo* que eu *vô* junto. Nada de *mar* vai *acontecê co'ocês.*
As duas mulheres foram quase que arrastadas pela mulher até o caixão.
– Pronto, agora cada uma *d'ocês* pega na mão do dito cujo.
– Ai – gemeu Durvalina, deixando escapar outro pum.
Assuntinha de nervoso, também acabou deixando escapar outro e um bem fedido por sinal. Assim que fedeu, Dona Umbelina saltou da cadeira onde estava sentada, chorando com as carpideiras e falou a toda voz:
– Esse pum eu conheço! É do Jacó!
Todos, de olhos arregalados, olharam para a mulher que se curvou sobre o caixão, segurou firme o colarinho do marido

e falou:
— Se *ocê tá peidando,* Jacó, é porque tá vivo, *omê*. Para de *brincá com eu.*
Quando a mulher se descontrolou, chacoalhando o corpo do marido no caixão, os filhos precisaram segurá-la. Nesse ínterim, Durvalina e Assuntinha aproveitaram para correr para fora da casa onde foram procurar uma moita para se aliviarem.

Nesse ínterim, Manoel, Belinha, Maneco e Maridelma aproveitavam os últimos dias na Europa.
— É tudo tão lindo, mas nada se compara ao Brasil.
— Nada mesmo, mamãe. Já estou morrendo de saudade da nossa vidinha lá.
A mãe abraçou a filha e concluiu:
— Mas que a viagem valeu a pena, ah, isso valeu e muito.
E foi no teatro St. Martin, para assistir a consagrada peça de Agatha Christie, "A ratoeira", que a família encerrou a noite. No dia seguinte, voaram de volta para o Brasil. Um voo leve como uma pluma sendo levada ao vento.

Parte 4

No final de semana seguinte, Belinha chegou de surpresa com sua família para o almoço de domingo.
– Ocê pegô *nóis* de surpresa, Belinha – reclamou Durvalina, fazendo beicinho.
– Somos irmãs, não fazemos luxo.
– Ah, mas...
– Nem mas nem meio mas, eu e Maridelma vamos ajudar vocês nos preparativos do almoço. Por isso chegamos bem mais cedo do que o habitual.
– *Ocês* deveriam ter avisado.
Ao ver Maneco, Durvalina o elogiou com sinceridade:
– Mas como meu sobrinho *tá* bonito, sô?
O rapaz sorrindo, beijou a tia e depois a outra.
– Já tá um *moção* – completou Assuntinha.
Manoel Lustosa Filho havia se tornado de fato um jovem muito bonito. Era o que se podia dizer uma fotocópia do pai no auge da adolescência.
– Seus *fio* dão gosto de *vê* – elogiou Durvalina com forjada sinceridade.
– Obrigada – agradeceu Belinha, também admirando o casal de filhos.
A seguir as mulheres foram para a cozinha e os homens se sentaram na varanda, onde Manoel contou animadamente detalhes da viagem à Europa para o sogro que teimou que a China era na Europa.

Enquanto as mulheres preparavam o almoço, Durvalina e Assuntinha quiseram saber da viagem.

– Conte, irmãzinha, como foi a viagem *d'ocês?*
– Foi ótima, Durvalina. Maravilhosa!
Belinha contou tudo com grande satisfação, Maridelma também e, mais tarde, Manoel e Maneco complementaram, dando seus pontos de vista. Mal faziam ideia do quanto Durvalina e Assuntinha invejavam a família e praguejavam o bom que tiveram.
– Ah, aproveitando, antes que eu me esqueça, trouxe uma lembrancinha para cada uma de vocês.
– Num precisava, Belinha – respondeu Durvalina com fingida polidez.
– O que é isso? Precisava, sim.
As duas invejosas desembrulharam os presentes com muito cuidado, voltando, repetidas vezes, os olhos para a caçula, forçando um sorriso amarelo.
– E então, gostaram?
– É lindo... – murmurou Assuntinha.
– Gostou mesmo?
– *Craro* que sim, irmãzinha.
Assunta levantou-se e beijou a irmã caçula.
– *Brigadinha*, viu? Só *ocê memo pra* lembrar dessas duas *veia* aqui.
– Vocês não são velhas.
– Ah, bondade sua, minha irmã.
Nisso ouviu-se um assovio de Durvalina.
– Mas que lindo! – exclamou, com um sorriso tão amarelo quanto o que cobrira há pouco o rosto de Assunta. – Mas, irmã... *Descurpe* a minha ignorância, o que é isso exatamente?
– Ora, Assuntinha – riu Durvalina – é pano de chão, *fia*.
– Pano de chão?! – Belinha e Maridelma riram.
– É uma echarpe para usarem em torno do pescoço – explicou Belinha. – É uma echarpe de seda.
– Echa...
– Echarpe.
Maridelma pegou uma delas e colocando em torno do seu pescoço, falou:

– Usa-se assim, titias.
– Ah!!! – as duas exclamaram com ar abobado.
– E então, gostaram?
– Lindo, adorei! – gaguejou Durvalina.
– Eu *tamém!* – mentiu Assuntinha.

Belinha e Manoel contaram a seguir a respeito da viagem que fariam para a Argentina logo mais.
– Argentina? – espantou-se Durvalina. – Mas *ocês* nem acabaram de *chegá* das Europa?

Manoel, sorrindo, explicou:
– Meu sobrinho, filho do meu irmão mais velho, mudou-se para lá a trabalho, conheceu uma garota e agora vão se casar. Iremos para o casamento deles.
– Haverá uma festa linda, assim prometem – informou Belinha.
– Que luxo, hein? – murmurou Assuntinha, olhando de rabo de olho para Durvalina.

Assim que Belinha e sua família partiram, o rosto de Assunta e Durvalina se transformaram. A aparência de bondade, que até então cobrira suas faces, cedeu lugar ao ódio.
– É, maninha... o avião num caiu – murmurou Assuntinha, com voz das trevas.
– *Num* foi dessa vez... – concordou Durvalina no mesmo tom.
– Quem ela pensa que eu sou? – ralhou Assunta, rilhando os dentes.
– O mesmo pergunto eu – arrematou Durvalina, enfurecida. – Onde já se viu *dá pra nóis* um presente vagabundo como esse, *sô?!* É uma descarada *memo*. Ela faz de propósito, só pra nos *ofendê*.
– Ah, faz sim. Sabe o que eu vou fazer com esse... com essa... Como é *memo* o nome dessa porcaria?
– *Echaque... Echape... Echarpe...* algo assim.
– Seja lá o que for. Sabe o que eu *vô fazê* com isso? *Usá* como pano de chão!

77

– E eu vou *usá* o meu *pra espaná* o pó da casa.
Os olhos das duas mulheres se avermelharam ainda mais de ódio.
– Belinha é mesmo uma despeitada – acrescentou Durvalina.
– Eu sinto tanto ódio dela – completou Assuntinha.
– E eu, então?
Nisso ouviu-se Seu Honório José berrar:
– As duas *qué calá* a boca e *fervê* água *pra* eu *tomá* meu banho?
O homem parecia mais impaciente do que o normal.
As duas se entreolharam e, submissas, entraram na casa. A respiração de ambas estava pesada, quente por estar impregnada de ódio e indignação.
A inveja que sentiam da irmã mais nova, juntamente com ódio por se verem ali, presas ao pai, chegava a lhes pretejar a pele.
As duas com grande esforço arrastaram os baldes de água quente e encheram a banheira. Ao término estavam encharcadas, da cintura para cima de suor e da cintura para baixo com a água que espirrava dos baldes quando entornavam na banheira.
No dia seguinte, a primeira atitude que as duas irmãs tomaram foi umedecer as echarpes com água e sabão, feito ali mesmo no sítio, e limpar o chão com uma força tremenda impulsionadas obviamente pelo ódio do presente recebido da irmã.

Semanas depois, como haviam planejado, Belinha e Manoel viajaram para a Argentina, para assistirem ao casamento do sobrinho por parte de Manoel. Foi uma cerimônia linda, a qual possibilitou toda família se reencontrar. Fazendo valer mais uma vez o ditado: a família toda só se reúne mesmo em casamento ou em funeral!

Nesse período, o velho Honório José piorou de saúde,

78

obrigando as filhas atravessarem noites e mais noites em claro para poderem ajudá-lo, caso fosse preciso. Quando ele despertava e descobria que ambas haviam cochilado, berrava com as duas de uma forma tão repentina e estúpida que ambas chegavam a ficar com o coração aos pulos.

A conselho do médico do Patrimônio, as duas levaram o pai a um médico especialista em pulmão na cidade com maior infraestrutura próximo dali. O doutor acreditava que somente lá, por meio de exames mais minuciosos, feito por médicos mais experientes, o Seu Honório José poderia ficar livre daquele mal que vinha transtornando sua saúde há semanas.

– Por aqui, papai – falou Durvalina, tentando mostrar-lhe o caminho na clínica.

– Que por aqui, o quê? Detesto que mandem em mim – retrucou o homem, enfezado como sempre.

– Só estamos querendo ajudar, papai.

– *Ocês* são *memo* duas *sorterona inútil* e danada de feia. Sorte que *num* se casaram, seria uma desgraça na vida do marido *d'ocês*.

Ao perceberem que todos ao redor prestavam atenção a eles, Assuntinha e Durvalina quiseram abrir um buraco no chão e se enterrar tamanha a vergonha.

Foi num dia de sol bem quente que Belinha e o marido voltaram ao sítio para visitar Seu Honório José, Durvalina e Assuntinha. Belinha estava ansiosa para rever o pai, para saber se havia melhorado de saúde.

O carro dirigido por Manoel Lustosa Filho tomou o caminho que tinha fim no gramado junto a casa. Um gramado cada vez mais entrelaçado de ramos de capim e ervas daninhas.

Assim que Durvalina, um pouco mais magra do que da última vez em que o casal estivera ali, ouviu o ronco do motor, correu para fora da casa. Ao avistá-los, chamou por Assuntinha que se encontrava, naquele instante, estripando um leitão.

Assim que Belinha saiu do veículo, Durvalina abraçou a irmã caçula de forma exagerada, como se esperasse por sua

79

chegada e seu abraço há décadas.
Somente quando o abraço se desfez é que Belinha percebeu que os lábios da irmã estavam brancos e certo terror transparecia em seus olhos.
— Belinha... — murmurou Durvalina, calando-se a seguir, ficando por quase um minuto encarando a irmã caçula com um olhar profundo e comovente, como se quisesse lhe dizer algo urgente, mas sem ter voz para tanto.
— Durvalina, querida, tudo isso é saudade? — expressou-se Belinha, procurando ser amável.
Durvalina engoliu em seco antes de responder com aparente presteza:
— O papai, Belinha... O papai...
Manoel Lustosa deu um ou dois passos na direção das duas, olhando para ambas com aparente estranheza e preocupação. Os olhos dele, atentos como sempre, encontraram os da esposa que imediatamente perguntou:
— O papai... O que houve com ele, Durvalina? Diga!
Os músculos do canto da boca da mulher tremeram.
— Ele... Ele...
Ela não conseguiu terminar a frase. Foi Assuntinha, que caminhava na direção de todos quem deu a resposta:
— O papai morreu, Belinha.
Dessa vez, foi o canto da boca de Belinha que tremeu.
— O papai?!
Belinha não podia acreditar. Afastou-se de todos e, ao fazer menção de correr na direção a casa, desesperada, Assuntinha falou com todas as letras:
— Ele não está lá, Belinha.
— Não?! Onde está ele, então? Num hospital? Levem-me até lá, por favor.
— Belinha... A Assuntinha *falô* a verdade. O papai morreu! E já faz uma semana, irmã.
— Não pode ser...
Assuntinha fez que "sim" com a cabeça, enquanto seus olhos lacrimejavam.

– Foi quando *nóis levô* ele *pra* cidade vizinha, *pra fazê* os *exame* que o médico do Patrimônio pediu, que ele, pobrezinho, bateu as *butina.*
 – *Passô* dessa *pr'uma mió* – acrescentou Durvalina entre lágrimas.
 – Médico? Que médico?
 As duas explicaram.
 – E vocês o enterraram no cemitério do Patrimônio dos Seis?
 – Não, Belinha, *enterramo* o pai lá *memo.*
 – Lá mesmo?!
 – É, na *mema* cidade em que o pai morreu. *Pra transportá* o corpo *pra* cá era uma nota preta, *nóis num tínha* dinheiro *pra* isso. Foi sempre o pai quem *cuidô* da *bufunfa,* ocê sabe... Como *ocê tava* viajando, só nos *restô enterrá* ele lá *memo.*
 – Assim, *nóis* fez o pai feliz *tamém.*
 – Feliz?!
 – É, Belinha. O pai nunca *gostô* do cemitério daqui. Sempre dizia...
 – Dizia *memo* – contribuiu Assunta.
 – Que se pudesse, queria *sê* enterrado *num* cemitério de cidade grande, que o cemitério do Patrimônio dos Seis num era cemitério de gente.
 Elas riram.
 – *Nóis* até *brincô,* certa *veiz,* dizendo que o cemitério num era de gente *memo, sô.* Porque lá só tinha *difunto.*
 As duas riram ainda mais e calaram-se no mesmo instante em que notaram que Belinha, escorada por Manoel, mantiveram-se sérios.
 – *Descurpa* – pediu Durvalina, lançando um rápido olhar de esguelha para Assuntinha.
 Belinha abraçou o marido e chorou:
 – Papai, morto... Deus, que tristeza...
 Ela estava terrivelmente desconsolada. Manoel aproximou-se da esposa e a envolveu em seus braços.
 – Eu sinto muito, minha querida. Muitíssimo.

Chorando, Belinha desabafou:
— Eu o amava tanto, Manoel. Tanto. Ele foi muitas vezes estúpido, briguento e impaciente comigo e com minhas irmãs, mas era um pai e tanto. Nunca nos deixou faltar nada. Se temos alguma coisa, foi graças a ele, ao suor do seu trabalho, seu empenho e economias.
— Eu sei... conheci bem o velho Honório José. Um homem bronco, mas de um caráter, de uma integridade sem igual.
A esposa se agarrou mais forte ao marido e chorou em seu ombro. Manoel também chorou. Assunta e Durvalina também choraram. Então, Belinha enxugou as lágrimas e foi abraçar as duas irmãs. O pranto novamente tomou conta das três.
— *Vamo* entrar — convidou Assunta —, Durvalina vai *fazê* um chá de capim cidreira *pr'ocês*.
— Vamos.
As três irmãs entraram na casa enlaçadas, acompanhadas de Manoel.
O interior da morada já não era mais o mesmo, notou Belinha. Havia tristeza, pairando no ar.
— É tão triste saber que o nosso elo para esse mundo já não está mais aqui — ela desabafou. — Como vocês estão se sentindo aqui depois do falecimento do papai?
— É triste, Belinha, mas o que *nóis pode fazê, ora?* Nossa vida é aqui, nossa casa é aqui...
Tomaram chá.
— Eu vou querer visitar o túmulo do papai — falou Belinha após breve introspecção.
— Eu sei — a resposta foi dada por Durvalina. — *Nóis* sabia que *ocê* ia querer ir. *Nóis te leva.*
— Que bom... Que bom que vão comigo!
Foi servido a seguir um bolo de fubá muito saboroso. Depois de uma palavra aqui outra acolá, Belinha falou seriamente:
— Eu estava pensando aqui, com os meus botões, em levá-las para ficar uma semana na minha casa...
— Que é isso, Belinha? Num vai se *incomodá* com *nóis*.

82

– Mas seria bom... mudar os ares, espairecer.
– *Ocê* acha *memo*?
– Sim. Vai fazer bem para vocês duas, acreditem-me.
As irmãs se entreolharam.
– *Tá bão* – afirmou Durvalina com um brilho mágico nos olhos. – Se *ocê* insiste.
– Então façam as malas e pelo caminho, passamos pelo cemitério.
– Sorte que o Joaquim ainda *trabaia* aqui *pra ficá* cuidando das *coisa* enquanto *nóis tivé* fora.
– Que bom!
– *Vamo passá* na casa dele no Patrimônio dos Seis, *pra explicá* onde *tamo* indo. Se o nosso cunhado não se importa, é *craro*.
– É lógico que não – adiantou-se Manoel educadamente.
– Tudo precisa ser feito corretamente para evitar problemas depois.
Sem mais delongas, as duas irmãs fizeram as malas e partiram, primeiramente, para a casa do Joaquim e, depois, para a cidade vizinha, para visitar o túmulo onde seu Honório José havia sido sepultado. Diante do retângulo com flores recém-plantadas, contendo apenas uma placa de madeira, temporária, com as informações do morto, as três mulheres choraram tanto que os passarinhos ali bateram em revoada e outros se calaram.
– Oh, papai... querido... – lamentou Belinha.
Manoel a amparou nesse instante.
– Precisamos fazer um túmulo bonito aqui, não pode ficar somente essa cova com essa cruz de madeira sobre ele.
– Nós já *providenciô*, Belinha – adiantou-se Assuntinha.
– Fica tranquila.
– Mas quero ajudar financeiramente.
As palavras em questão despertaram a atenção das duas irmãs invejosas.
– Se *ocê* quer assim, Belinha... – concordou Assuntinha.
Belinha assentiu.

— *Brigada* — agradeceu Assuntinha.
— Isso *memo*, Belinha, *brigada, brigadinha* — concordou Durvalina.
  Todos oraram uma prece, encaminhando novamente a alma de Seu Honório José das Palmeiras para os céus e, algum tempo depois, Belinha, parecendo mais controlada, falou:
— Vamos, minhas irmãs. Vamos embora daqui. Desse lugar triste e melancólico.
  Durvalina, suspirando, concordou:
— *Vamo*, sim. Nunca gostei de cemitério, *num* é agora que *vô gostá*.
  Ao tomarem o caminho que levava para fora do local, Manoel se juntou novamente as três. Havia ido conversar com o responsável do lugar sobre o túmulo adquirido pelas cunhadas para sepultar o sogro. Os papéis estavam devidamente assinados, juntamente com a certidão de óbito. Se o local não fosse comprado, o corpo seria transferido da cova em questão, depois de sete anos, para uma onde destinavam todos os demais que não tinham sepultura perpétua.
— Precisamos comprar, sim — admitiu Belinha.
— Ou transferir o corpo para um outro cemitério.
— Ai! — arrepiou-se Assuntinha. — Isso não! Coitado do papai!
— É verdade — concordou Belinha. — Essa ideia também não me agrada.
— Então deixemos ele aqui — falou Manoel —, e compramos a sepultura.
— Melhor.
Sem mais, todos partiram.
— É — murmurou Durvalina assim que o carro tomou a estrada. — Vai ser *memo* muito *bão nóis ficá* longe da fazenda por uns *tempo*...
  Assunta entrelaçou sua mão na dela e afirmou:
— Vai, sim, Durvalina... *Bão* demais!
  Ao chegarem a casa, Maridelma assim que avistou as tias

correu para saudá-las.
— Titias, vocês aqui! Mas que surpresa boa!
— Olá, Maridelma querida.
Assuntinha abraçou a sobrinha, fingindo grande apreço por revê-la. Depois foi a vez de Durvalina imitar o gesto.
— E o vovô, como vai?
As mulheres se entreolharam. Foi Belinha quem respondeu:
— Infelizmente seu avô faleceu, minha querida.
A mocinha levou a mão à boca.
— Faleceu?! Quando?! Como?
Explicações foram dadas e Maridelma comentou:
— Eu gostava dele. Gostava muito.
— Nós também, minha querida — admitiu Assuntinha, vertendo-se em lágrimas fingidas.
O pranto envolveu todos novamente.
— Vou preparar um refresco para nós — anunciou Belinha assim que se recompôs.
Enquanto isso, Durvalina, olhando tudo ao redor com grande interesse, comentou:
— Mas como a casa *d'ocês tá* bonita, minha irmã. Uma *belezura*. Tinha me esquecido do quanto era bonita, *sô*.
— É mais uma casa confortável do que propriamente bonita — respondeu Manoel porque achou que devia.
— Comparada com a nossa da fazenda é um palacete.
— É... se comparada, é. Se bem que a casa da fazenda tem atrativos e atributos únicos, impossíveis de serem encontrados em qualquer casa de uma cidade.
— Ainda assim *quarqué* casa da cidade é melhor que a de um sítio ou fazenda.
— Gosto é gosto, não se discute.
— Verdade, cunhado. Verdade!
Depois do refresco com bolachinhas, Belinha, entusiasmada, esfregou as mãos e disse:
— Vou preparar um jantar para nós, um especial...
— Eu ajudo a senhora, mamãe — prontificou-se Maridel-

ma.
— Eu também — prontificou-se Durvalina.
— Que nada, vocês estão cansadas. Deixa que eu e Maridelma cuidamos de tudo. Vou levá-las até o quarto onde dormirão e onde poderão tomar um banho.
— Mas ocê também *tá* cansada, maninha.
— Não tanto quanto vocês. Além do mais sou mais jovem.
Risos.

Assim que as invejosas ficaram a sós no quarto reservado para elas, ambas percorreram os olhos por tudo.
— Que luxo essa casa, hein? — murmurou Assuntinha com acidez. — Tinha esquecido que era tão luxuosa, *sô*.
— *Tô* vendo.
Risinho.
— Que *ocê* achou dela ter chamado *nóis* de veia? — Assuntinha perguntou a seguir. — Ocê percebeu que ela...
— E num percebi? — respondeu Durvalina prontamente.
— Foi de um atrevimento só. *Num* passa de uma lambisgoia *memo*. Um horror.
— Ela tem de *queimá* nos *inferno* pelo tanto que *humia* eu e você.
— Tem, sim — concordou Durvalina. — E *tamém* por viver nesse luxo todo, esbanjando comida e dinheiro. Tem hora que eu tenho vontade de esganá-la, sabia?
— E eu então? Sinto vontade de torcer o pescoço dela como se torce o de um frango e depois servir no jantar. Mas eu te digo, Durvalina, isso *num* vai *ficá* assim. *Nóis vai* dá a *vorta* por cima, *ocê* vai vê!
— *Vamo,* sim, Assuntinha. *Nóis* merece ter a vida que ela tem e ela a vida que *nóis* leva.

Minutos depois, na sala de TV, Belinha conversava com o marido:
— Sabe Manoel, eu estava pensando seriamente em trazer

minhas duas irmãs para morar aqui.
— Aqui conosco?!
— Não, meu bem! Na cidade. Aqui em casa ficaria apertado. Pensei em alugar uma casa para as duas, uma perto daqui e pôr um caseiro na fazenda para organizar tudo. Não quero deixá-las lá, morando sozinhas. É tão solitário e elas me parecem tão frágeis.
— É, você tem razão.
— Vou propor a elas que se mudem para cá. Vamos ver o que elas acham.
Ao jantar, Belinha expôs seu plano.
— Mudar *pra* cá?! — espantou-se Durvalina com um brilho mágico nos olhos.
— Jura? — animou-se Assuntinha, corando.
— Sim — confirmou Belinha também se emocionando e diante do olhar do marido, completou: — Para a cidade! Mudar para a cidade.
— Para a cidade?... — estranharam as duas, enviesando o cenho.
— É — respondeu Belinha, pacientemente. — Alugaremos uma casa para você duas. Bem próxima a nossa.
— Jura?! — as invejosas voltaram a sorrir.
— O que acham da ideia?
— Maravilhosa!
— Nossa!... *Morá* na cidade... nossa... que *maravia!*
— Não pensei que quisessem tanto morar aqui.
Durvalina e Assuntinha se entreolharam e foi Assuntinha quem respondeu:
— Sim, maninha. É um sonho antigo morar aqui, mas... *Nóis num* podia, por causa do pai, *ocê* sabe... *Num pudia* abandonar o pobre coitado lá... sozinho...
— Sim, sozinho... — ecoou Durvalina.
— Na fazenda.
— Sim, na fazenda.
Uma reforçava o que a outra dizia.
— Mas agora que ele se foi... — Assuntinha juntou as mãos

87

em sinal de louvor. – Que Deus o tenha...
– Sim, que Deus o tenha... – Durvalina imitou o gesto e, em pensamento completou: "Que Deus o tenha... bem longe de mim!", mas não deixou transparecer qualquer emoção.
Belinha, deveras emocionada, comentou:
– Deve estar sendo muito difícil para vocês ficarem sem ele.
– Ô – respondeu Durvalina, lançando um olhar de gato para Assuntinha. – Muito *difíci...* – completou sem transparecer sarcasmo.
– Papai era *tão bão pra nóis* duas... – arrematou Assuntinha, fazendo beicinho – Tinha lá suas *implicância,* mas era uma boa companhia.
– Sim, eu sei... – murmurou Belinha, enxugando mais uma lágrima que rolou por sua face.
As três se silenciaram até que Belinha despertou, dizendo:
– E a missa?
– Missa?! – estranharam as duas.
– A missa de sétimo dia?! Vocês não se esqueceram, não é?
– É lógico que não, Belinha. Foi feita nos conforme – respondeu Assuntinha, impostando a voz.
– *Nóis* jamais ia *esquecê* – confirmou Durvalina.
– Jamais! – concordou Assuntinha, manhosa, mais uma vez.
– Sem missa de sétimo dia, a *arma* doce e amável do nosso pai, *num* ia seguir em paz *pro* reino dos *morto.*
– Reino dos céus, você quer dizer.
– Sim. Dos céus.
Novo silêncio. Novo lance de olhar entre Durvalina e Assuntinha.
– Bem, deixemos a tristeza de lado. Falemos agora da mudança de vocês para a cidade. Vamos sair para procurar uma casa amanhã à tarde.
As duas se empolgaram. Agora eram só sorrisos e suspiros

de felicidade.

No dia seguinte, como combinado, as três foram a uma imobiliária ver algumas casas no bairro que estavam para alugar. Não eram casas sofisticadas, eram bem simples, Belinha achou sensato não comprometer a renda das duas irmãs num aluguel caro. Ainda assim, depois de visitar uma a uma, a casa que as duas mais gostaram era a mais cara.
– *Gostamo* muito dessa! Muito *memo!*
– Só que essa é um pouquinho mais cara – explicou a corretora.
– Mais caro, quanto? – quis saber Belinha, preocupada.
– É quase o dobro do valor que me pediu.
Belinha pela primeira vez deu sinais de irritação:
– Mas eu pedi para você nos mostrar somente as casas com aquele valor que lhe passei.
– Ah... desculpe-me... achei que um pouquinho mais não faria diferença.
– Infelizmente faz.
– Bom, esqueçamos então esta casa.
Voltando-se para as irmãs, Belinha falou:
– Eu sinto muito, mas não quero que paguem uma exorbitância de aluguel.
– *Nóis entende,* querida – respondeu Durvalina.
– Sim, Belinha, *nóis* entende. Quem é *nóis pra* exigir *argo, pra morá* numa casa bonita dessas!
– Que bom que vocês me compreendem.
As mãos de ambas se crisparam por baixo da mesa onde estavam sentadas para conter o ódio que sentiram por não poderem ficar com a casa que mais gostaram.
A busca terminou quando as três optaram por alugar uma casa modesta a algumas quadras da que morava Belinha com sua família. Os papéis seriam providenciados e assinados devidamente no dia seguinte.
Foi quando voltavam para a casa que o surpreendente aconteceu: havia uma placa de "aluga-se" na casa vizinha a de

Belinha. De frente para ela, a que ficava do lado esquerdo. Maridelma ao vê-las, chegando, foi ao encontro das três. Após trocarem os beijos costumeiros, falou:
— Achei que seria interessante ficar com a chave da casa vizinha, que foi posta para alugar, para que as titias a vissem. Por isso pedi ao corretor e ele a deixou comigo. Seria muito melhor para as titias e para nós também, se as senhoras morassem vizinhas a nossa casa. Não acham?

Durvalina e Assuntinha se entreolharam. Foi Assuntinha que perguntou:
— Morar vizinho *d'ocês?*
— É.

As duas irmãs novamente se entreolharam, feito dois corvos de Malévola e, subitamente, responderam, em uníssono:
— Mas que *maravia!*
— Achei que iam adorar. Vamos ver a casa!

As duas interioranas assentiram com os olhos, brilhando de empolgação e, após visitarem todos os cômodos da morada, Maridelma quis saber:
— E então, o que acharam?

As duas se entreolharam, caladas e Belinha opinou:
— Sei que é uma casa de madeira, simples, mas pelo menos fica ao lado da nossa, assim poderemos estar sempre em contato.

Maridelma fez um adendo:
— Foi especialmente por isso que sugeri a casa para as senhoras, titias.

Visto que as tias pareciam incertas quanto ao que responder, Maridelma voltou-se para a mãe:
— E a senhora mamãe, o que achou?
— Eu adorei. Não podia ter casa melhor para as duas morarem do que uma ao lado da nossa.

Após breve suspense, Durvalina finalmente respondeu:
— Minha sobrinha e minha irmã *num precisa dizê* mais nada. A casa é *véia*, de madeira, mas como *ocê memo* disse fica ao lado da d'ocês e, isso, é o que interessa, né? É que

vale *pra nóis.*
— Isso *memo...* — concordou Assunta. — Só de *sabê* que *vamo* tá morando do ladinho *d'ocês...* Já é uma *maravia.*
— Uma *maravia* — reforçou Durvalina.
Belinha, emocionada, falou:
— Fico feliz que tenham gostado. Não sabem o quanto fico feliz. Ao meu lado vocês jamais se sentirão sós e desamparadas, prometo! Vou ligar agorinha mesmo para o corretor e pedir para ele providenciar os papéis da locação. Ligo também para a outra imobiliária, suspendendo a locação da casa que pretendíamos alugar.
— Maravilha — empolgou-se Maridelma.
Belinha enlaçou as duas irmãs e perguntou, emocionada:
— Estão felizes?
— Muito, maninha. Muito! *Ocê* é tão boa pra *nóis!*
E sem que Belinha percebesse as irmãs se entreolharam, falando-se pelo olhar matreiro como o de um lobo em busca de uma presa.
— Ah, como *ocê* é boa *pra nóis,* Belinha... — reforçou Durvalina, mentindo deslavadamente.
— É *memo* — reforçou Assuntinha tão fingida quanto a irmã do meio. — O que seria de *nóis* sem *ocê?*
— O que é isso? Faço o que faço e com muito gosto. Vocês são a minha família!
Cada uma beijou um lado da face de Belinha e responderam quase em uníssono:
— *Nóis te ama,* maninha. *Nóis* só *qué* o *teu* bem!
Até os passarinhos ali por perto arrepiaram-se diante das palavras das duas. Havia uma energia pesada em torno delas, algo vil e desagradável.

Assim que as duas se fecharam no quarto reservado para elas na casa de Belinha, Assuntinha reclamou, baixinho:
— A casa é tão *véia* quanto à da fazenda. Quando ela *convidô nóis pra mudá pra* cidade, pensei que *ia sê pr'uma* casa

tão boa quanto a dela.
— Eu *tamém,* mas... Tolice nossa *pensá* que ela faria isso por *nóis.*
— Sim, muito tolo.
Houve um minuto de silêncio antes de Assuntinha comentar:
— *Ocê* sabe, *num* sabe, Durvalina, por que ela *qué nóis* naquela casa? É pra *nóis* duas, todo dia, ao acordar, *olhá pra cá* e *pensá:* a Belinha é *mió* do que *nóis.* Mais feliz e mais sortuda... Ela deve sentir muito prazer em ver *nóis humilhada,* por isso faz o que faz.
— É uma...
— *Num* completa a frase, Durvalina, por favor. A mãe dela é a *mema* que a nossa, lembra?
— É ve*r*dade, Assuntinha.
— Eu sempre digo a verdade, Durvalina.
Houve uma breve pausa.
— E então? Mudamo ou não mudamo?
— É lógico que *mudamo,* Durvalina! Tem dois *motivo importante pra nóis mudar.* O primeiro é a própria cidade, aqui a vida é *mió* e segundo...
— Segundo...
— Morando aqui, do lado da Belinha, *nóis vai* ter a chance de *devolvê* o que ela fez de ruim *pra nóis,* nesses anos todos.
— Ah... — suspirou Durvalina, maquiavélica. — Vejo um terceiro motivo agora, Assuntinha.
— Terceiro?! *Quar?*
— Aqui *vamo tê* mais *chance* de *encontrá* um homem *pra* se casar e...
— Ocê é retardada ou coisa parecida, Durvalina?
— Ora, por que, Assuntinha?
— Que *óme* vai se *interessá* por uma *muié* feia, gorda e *pelancuda* como *ocê,* Durvalina? *Ocê* já *tá* com quarenta e oito *ano...* É ruim, hein?
— Mas... Ah, Assuntinha, vai dizer que *ocê* ainda *num* tem

esperança de encontrar um *óme...*
— Não, *memo. Farta* pouco *pra* eu *completá* cinquenta *ano* de idade. Que *muié* de cinquenta consegue se *casá?* Só viúva e *oia* lá. Além do mais, *tô* parecendo uma espiga de *mio.*
— Apesar de tudo, eu ainda tenho *esperança* — afirmou Durvalina categórica.
Assuntinha afirmava que não, mas ainda tinha, sim, alojado em seu coração, a esperança de encontrar um homem e ser feliz.

E esse é o invejoso. Por mais que alguém se preocupe com ele, nunca está satisfeito, ele nunca reconhece, quer tudo na mão, além de uma vingança por ele não ter tido o que o outro teve por merecer.

Naquela noite, quando Leonias, o namorado de Maridelma, foi visitar a jovem, é que ele teve a oportunidade de conhecer Durvalina e Assuntinha. Leonias aos vinte e poucos anos, tornara-se um moço atraente.
— Mas que moço bonito — comentou Durvalina ao pé do ouvido de Belinha.
— Bonito e educado.
Olhando com admiração para o rapaz, Assuntinha comentou:
— E *ocês* permite que eles *namore* dentro de casa? Sem ninguém vigiando?
— Sim.
— Ah, se o velho Honório José visse isso, pegaria a espingarda e... *Bum!!* Ocê sabe!
— Eu sei, Assuntinha. Mas os tempos são outros, os pais devem aconselhar seus filhos, exigindo respeito, mas sem exageros. É muito mais seguro tê-los aqui dentro de casa, namorando, do que na rua onde tudo pode acontecer longe das nossas vistas. Se bem que confio plenamente na Maridelma. É uma menina ajuizada, de ouro. O Leonias também é.
— E o Manoel *num* se importa que eles...

– Manoel? Não, de jeito algum.
– É... O mundo tá *memo* mudado! No nosso tempo, bastava um suspiro e o nosso pai punha nosso pretendente *pra corrê!*
– Pobre papai... Aprendera a ser como era com os pais dele, de acordo com os costumes da época em que viviam. Se reencarnassem hoje, aprenderiam diferente.
– Re... O que? – o espanto partiu de Durvalina.
Belinha riu e se explicou:
– Reencarnassem.
Tanto Durvalina quanto Assuntinha fizeram ar de interrogação. Belinha tornou a achar graça e quando estava prestes a explicar, Maneco, seu filho chegou.
– Boa noite.
Descansou seus livros sobre a mesa e beijou calorosamente as tias a que tanto queria bem.
– Aonde nosso sobrinho querido *tava* até uma hora dessas?
– Assuntinha – repreendeu Durvalina. – Larga de ser bisbilhoteira, *sô*.
– Ué, *quar* o *probrema d'eu* querer saber onde tava o meu sobrinho?
Maneco adiantou-se na resposta:
– Problema algum, titia.
Sorriu lindamente para ambas e prosseguiu:
– Estava no Centro.
As duas irmãs invejosas se entreolharam.
– No centro da cidade a essa hora, meu sobrinho?
Maneco riu, lindamente outra vez, e respondeu:
– No Centro Espírita, titias.
Diante do ar de interrogação, estampado na face das duas mulheres, o rapaz riu:
– *Num* é perigoso? – aventou Durvalina.
– Perigoso? O quê? – estranhou Maneco.
– *Frequentá* esses lugar. Sempre ouvi *dizê* que *num* se deve.
– Ainda se tem muito preconceito contra Centros Espíritas,

mas é só preconceito. Frequento porque quero saber mais sobre reencarnação, acredito no processo.

De forma clara e direta, Maneco Neto fez um resumo do que era o processo de reencarnação segundo Allan Kardec.

Durvalina, boquiaberta, tornou a falar:
– Ocê tá querendo *dizê* que *nóis* pode *vortá* pra cá de novo depois de morto?

O "r" da palavra morto nunca fora tão carregado.
– Ao que tudo indica, sim.
– Interessante, não, Durvalina? – observou Assuntinha com certo incômodo.
– Muito, Assuntinha. Muito.

Algo se passou pela mente das duas, mas foi rápido, Maneco interrompeu seus pensamentos, ao dar nova explicação:
– Tudo o que você faz de bom retorna para você. Quanto mais praticar o bem, mais coisas boas lhe acontecerão. Porém, quanto mais praticar o mal, receberá o mal de volta.

As duas mulheres estremeceram ligeiramente.

– Muitos membros da mesma família – continuou Maneco –, voltam para a mesma família. Reencarnam na mesma família.

– É *memo?* – a voz de Durvalina fraquejou.

– Sim, titia, a senhora, tia Assuntinha, minha mãe provavelmente reencontrarão o vovô numa vida próxima.

Ambas imediatamente fizeram o sinal da cruz e murmuraram:
– Credo em Cruz!

Maneco riu.
– Foi tão difícil assim conviver com o vovô?

As duas ficaram atônitas sem saber o que responder. Maneco prosseguiu:
– A cada reencarnação, o espírito tem a oportunidade de nascer em melhores condições de vida. Amar de uma forma mais lúcida, ser mais feliz.

– É mesmo?...

As duas irmãs tornaram a se olhar, inquietas.

Naquela noite, assim que as duas terríveis se aquietaram debaixo do lençol, com uma manta sobreposta a ela, Durvalina perguntou:
— Assuntinha, *ocê tá* acordada?
— *Tô* sim, Durvalina.
— Tava pensando naquilo que o sobrinho falou.
— Eu *tamém*.
— Fiquei com aquilo na cabeça...
— Eu *tamém*.
— Se for verdade *memo* que *nóis vorta* pra cá, então *nóis* vai ter no mínimo um palacete *pra* morar e um homem muito lindo e fiel *pra casá*. Porque ninguém merece mais coisa boa do que *nóis duas*!
— Verdade, irmã... verdade.
— É ou num é?
— Verdade.
— E aquela desmilinguida da Belinha, vai ter de *morá* numa casa muito feia e caindo aos *pedaço*.
— Ah, isso vai. Ruim como ela é com *nóis...* merece *morá* no celeiro.
— Ô, se merece!...
Ambas dormiram, pensando no palacete que deveriam ter para morar, no homem lindo que deveriam ter para casar, na vida farta e rica que deveriam ter porque achavam que mereciam, mas achar é uma coisa, merecer, de verdade, é outra bem diferente do que julga a nossa mente limitada de visão e percepção sobre a vida e nossos atos diante da vida. Diante de todos e de Deus.
Também sonharam com isto, especialmente Durvalina que se viu vivendo num palácio lindo, onde só havia pessoas e mais pessoas, servindo as duas. Mas, então, um raio se deu e todos desapareceram do lugar e quando ela saiu em busca dos desaparecidos, encontrou o pai apoiado na sua bengala, olhando para ela, com os olhos vermelhos, irados, a boca espumando de raiva, dizendo:

– *Vortei*, suas *inútil!* Pensaram que *ocês* e aquela imprestável da sua irmã iam *ficá* livres de mim? – gargalhada – se enganaram. *Ocês* nunca vão *ficá* livre d'eu. Nunca!
Durvalina acordou gritando.
– O que foi irmã, o que foi?
– É o pai. Sonhei com ele, Assuntinha! Ele vai *vortá!*
– Num diz besteira, Durvalina!
– Mas pareceu tão real!
– *Ocê* comeu demais na janta, por isso teve esses *pesadelo*.
– Será?
– É isso *memo*. E bate na madeira *pra garanti!*

Assim que tudo foi acertado, Manoel pediu a um de seus funcionários que levassem as cunhadas até a fazenda, onde pudessem preparar tudo para a mudança. Lá, também, acertariam com Joaquim para que doravante tomasse conta geral da fazenda. Assuntinha e Durvalina mal se cabiam de empolgação, tanto que encaixotaram tudo sem tomar fôlego. Quando o caminhão da mudança chegou, tudo já estava prontinho.
Em meio à casa vazia, Durvalina relembrou trechos de sua vida ali.
– Mal posso acreditar que estou *finarmente* indo embora daqui. Desse lugar esquecido por Deus.
– O nosso dia *finarmente* chegou, Durvalina.
– Diz minha irmã, com sinceridade, *ocê num* sente um pinguinho de tristeza por ver essa casa assim tão vazia e sem vida?
Assunta se arrepiou.
– Eu?! Não, nunca! Quero distância desse lugar *mardito!* Dos anos de amargura que passei aqui. Das *humilhação* que vivi por causa da Belinha e do pai...
– Do pai...
Balbuciou Durvalina e travou a língua, ao ter uma visão do pai no canto da sala.
– O que foi, *muié?* Que arrepio foi esse?

— O pai, Assuntinha... Eu vi o pai!
— Que nada!...
—Ai! *Vamo* embora daqui, antes que ele nos mate de susto, Assuntinha.
— *Tá bão! Tá bão!*

E as duas saíram da casa apressadas, olhando por sobre o ombro, receosas de estarem sendo seguidas por uma assombração.

Assim que entraram no carro, as duas suspiraram, denotando certo alívio.

— Não olhe para trás, Assuntinha.
— Não, não *memo!* Quero esquecer que esse lugar existe. Que um dia morei aqui.
— Amém!

Visto que o motorista olhava para ambas pelo retrovisor, parecendo não saber se deveria ou não partir, Durvalina falou:

— O que o senhor tá esperando? *Vamo* logo! Acelerado!

E o carro finalmente partiu, levantando poeira.

Parte 5

A casa foi toda arrumada com a ajuda de Belinha e Elisa e à noite, Belinha fez um jantar especial para dar as boas vindas às irmãs na sua nova morada e sua nova jornada de vida.

Foi nesse dia que Durvalina e Assuntinha foram apresentadas a LiecoTanogushi, a namorada de Maneco. Uma oriental baixinha e graciosa, que falava baixinho e olhava com interesse para todos. Os cabelos eram cortados à altura do ombro e eram pretos, azulados.

– Lieco é budista – explicou Maneco a certa altura do bate-papo.

– *Bundista?!* – questionaram as tias, em uníssono.

Maneco, rindo, explicou:

– Budista, titias. É uma religião oriental.

– Como assim?

– Digamos assim que uma religião cultuada muito pelos japoneses. Eles também acreditam em reencarnação com alguns pormenores diferentes do Espiritismo.

Durvalina e Assuntinha se entreolharam novamente como era de hábito. Assim que tiveram a oportunidade foram conversar com Belinha a respeito.

– Como é que *ocê* permite que o Maneco namore uma moça de outra religião, Belinha?

– Pior – arrematou Durvalina. – Como é que *ocê* e o Manoel *permite* que ele frequente o *tar* do Centro Espírita?

– Mas Durvalina, Assuntinha, cada qual tem sua religião e devemos respeitá-la.

– Só existe uma religião, já dizia nosso pai e nossa mãe. A nossa!

99

– Eles diziam isso, concordo, mas os tempos são outros. O Manoel também estranhou no início a decisão do Maneco em se tornar Espírita. Sendo ele católico, de família extremamente católica, certamente estranharia, mas com o tempo foi aceitando, apesar de deixar bem claro que não acredita em absoluto no processo de reencarnação.
– Nem eu!
– Nem *nóis!*
As duas se arrepiaram.
– Minhas irmãs, para convivermos bem com todo mundo, temos de aceitar as diferenças de cada um, as escolhas e gosto de cada um.

Durvalina e Assuntinha se entreolharam novamente e como de costume, o que pensaram, guardaram somente para si.

À noite, após o jantar, quando Maneco levou Lieco para a casa, a jovem, com certa dificuldade comentou:
– Sabem quem suas tias me lembram?
– Não!
– As irmãs de Psique.
– Quem?
– Psique. Da mitologia. Você nunca ouviu falar?
– Da mitologia sim, mas de Psique, não.
– Psique estava na idade de se casar e, por isso, Eros o Deus do amor, foi unir a moça a um moço que pudesse amá-la da forma mais bonita que há. Na hora de flechá-la, atrapalhou-se com o arco e acertou sua mão, ficando ele perdidamente apaixonado por Psique. Ao descobrir o que havia acontecido, Afrodite, sua mãe, enciumada e possessiva, jogou um feitiço para afastar o filho da jovem mortal. Caso ele se aproximasse dela, a olhos vistos, ambos seriam separados para sempre. Com medo de que isso acontecesse, Eros passou a admirar Psique à noite, enquanto dormia, iluminada somente pela luz do luar que entrava pela janela de seu quarto. Um dia, falou com ela, pegando-a de surpresa e assustando-a um bocado. Revelou a ela que a amava, mas que não poderia se mostrar

a ela no claro por causa de um feitiço. Assim ela o deixou se aproximar e se envolver por seus abraços e beijos e, desde então, passaram a se amar toda noite, a janelas fechadas para que ela jamais pudesse vê-lo nitidamente.

Eros deu a Psique um palácio lindíssimo para viver onde à noite ele chegava para passar a madrugada a seu lado.

– Nossa! – exclamou Maneco. – Que história bonita!
– Tem mais.
– Ah! Continue.
– Psique tinha duas irmãs, casadas e com filhos, mas que começaram a se incomodar terrivelmente com a vida que Psique passou a ter depois de arranjar o misterioso amante. Até então, ela não sabia que se tratava de Eros, o deus do Amor. Pois bem, cada dia mais elas invejavam a felicidade estampada na face de Psique e o palácio onde vivia. Chegavam a passar mal de ódio e inveja da irmã caçula.

– A inveja é fogo...
– Se é.
– Continue.
– Pois bem. As duas irmãs invejosas decidiram então encontrar um meio de destruir a felicidade da irmã. Foram até ela com a desculpa de que estavam muito preocupadas com sua vida.

"Que amante é esse que só pode aparecer para você na escuridão quase completa?", indagaram para plantar a semente da dúvida e do medo no coração de Psique.

"Só pode ser um homem muito feio, por isso não quer ser visto à luz", disse a outra.

"Isso mesmo! Pode ser até mesmo um monstro, que está conquistando você para judiar depois."

"Quem sabe até, matá-la!"

Psique ficou arrepiada desde então e as irmãs satisfeitas.

"Se eu fosse você, Psique, acendia uma vela, discretamente quando ele estivesse dormindo ao seu lado para ver sua face."

101

"Não posso! Ele me fez prometer que jamais o veria às claras."

"Porque é um monstro. Faça isso antes que ele a mate."

"Mas..."

"Ouça o nosso conselho, irmãzinha... É para o seu próprio bem. Preocupamo-nos com você."

"E quanto ao feitiço?"

"Bobagem."

Psique ficou tão atemorizada com as suspeitas levantadas pelas irmãs que acabou fazendo o que elas lhe sugeriram. Assim que acendeu a vela e viu que quem dormia ao seu lado era Eros, o deus do Amor, ficou impressionada e foi nesse minuto de descuido que a cera da vela caiu sobre o imortal e o despertou, consumando assim o feitiço jogado por Afrodite, separando o casal amado.

– Nossa, que triste!

– Pois é.

Fez-se uma pausa e Maneco subitamente rindo, falou:

– Espere aí, Lieco. Por que minhas tias a fizeram lembrar-se dessa história? Nenhuma delas se casou com um homem lindo, tampouco moram num palácio.

– Sim, eu sei, mas elas não me remetem a Psique, Maneco. Elas me lembraram as duas irmãs de Psique.

Ele riu novamente.

– Tia Durvalina e tia Assuntinha?

Riu ainda mais.

– As duas são duas pobres coitadas. Não fazem mal a uma mosca. Além do mais amam minha mãe, a mim e a minha irmã. Posso dizer que somos tudo na vida de ambas.

Lieco pensou em dizer que as irmãs de Psique também pareciam amá-la profundamente até a invejarem profundamente, mas achou melhor guardar para si. O namorado poderia pensar que ela estivesse querendo criar confusão na família. Além do mais, julgara as duas mulheres precipitadamente, algo que não deveria ser feito.

E o carro seguiu seu curso.

Na manhã seguinte, um sábado ensolarado, ao sair para ir fazer um trabalho na biblioteca da faculdade que cursava, Maneco avistou as duas tias proseando, paradas em frente à janela que dava para a rua. Acostumadas a acordar, ao raiar do dia, Assuntinha e Durvalina já estavam de pé há horas.

– Admirando a rua, titias? – brincou o rapaz com seu bom humor de sempre.

As duas deram um pulo de susto.

– Maneco! – exclamou Durvalina, fingindo alegria.

– Desculpe, não queria assustá-las.

Ele foi até a frente da casa e debruçando no parapeito da gradezinha que havia ali, falou:

– Para as senhoras deve ser grande novidade estar morando num local cercado de tanta gente, não?

Assuntinha e Durvalina se entreolharam e concordaram.

– As titias deveriam sair para dar uma volta pelo bairro, conhecer os vizinhos, fazer novas amizades. Vai fazer bem para vocês.

Durvalina e Assuntinha enviesaram o cenho, parecendo achar fora de propósito a sugestão.

– Falo sério. Saiam, sim, assim que tiverem um tempinho livre. Nossos vizinhos são muito bons, sabem? Conheço todos desde que era garotinho. Ali mora a Carmem, ali Dona Generosa com seu adorado cãozinho Babalu... Aqui do lado da nossa casa mora a Veruska... Mais à frente Dona Godofreda e seu Arnoldo.

Ele suspirou e completou:

– Uns com amor, outros sem, uns rodeados pela família, outros vivendo longe de todos... Cada um como todos com seus desafios a superar.

Durvalina e Assuntinha se entreolharam novamente.

– Desa... – babulciou Assuntinha.

– Desafio, titia.

– *Ocê qué dizê probrema, né?*

– Não, titia, desafio mesmo. São desafios pelos quais ne-

103

cessitamos para evoluirmos como pessoas, como almas...
– *Arma?*
– Sim, alma! Depois eu explico melhor, agora tenho de ir senão chego atrasado ao meu trabalho de escola. Tenham um ótimo dia.

O rapaz partiu, deixando as duas carolas com a pulga atrás da orelha. Deveriam sair? Dar uma volta pelo bairro? Seria perigoso? Por fim, acabaram aceitando a sugestão do sobrinho que parecia mesmo muito seguro do que disse. Foi assim que ambas conheceram Veruska, a vizinha à casa de Belinha. Uma senhora por volta dos quarenta anos, que as cumprimentou com um aceno simpático e um sorriso acolhedor.

Assim que estugaram os passos, Assuntinha, abanando a cabeça com tristeza, comentou:
– *Ocê viu o tamanho do decote da espevitada?*
– E *num* vi? Que indecência!
– Ela parece até uma prostituta, vestida assim.
– *É mió nóis ficá de zoio* nessa *perdida.*

Mais à frente, Durvalina e Assuntinha conheceram Dona Miranda, um encanto de senhora, que naquele exato momento, levava o lixo para fora da casa, pois o lixeiro estava prestes a passar.
– Bom dia – disse gentilmente a mulher.

Depois de medir a mulher de cima a baixo com um olhar de suspeita, as duas responderam ao cumprimento sem muita simpatia. Mais alguns quarteirões e as duas terríveis decidiram voltar para casa. Foi na volta que reencontraram Veruska, a vizinha de seios fartos e decote avantajado.
– Então vocês são irmãs da Belinha? – perguntou ela, indo até o portão.

As duas concordaram com um leve aceno de cabeça.
– Belinha é um encanto de mulher. Venham tomar um refresco comigo qualquer dia desses.
– *Nóis?!*
– Sim, vocês.
– Ah, obrigada. Muito gentil da sua parte.

– É sempre bom fazer novos amigos.
– Ah...
Prestando melhor atenção à casa da mulher, Durvalina comentou:
– Ocê tem uma casa luxuosa, hein?
Assuntinha também opinou:
– Isso é *pra* quem pode, Durvalina.
– E quem não pode, mama no bode – replicou Veruska com bom humor.
As duas irmãs tomaram a resposta como uma afronta e, por isso, partiram, estugando os passos, sem se despedirem.
– Ocê viu o jeito que ela falou com *nóis,* Assuntinha?
– E *num* vi, Durvalina? E *num* vi? Só porque ela tá nadando em dinheiro e *nóis* na lavagem dos *porco,* ela pensa que pode humilhar *nóis* duas.
– Isso *memo!*
– Num pode, não! Ninguém humilha Assuntinha das *Parmeira* sem *levá* o troco!
– Nem eu, Durvalina das *Parmeira!*
As duas mulheres ficaram tão atarantadas que passaram pela própria casa sem notar. Quando deram por si, já haviam caminhado uns cem metros além. Visto que ainda se sentiam dispostas a caminhar um pouco mais, seguiram até ver onde findava a rua. Foi quando voltavam, ao passarem em frente à casa de Dona Generosa que era vizinha a elas, que ambas levaram um baita susto. Deram um pulo e um grito de pavor. Um gritão!!!
Foi por causa do cachorrinho de estimação da mulher. Ao vê-las, o cão latiu subitamente, pegando-as desprevenidas. Pelo menos três, dos mais grotescos palavrões foram ditos por Assuntinha, enquanto Durvalina massageava o peito na região do coração.
– Ai... ai...
Dona Generosa correu até o portão.
– Mil desculpas, meu bem... Babalu não fez por mal. Queiram entrar, por favor. Vou providenciar um copo de água...

– Entrar?! – exaltou-se Durvalina –, com esse demônio aí, nem morta!
– Assim que conhecerem melhor o Babalu, digo, intimamente, vão perceber que é um doce de cãozinho.
– Cãozinho?! – zombou Durvalina. – Isso aí é um monstro!
Dona Generosa, voltando-se para trás, chamou:
– Tereza!
Assim que a empregada apareceu, disse:
– Traga dois copos com água para essas duas simpáticas senhoras.
A doméstica atendeu ao pedido da patroa prontamente. Em um minuto reapareceu, trazendo o pedido sobre uma bandeja forrada com uma toalhinha de crochê. Durvalina e Assuntinha secaram o copo, como se tivessem acabado de atravessar o deserto do Saara. Partiram em seguida sem se despedirem tampouco agradecerem Dona Generosa.
Ao avistarem Carmem, uma das moradoras do outro lado da rua, saindo de sua casa com uma Bíblia debaixo de um dos braços, Durvalina tomou um minuto para admirá-la. Gostou da elegância com que se vestia, o vestido era bonito e lhe caía bem tão quanto seu corte de cabelo.
Ao perceber que era observada, Carmem voltou-se na sua direção e acenou para as duas. Com um sorriso de admiração, sincero, raro em seus lábios, Durvalina retribuiu o aceno e só voltou a cair em si novamente quando Assuntinha lhe deu uma cotovelada dolorida de propósito, para despertá-la do transe, trazê-la de volta à realidade em que viviam.
– Ô, Durvalina, ficou besta depois do susto que o cachorro *te* deu?
– Ora, por que, Assuntinha?
– Onde já se viu acenando *pr'uma* desconhecida?
– Mas ela pareceu tão gentil.
– *Ocê* nunca ouviu dizer que as *aparência engana*?
As duas finalmente chegaram à casa de Belinha e outro susto levaram, ao ver a irmã abraçada ao marido como dois

namorados apaixonados. Ao lado estavam Maridelma e Leonias, Maneco e Lieco. O retrato perfeito de uma família feliz e bem sucedida.
— Como foi o passeio? — quis saber Belinha, indo até o portão em frente a sua casa para receber as irmãs.
— Bão... — respondeu Assuntinha, fingindo doçura.
— Correu tudo bem?
— Só a Durvalina que por pouco não morreu de susto. O demônio do cachorro de uma das *vizinha,* latiu bem na hora que *nóis passava* em frente à casa dela, *distraída.*
— É isso *memo,* Belinha — confirmou Durvalina com voz de vítima oprimida. — O danado pegou *nóis* duas *desprevenida.* Meu coração por pouco num saiu pela boca.
Maneco não se segurou, gargalhou, permitindo a todos ali que rissem com ele, mas controlaram-se para não ofender as duas senhoras.
O rosto de Durvalina perdeu a fingida placidez. Voltando-se para Assuntinha, observou:
— Eles tão rindo *d'eu,* Assuntinha?
— De *nóis,* Durvalina. De *nóis!*
— Como é que o pai dizia *memo?*
— Pimenta no buraquinho do outro é refresco!
— Isso memo! Ai que ódio!
— *Num* foi por *mardade,* Durvalina.
Maneco se desculpou:
— Perdão, titia, mas não me contive. Achei tão engraçado.
— É porque não foi com *ocê,* seu danado.
Novos risos e as duas acabaram rindo com eles.

Naquele dia, como Belinha já havia informado às irmãs, o almoço seria na casa dela. E foi um almoço gostoso, também na companhia de Leonias que chegou quase em cima da hora devido ao sufoco que passava no hospital.
Antes e durante a refeição, Lieco observou novamente as duas senhoras, perguntando-se, mais uma vez, se tivera uma

impressão errada de ambas. Para seu desagrado, não conseguiu formar uma opinião conclusiva sobre aquilo.

Após o almoço, quando Maneco a levou para a casa, o jovem, subitamente começou a rir:

— Tô rindo das minhas tias, são mesmo duas figuras. Viver aqui, na cidade deve ser muito diferente para elas. Você viu como elas olham espantadas para tudo e se cutucam o tempo todo como se ninguém percebesse? E aí, mudou a opinião sobre as duas?

— Aprendemos no budismo a não julgar os outros, não sei por que julguei.

— Porque é humana, meu amor. Não somos perfeitos. Estamos em evolução, esqueceu-se?

— É verdade.

— Já imaginou as duas num Centro Espírita? — risos. — Numa sessão de incorporação?

— Elas iam ter um treco!

Gargalhadas.

— Pobrezinhas.

Ao chegarem à casa da moça, Maneco estacionou o carro e saltou de dentro dele, dando a volta por detrás do veículo para abrir a porta para a namorada. Antes de ela entrar, ele a abraçou e a beijou.

— Ah, Lieco, eu te amo tanto...

Refizeram as promessas de amor em meio a beijos carinhosos. Quando Lieco adentrou sua morada, ela se sentia mais uma vez confortada pelo amor que o namorado lhe dedicava.

Foi logo no dia seguinte que as duas armaram mais uma das suas: puseram veneno num pedaço de carne e jogaram no quintal da vizinha onde seu cão de estimação adorava brincar.

Foi por volta das cinco da tarde que ambas acordaram de uma sesta prolongada, com o choro convulsivo da vizinha e correram para lá.

— Dona Generosa, o que sucedeu? — perguntou Durvalina,

fingindo-se de santa.
A mulher, aos prantos, estava sentada ao chão com o cão morto nos braços.
— Meu Babalu, meu Babalu... — respondeu ela, agoniada.
— O que aconteceu com o pobrezinho?
— Morreu. Meu cãozinho amado morreu.
As duas terríveis ajudaram a mulher a se levantar e a consolaram com um abraço, chorando com ela, como se compartilhassem da mesma dor.
— Ele deve ter comido alguma coisa que lhe fez mal — sugeriu Durvalina cinicamente.
Nisso, Tereza, a empregada de Dona Generosa, saiu da casa, trazendo consigo uma xícara de chá de camomila para a patroa. Diante do drama, Tereza opinou:
— Deram veneno *pra* ele.
Dona Generosa se exaltou:
— Só se foi você, Tereza.
— Eu? O que é isso, Dona Generosa?
— Você nunca gostou do pobrezinho.
— Também... com ele fazendo xixi em tudo quanto é canto da casa, logo depois de eu limpar o quintal, o que a senhora queria? Que eu o beijasse, o abraçasse, o adorasse?
A mulher intensificou o pranto.
— Desculpe-me, Dona Generosa, mas depois de tantos anos convivendo com o Babalu, acabei gostando dele. Gostando, sim.
— Ele era meu companheiro há mais de dez anos — choramingou Dona Generosa.
— Dez anos?! — surpreendeu-se Durvalina. — Ah, então ele viveu bastante!
Tereza e Dona Generosa voltaram-se para a mulher que ao perceber que havia falado o que não devia, voltou a chorar, fingida, mas convincente.
— Dói aqui no meu peito... — choramingou Durvalina. — Bem aqui, o que estou sentindo pela morte do gatinho.

109

Tereza a corrigiu imediatamente:
— Cãozinho. O Babalu era um cão.
— Sim, sim...
Assuntinha interveio a favor da irmã:
— Durvalina está tão triste pela morte do Babalu que já *num tá* mais concatenando bem as ideias.
E novamente Durvalina abraçou Dona Generosa e cada qual chorou no ombro da outra. Foi também um chororô só na hora de enterrar o cão no jardim da casa.
— É *mió nóis fazê* uma oração, né? — sugeriu Assuntinha, lamuriosa. — *Pra encaminhá* a *arma* do pobrezinho!
— E desde quando *animar* tem *arma*? — irritou-se Tereza.
— Ora.
Dona Generosa interveio:
— Cão tem alma, sim!
— Tem, sim! — concordou Durvalina, voltando a abraçar Dona Generosa.
— Não sei se vou me recuperar, não sei...
— A senhora vai, sim, Dona Generosa. Depois que nosso pai bateu as *butina,* nossa... — suspiro —, eu e Assuntinha *pensamo* que *nóis num* ia se *recuperá* nunca, nunquinha... Que *nóis* duas ia *acabá* no buraco com ele, mas... *Tamo* aqui, *num* é *memo,* Assuntinha?
— *Tamo, num tamo?*
E fazendo-se de boa amiga, um anjo caído do céu, Assuntinha aproximou-se novamente de Dona Generosa e falou com voz forçadamente embargada: — *Perdê* um ente querido é sempre muito difícil. Toda vez que morria um pato, um leitão ou uma vaca na fazenda... Nossa, *nóis chorava* por dias... Num é *memo* Durvalina?
— Verdade, Assuntinha... Verdade.
— Quando eu pegava a coxinha da galinha pra comer, eu pensava: essa coxinha podia tá viva, ciscando por aí... Num é verdade, Durvalina?
— Verdade, Assuntinha, verdade.
A noite terminou com Durvalina e Assuntinha brindando a

morte do animal que tanto odiaram. Um brinde feito com pinga, que haviam comprado para fazerem bolachinhas de pinga, a única bebida que tinham para uma ocasião tão especial quanto aquela significava para elas. Em meio à prosa, acabaram bebendo mais do que deviam e a noite se encerrou com ambas de pileque, intercalando soluços e arrotos.

Parte 6

Na manhã do dia seguinte, pela primeira vez na vida, Durvalina e Assuntinha dormiram até tarde. Pularam da cama quando já passava das sete horas da manhã. Para quem sempre acordou às quatro e meia, cinco da madrugada, aquilo era uma raridade.

Foi quando ambas tomavam o café da manhã, com fatias de pão caseiro e café coado na hora em coador de pano que Assuntinha comentou:

– Ocê viu como é fácil *fazê* justiça e saí impune, Durvalina?

– Se vi, Assuntinha, se vi...

– Isso *qué dizê* que *tá* mais do que na hora de *nóis dá* uma boa lição na Belinha.

– Ocê tem razão, irmã.

– E vai ser hoje, Durvalina. Já sei o que *vamo fazê pra* nos vingar daquela metida.

E baixando a voz, Assuntinha explicou o plano:

– *Precisamo* descobrir, primeiro, onde o Manoel *trabaia*.

– Isso é fácil, Assuntinha. O endereço deve tá no contrato da locação dessa casa, afinar, ele foi o vingador, né?

– *Vingador?* – estranhou Assuntinha, enviesando o cenho.

– É, ele foi o *vingador,* lembra? Se *nóis* não paga o aluguel, ele é obrigado a pagar.

– Ah, sim, é verdade. Acho que se diz *aviador.*

– *Aviador?!!!*

– É, *num* é?

– Num importa, vou apanhar o contrato de locação.

Minutos depois, com os papéis nas mãos, Assuntinha

112

falou:
— Aqui está o endereço!
— E agora o que *nóis* faz?
— Ora, Durvalina, *vamo dá* um pulinho lá. Nas *imediação...* Sondar o terreno.
— E *vamo* a pé?
— *Craro* que não, sua boba. De ônibus. A Maridelma contou que tem um que leva pro centro da cidade e passa aqui *pertico, pertico.*
— Então é nesse que *nóis vai!*
E lá foram as duas e quando voltaram, chamaram pela irmã, por cima do muro, convidando-a para tomar o café da tarde com elas. Assim que Belinha chegou e se acomodou numa das cadeiras em frente à mesa da cozinha, Durvalina começou sua encenação.
— Belinha...
— Sim, Durvalina...
A irmã caçula logo estranhou o aspecto e o tom da irmã do meio.
— O que foi?
Durvalina afastou a cadeira, erguendo a cabeça e olhando fixamente para frente e disse:
— Seu marido...
— Meu marido? — estranhou Belinha, começando a sentir medo pelo simples tom que a irmã usou para pronunciar a palavra.
— Seu marido...
Sua mente subitamente se prendeu a um torvelinho.
— O que houve com ele? Digam, por favor! Aconteceu alguma coisa?! Um acidente?
— É melhor deixar pra lá, Belinha... — o rosto de Durvalina toldou-se subitamente.
Belinha ficou ainda mais surpresa e assustada com sua reação.
— Calada, Durvalina! — Assunta protestou ansiosa em tranquilizá-la. — Não é nada, Belinha... Durvalina está imagi-

nando coisas.
　Durvalina arriscou um novo olhar em sua direção e ao tentar falar novamente, Assuntinha a impediu:
　– O que há com meu marido? O que vocês sabem que eu não sei? O que estão escondendo de mim, por favor, digam-me!
　– Já disse pr'ocê ficá com essa boca cheia de dente fechada!
　Durvalina fez beicinho.
　– Engole esse beiço, tribufu!
　– Mas, Assuntinha...
　– Calada!
　– Belinha é nossa irmã! Ela tem de saber da verdade. Num é certo, num é...
　– Quieta!
　– Assuntinha, por favor.
　Belinha manifestou-se novamente:
　– Vocês duas querem parar de brigar e me dizerem logo o que está acontecendo?
　– Esquece, Belinha. Esquece!
　– Não esqueço, não! Agora que começaram vão até o fim!
　Durvalina deixou seu corpo sentar na ponta do sofá, mergulhou o rosto entre as mãos e chorosa falou:
　– Eu num devia ter falado nada.
　– Agora é tarde – repreendeu Assuntinha, demonstrando irritação.
　– É tarde, sim! – concordou Belinha. – Muito tarde! Digam logo o que sabem a respeito do Manoel, por favor.
　– Bobagem, maninha...
　– Por favor. Vocês são minhas irmãs, em quem mais confio na vida... Digam-me, por favor.
　Durvalina tomou fôlego, endireitou o corpo e falou finalmente, resoluta:
　– Hoje, quando tivemo no centro da cidade, pra conhecer... Bem, nóis viu o Manoel com outra mulher proseando,

114

proseando...
   Os olhos de Belinha arregalaram-se e Assuntinha interveio rapidamente:
   — Eu disse pra Durvalina que é muito normal ver um homem conversando com outra *muié*.
   — Mas eles pareciam muito íntimo, Belinha — assegurou Durvalina, ligeira. — *D'uma* intimidade de *casar*.
   — Você está insinuando que o Manoel...
   — Não, Belinha, honestamente, eu não quis dizer isso.
   — Quis dizer, sim!
   — Agora continue o que estava dizendo.
   — Nada disso — acudiu Assuntinha. — Durvalina está vendo *coisa*, imaginando *coisa*... Procurando pelo em ovo!
   Belinha engoliu um soluço.
   — Olhe aqui, Belinha — continuou Assuntinha sem reticências — O que os olhos não veem, o coração não sente. Não é esse o ditado? Por isso, esquece *disso*. Lembra sempre do que a mamãe nos dizia: "Ruim com ele, pior sem ele".
   Mas Belinha não deu ouvidos à irmã, voltou-se para a outra e perguntou:
   — Confio em você, Durvalina. Muito, você sabe. Seja sincera comigo, você viu alguma coisa mais entre o Manoel e essa mulher?
   A irmã venenosa ficou em silêncio por alguns momentos com os olhos baixos. Então levantou a cabeça e a encarou. Diante do olhar suplicante de Belinha, acabou fazendo um gesto de assentimento.
   O sangue subiu às faces de Belinha. Ao se dirigir a porta para ir embora, Durvalina levantou-se num pulo para impedi-la, mas Assuntinha a deteve com firmeza:
   — Deixe ela ir, Durvalina... será melhor! Quanto mais cedo ela apurar os *fato*, mais cedo ela faz justiça *pra* ela *mema*.
   Belinha deixou a casa das irmãs a passos decididos. Parecia fora de controle, nunca a viram tão nervosa.
   Assim que a porta se fechou, um sorriso radiante resplandeceu na face de Assuntinha.

– Durvalina... Durvalina... A tonta engoliu sua história feito um patinho... – murmurou feliz. – Pronto! A semente da discórdia foi plantada. A semente da dúvida também e uma vez plantada é que nem erva daninha, num para de crescer.
Durvalina também radiante respondeu:
– *Num dô* um mês *pra* aqueles dois *tá* separado.
– Eu *num dô* uma semana.
– Assim Belinha nunca mais vai *oiá* pra *nóis* com aquela cara de dona do mundo.
– Petulante...
– Metida.
– Atrevida!
– Nojenta!
– *Vamo brindá,* Durvalina.
– Só se for com pinga outra *veiz,* irmã.
– Pois vai sê com pinga *memo, Durvalina. Vamo nóis!*

Naquela noite, Belinha aguardou ansiosa pela chegada do marido.
– Olá, meu bem, como foi seu dia? – perguntou Manoel simpático como sempre.
Belinha mal olhou para ele, também não retribuiu o beijo.
– Está tudo bem?
Ela não respondeu, mas ele de tão cansado não notou o fato.
– Estou exausto. Hoje foi um dia caótico. Como se não bastassem os problemas para resolver, esse *calor* infernal.
Então ela finalmente arriscou um olhar em sua direção. Seu estado de espírito, deprimente, assustou o marido, fazendo com que prestasse melhor atenção a ela.
– O que houve, meu amor? Você está abatida. Aconteceu alguma coisa?
Ela se recusou a responder.
– Belinha, o que houve? Responda-me, por favor.
Ao dar um passo na sua direção, ela deu um passo para

116

trás.
   Ele foi até ela, mas ela se o impediu de se aproximar com as mãos.
   – Afaste-se de mim.
   – Belinha, o que houve?
   – Não se faça de cínico.
   – O que houve? Por favor, diga-me!
   – Quem é ela, Manoel?
   – Ela, ela quem?!!!
   – Não se faça de bobo! Eu já sei de tudo! Falo da outra.
Da "outra"!
   – Outra, que outra? Ora, Belinha, perdeu o juízo?
   – Vieram me contar que você está tendo um caso com outra mulher!
   – Quem foi que lhe disse uma asneira dessas? Quem é que teve a pachorra de pôr minhoca na sua cabeça a meu respeito?
   O tom de Manoel era abertamente incrédulo. Então, o silêncio caiu pesado entre os dois. Ela observava o marido atentamente, vigiando cada traço de seu rosto e o que mais a espantou foi o fato de que não havia um toque de constrangimento, nenhum indício de culpa ou consternação no rosto dele. Ele apenas respirou fundo, mirou seus olhos cheios d'água e disse seriamente:
   – Belinha, você é o amor da minha vida. Sempre fomos cúmplices na alegria e na tristeza, na saúde e na doença.
   – Eu perdi a confiança em você, Manoel, não adianta... – admitiu ela.
   – E você vai dar ouvidos a mexericos – tornou ele com ar atônito.
   – Até que se prove o contrário, vou sim!
   – Belinha, minha querida, por favor.
   Ela se recusou a ouvi-lo, tapando os ouvidos.
   – Não seja infantil. Vamos conversar.
   – Não quero, não quero, não quero!
   – Belinha, por favor.

117

– Quero me separar de você o quanto antes!
– Ficou louca?
– Não suporto pensar que estava dormindo ao lado de um homem, em quem depositei toda a minha confiança e ele dorme com outra. Não suporto!
Manoel bufou, sentou-se na ponta da cama e falou:
– O xis da questão é que você acredita em tudo sem considerar certos aspectos.
Assim que os filhos chegaram a casa, a confusão aumentou. Assim que tomaram conhecimento do que estava se passando, Maneco foi ter uma conversa a sós com a mãe enquanto Maridelma consolava o pai.
– Mamãe, eu sinceramente acho que a senhora está se precipitando.
– Não, estou não!
– Quem foi que lhe falou que o papai tem sido infiel com a senhora?
– Não interessa.
– Interessa, sim! Pode ser um maluco ou uma maluca.
– Pois saiba que é uma pessoa de extrema confiança.

– A senhora tem certeza? Poria mesmo a mão no fogo por essa pessoa?
– Poria sem pestanejar.
– Eu ainda acho que a senhora deveria apurar melhor os fatos.
– Estou tão arrasada que...
Belinha não conseguiu terminar a frase, o pranto a impediu. Restou ao filho consolá-la em seus braços como uma mãe consola um filho que desperta assustado no calar da noite.
Noutro cômodo da casa, Maridelma consolava o pai.
– Eu não entendo, filha... – admitiu Manoel. – Juro que não entendo. Como sua mãe pode desconfiar de mim? Não acreditar na minha palavra, justo eu que sempre fui tão sincero com ela, tão transparente.
– Mamãe ama o senhor, papai, por isso está tão irritada.

– Mas ela me conhece, estamos juntos há quase vinte e cinco anos. É tempo de sobra para saber quem sou, não?
– Sim, mas o nervosismo e o baque da fofoca que fizeram, a tiraram do seu equilíbrio. Por isso ela está tão aturdida.
– Eu não queria vê-la, sofrendo desse jeito, Maridelma. Não, mesmo! Ainda mais por uma fofoca descabida. Se ela pelo menos tivesse me flagrado com uma mulher, seria compreensível que imaginasse coisas, mas não é o caso. Ela simplesmente está acreditando em algo que alguém contou sem apresentar provas. Alguém muito mau, um fofoqueiro que quer envenenar a nossa relação de paz, tirar a harmonia dessa casa. Se eu pego esse sujeito eu acabo com ele.
– Calma, papai.
– É inconcebível na minha opinião que pessoas percam o tempo, querendo envenenar a vida de um casal feliz como nós, uma família feliz como a nossa.
– Mas há pessoas que são assim, papai. O que se há de fazer?
– É... O que se há de fazer? Só sei que não darei a separação a sua mãe. Ela pode insistir, se descabelar, bater os pés, mas não darei, de modo algum. Não, enquanto ela não puser a cabeça no lugar.
– O senhor tem razão! Ela precisa refletir!
– Ela precisa pôr a cabeça no lugar.
– O ideal seria ela falar com o padre da nossa paróquia.
– Boa ideia!

Enquanto isso na casa ao lado, Durvalina se mantinha com os ouvidos grudados na janela que dava para a janela do quarto que Belinha e Manoel ocupavam na casa.
– Eles ainda *tão* brigando? – perguntou Assuntinha, torcendo os lábios de prazer.
– Não! – respondeu Durvalina, espichando o ouvido.
– Não?! Como não?
– Aquietaram-se!
– Já?! Será que se entenderam?

— Tão depressa? Num pode.
— Os *fio* deve tá de conversa com os dois.
— Aquelas *peste!*

Depois de acalmar a mãe, Maneco lhe fez uma sugestão:
— Mamãe, vou levá-la ao Centro para conversar com Dona Eliza.
— E no que isso pode me ajudar, filho?
— Um *passe* vai deixá-la mais calma. Fará com que enxergue tudo às claras!
— Será?
— Sim, senhora.

Sem mais delongas, o rapaz levou a mãe ao Centro que frequentava. Lá foram muito bem recebidos por Dona Eliza, uma das médiuns mais populares do lugar e da cidade. Ela mesma fez questão de dar um passe em Belinha, depois de ministrar a palestra do dia. Um passe revitalizante.

Ao deixarem o lugar, assim que entraram no carro, Maneco perguntou à mãe:
— E agora, como a senhora se sente?
— Mais calma.
— Ótimo. Eu sabia que um *passe* iria lhe fazer bem.
— E fez mesmo.
— O que acha agora de a senhora dar uma nova chance ao papai?
— Está bem, filho... Vou fazer isso, mais por você e sua irmã do que por ele ou por mim.
— Por vocês também, mamãe, afinal, vocês se amam. Vai me dizer que é mentira?

Belinha corou e chorou, rindo.

Assim que chegaram à casa, Maneco foi até o quarto buscar o pai. Quando voltou à sala, disse:
— Vou deixá-los a sós, conversando.

E foi por intermédio de uma bela conversa, iluminados por espíritos do bem que o casal voltou às boas. Todavia, a semente da dúvida havia sido plantada no solo da mente de Belinha e, uma vez ali, poderia crescer em proporções assustadoras.

No dia seguinte, diante das duas irmãs, Belinha desabafou:
— Conversei com o Manoel ontem à noite a respeito do que me contaram.
— Ocê num disse que foi *nóis* que *falô,* disse?
— Não. É lógico que não.
— *Inda* bem. Se não ele vai *pensá* que *nóis* duas *somo* duas *fofoqueira.*
— Ele jamais pensaria isso de vocês.
— Nunca se sabe, Belinha. Nunca se sabe. Ocê até então pensava que ele era respeitoso com *ocê* e...
— Ele me jurou que não tem amante nenhuma.
— E *ocê acreditô?*
— Sim. Manoel sempre foi muito sincero comigo.
— Esses são os *pior.*
— Confio nele.
— Se *ocê* quer assim.
— Manoel sempre foi um marido e um pai muito presente.
— Quantos *num* são *presente* e tem *muié* por aí?
— Deixa ela, Assuntinha. Deixa... — interveio Durvalina. — Se ela quer se iludir, que se iluda. Só *num* fala *dispois* que *num avisamo ocê.*
— Sei que se preocupam comigo, mas em relação ao Manoel, não há o que se preocupar. Eu garanto.
— Se *ocê* garante...
As irmãs venenosas se entreolharam. Assim que Belinha se foi, Assuntinha e Durvalina pareciam querer subir pelas paredes.
— Isso *num* vai *ficá* assim, não, não, não!
— *Num* pode!
— Mas uma coisa eu te digo, Durvalina. A semente da dúvida foi plantada no coração da Belinha. Basta ela ver o marido

121

com uma *muié quarqué* que vai pensar rapidamente que ela é amante dele.
– Ocê tem razão, Assuntinha...
– Eu sempre tenho razão, Durvalina.
– Que pena que *nóis num* vai poder brindar mais hoje.
– Ia brindá com o quê, Assuntinha? *Nóis tomamo* todo o resto da cachaça que havia no litro.
– Amanhã *nóis* compra mais.
– Assim *vamo* vira *cachaceira*.
As duas riram, um riso que logo virou uma gargalhada.

No feriado prolongado, Manoel e Belinha viajaram para uma cidade turística que ficava perto da que viviam. Foi ideia de Manoel para que o mal-entendido fosse esquecido de uma forma agradável.

Sim, pessoas dominadas pela inveja, não suportam ver alguém ou um casal feliz e são capazes de envenenar uma relação, dar em cima de um homem casado ou de uma mulher casada somente pelo propósito de estragar a união. Assim que conseguem o efeito desejado, saltam fora ou se mantêm ali para provocar quem tanto as incomoda. Certa vez ouvi um pequeno conto sobre o vagalume e o sapo. O vagalume voava tranquilo, feliz pela sua existência, *brilhando* de felicidade, quando encontrou um lagarto mal-humorado e infeliz.
"Sr. Vagalume, prepare-se que vou comê-lo!"
"Comer, a mim?!", espantou-se o vagalume.
"O senhor mesmo!"
"Ora, por quê? Nada de mal lhe fiz para ser morto por você!"
O Lagarto estufou a barriga e respondeu, prontamente:
"É que o seu "brilho" me incomoda.
É exatamente isso que acontece com muitas pessoas, ao invés de elas procurarem dentro de si mesmas, no âmago do ser, seu brilho interno, algo que todos têm, sem exceção, porque Deus privilegia a todos, muitos preferem ignorar esse poder,

posicionando-se como vítimas, por preguiça de se conhecerem melhor, descobrir e desenvolver suas potencialidades.

Com isso, envenenam a si próprios porque o ato de se ignorar gera inveja que envenena a alma. A vida quer que todos descubram suas potencialidades e brilhem... Quanto mais a pessoa ignora essa realidade, mais amarga torna sua existência no cosmos.

Todo aquele que se esforça para destruir a vida de quem o incomoda por serem felizes e bem sucedidas, o pior, quem recebe mesmo, depois de tudo, é ele próprio. Porque felicidade, sucesso e prosperidade em todas as áreas da vida não se conquistam por esses meios, somente pelos que desenvolvem e evoluem o espírito humano e eterno.

Em resumo, a inveja, tal com o ódio, a raiva, o desejo de vingança são pequenas doses de veneno com as quais envenenamos a nós mesmos um pouco a cada dia. São como sementes de ervas daninhas que são plantadas no solo da alma e vão crescendo e crescendo até nos sufocar.

Parte 7

A manhã do dia seguinte desabrochou linda para um passeio, foi o que fez Durvalina e Assuntinha se entusiasmarem para fazerem um novo passeio pelo bairro. Da venda do Seu Garibaldo trouxeram frutas e legumes, reclamando, certamente, por terem tido de pagar. Na fazenda tudo aquilo era de graça, jamais precisaram desembolsar um centavo para terem frutas, legumes e verduras à vontade para comerem. Consideraram também os preços abusivos. Da vendinha do Seu Salim, trouxeram farinha de rosca, farinha de trigo e outras coisas mais de que estavam precisando no momento.

Já se aproximavam de sua casa, pela calçada do outro lado da rua, quando um latido chamou a atenção de Durvalina, fazendo com que voltassem sua atenção para a casa de Dona Generosa.

– Não pode ser – exclamou Durvalina, atônita. – O demônio *vorto!*

– Que demônio? – estranhou Assuntinha, olhando curiosa para a irmã.

– O demônio do cão, Assuntinha! Ali, veja!

Assim que avistou o cão, latindo, olhando na direção das duas, Assuntinha ficou boquiaberta:

– *Num* posso *acreditá!*

– Ele *ressuscitô,* Assuntinha! *Ressuscitô!*

– Cão *num* ressuscita, Durvalina!

– Esse *ressuscitô! Ocê memo tá* vendo!

– *Vamô* lá *pra vê* se os *nosso zóio num tá* pregando uma peça em *nóis.*

As duas se aproximaram, olhando atentamente para o cão que continuava latindo e abanando o rabinho ao mesmo tempo.

– É ele *memo* – murmurou Assuntinha, chocada.
– *Num* posso *acreditá!* Como é que o danado pode ter *vortado* à vida, *sô? Ocê num caprichô* na dose de veneno, sua tonta.
– Caprichei, sim! Era pro danado *batê* com as *pata* na primeira lambida.
– Então aquele veneno que *ocê comprô* era porcaria.
– O vendedor me garantiu que não.
– Pois ele é um banana.
– *Vamo falá* com ele.
Chegando à loja, as duas foram logo tirar satisfação com o vendedor.
– *Viemo* aqui outro dia *comprá* veneno *pra matá* bicho, o senhor *tá* lembrado?
– Pois sim, pois sim – respondeu Seu Joaquim, o dono do estabelecimento, com seu sotaque português carregado.
– O veneno que o senhor vendeu *pra nóis,* o senhor disse que era dos *bão!*
– Pois sim, pois sim... Estou lembrado! – afirmou Seu Joaquim, carregando ainda mais no seu sotaque português.
– Pois o senhor se *enganô.*
– Joaquim Rodrigues jamais se engana, minha senhora.
Baixando a voz, Durvalina explicou:
– É que o demônio *tá* vivo.
– Vivo? Sempre esteve, não?
– Senhor Joaquim *tamo* falando do cão, não do demônio.
– Pois a senhora disse demônio.
– É forma de dizer, ora.
– Pois bem...
– Pois o cão da vizinha continua vivo. *Ressuscitô!*
– Impossível. Cães não ressuscitam!
– *Nóis* sabe, mas esse ressuscitou.
Nisso ouviu-se a voz de Tereza soar no recinto.
– Eu ouvi bem? – disse ela. – *Ocês* duas compraram veneno, foi?

Durvalina e Assuntinha voltaram-se para trás como um raio. Estavam brancas quando se viram diante dos olhos argutos da simples e prestativa Tereza.
– Veneno? – retrucou Durvalina aflita. – Quem falou em veneno, Tereza?
– Eu ouvi bem...
– Pois não ouviu, não!
– Ouvi sim, não sou surda!
– Então é burra.
– Também *num sô* não. *Ocês* duas compraram veneno e já sei pra quê. Foi pra matar o Babalu.
– Babalu?! – espantou-se Seu Joaquim.
– Isso mesmo, Seu Joaquim. O Babalu era o cão de estimação da Dona Generosa. A pobrezinha caiu de cama depois da morte do pobre coitado por envenenamento.
– Quem foi que disse que o cão foi envenenado?
– O laudo do veterinário. O filho dela suspeitou que o animal havia sido envenenado e mandou fazer um exame. Agora sei que ele estava certo. Se bem que eu também suspeitei que ele havia sido envenenado e por essas duas jararacas aqui.
– *Óia* como fala de *nóis!* – agitou-se Durvalina.
– São duas jararacas, sim! Duas *cascavel*.
Diante do olhar dos outros fregueses, Seu Joaquim pediu encarecidamente:
– Por favor, senhoras, aquietem-se. Falando assim, vão espantar a minha freguesia.
Sem dar ouvidos ao português, Tereza falou:
– Pois eu vou contar para a Dona Generosa que foram *ocês* duas que envenenaram o Babalu.
– *Envenenamo* que nada! *Ocê* também não gostava dele.
– *Num* é por que num gostava que *ia matá* o pobrezinho. Ninguém tem o direito de tirar a vida de outro ser vivo se não Deus.
Durvalina, impaciente, explicou:
– Num sei porque *tamo* aqui perdendo tempo, falando

126

nisso. O demônio *vortô*, tá lá no *quintar*, vivo e fogoso.
— Demônio?!!! — espantou-se Tereza.
— O próprio!
— Num tá não.
— *Nóis vimo* ainda agorinha *memo*.
— Num viram, não! O Babalu tá morto e enterrado lá no fundo da casa, *ocês* mesmo participaram do enterro do pobre coitado.
— Mentirosa.
— Eu levo *ocês* pra ver e desenterro o pobre coitado.

As irmãs se entreolharam, atônitas e concluíram que o cão havia voltado do reino dos mortos para assombrá-las. Assim deixaram a mercearia, seguindo apressadas para a casa. Tereza as acompanhou com o olhar, enviesando o cenho, tentando compreender o que disseram. Só então percebeu o que de fato acontecera. Elas de fato haviam visto um cão no quintal da casa de Dona Generosa, mas não era o Babalu e, sim, um muito parecido com ele. O novo cãozinho da mulher, presente do filho, e que recebeu o nome de Babalu Segundo. Tereza voltou para a casa da patroa, rindo um bocado e feliz, pois viu na confusão das duas, a possibilidade mais eficaz e divertida de se vingar de ambas. Por enquanto não diria nada à patroa a respeito do que as jararacas fizeram com seu amado Babalu, guardaria segredo, até achar um momento oportuno para lhe revelar a verdade.

Assim que Durvalina e Assuntinha se trancaram dentro de sua casa, encostaram-se na parede e levaram a mão ao peito. Estavam esbaforidas.
— Eu vi o cão, Assuntinha, juro que vi.
— Eu também Durvalina. Eu também.
— Mas se ele tá morto então o que *vimo* era uma assombração!
— Só pode! Nunca soube que *animar* virava assombração, sô.
— Ai, Assuntinha, *tô* com medo.

– Medo de que, *muié?*
– E se todas aquelas *galinha* que *nóis* mato, *resorve* aparecê pra nóis como assombração? E os *porco?!*
– Vira essa boca pra lá, Durvalina. Credo em cruz, Nome do Pai três *vez.*
– Amém.
As duas arquejavam violentamente.
– O jeito agora é manter a *carma* – falou Assuntinha minutos depois. – *Vamo tomá* um chá de cidreira com bastante açúcar!
– *Vamo,* sim!
Elas tomaram chá quando ouviram uma batida forte na porta da frente da casa.
As duas deram um pulo e um grito agudo ao mesmo tempo, se agarraram uma a outra, trêmulas e arquejantes.
As batidas se repetiram.
– Q-quem é? – perguntou Assuntinha com um fio de voz.
Silêncio.
Abriram a porta com cuidado e ao avistarem Dona Generosa, gelaram.
– Boa tarde, minhas queridas – disse a simpática senhora.
– Bo... bo... boa tarde, Dona Generosa.
– Aconteceu alguma coisa? Vocês estão tão pálidas!
– O calor. É por causa do calor.
– Calor? Que calor? O dia está tão aprazível.
– Ah!!!
– Trouxe esta canjica para vocês. Fui eu mesma quem fiz, uma especialidade minha.
– Pra *nóis?*
Ao olharem para a travessa com o doce, as duas irmãs engoliram em seco.
– Canjica é uma das *nossa sobremesa favorita.*
– Que bom! Bem, eu já vou indo.
– Eu acompanho a senhora até o portão – prontificou-se

Durvalina enquanto Assuntinha seguiu para a cozinha, levando o prato com o doce.
– Obrigada mais uma vez pela canjica, Dona Generosa – agradeceu Durvalina dessa vez com sinceridade. – A senhora é um amor.
– De nada, filha. Você e Assuntinha é que são uns amores. Jamais me esquecerei do quanto foram bondosas comigo no dia em que perdi meu amado Babalu.
– *Nóis* só *fizemo* nossa obrigação, Dona Generosa.
Foi nesse momento que Durvalina avistou Tereza, olhando para ela por cima do muro que separava as duas casas, naquela direção. Tinha um olhar arguto e sinistro ao mesmo tempo, algo que fez com que ela se arrepiasse.
– Ui!
– O que foi? – preocupou-se Dona Generosa.
– Na-nada não.
– Como nada, meu bem? Você se arrepiou toda!
Foi quando Durvalina olhou bem para os olhos da simpática velhinha que algo se acendeu em seu cérebro. A seu ver havia também algo de sinistro em seu olhar. Uma hipótese maléfica a fez arrepiar-se novamente. Sem delongas, conduziu Dona Generosa para fora da casa e agradeceu:
– Obrigada mais uma vez pela canjica, Dona Generosa.
– Eu...
– Preciso ir agora, passar bem.
Descaradamente, Durvalina fechou o portão na cara da mulher e correu para dentro da casa, fechou a porta e se recostou nela. Estava transpirando, tremendo e arquejando novamente.
– Ela sabe... – murmurou, aflita. – Ela sabe o que *nóis* fez. Danada! Quer agora se vingar de *nóis!*
Subitamente viu em pensamento Assuntinha, lambuzando-se de tanto comer a canjica.
– Assuntinha... Deus Pai! Assuntinha! – gritou ela, correndo para a cozinha. Assim que a avistou levando uma colher de sopa com o doce recém-presenteado em direção à boca,

Durvalina berrou:
– Não come!
O berro fez a mulher assustar-se profundamente.
– *Qué matá* eu de susto, é?
– Não come a canjica!
Assuntinha, olhos arregalados, questionou:
– Como assim *num* come? Eu já comi!
– Já comeu?
Durvalina tapou a boca com as duas mãos num gesto dramático.
– O que foi? – alarmou-se Assuntinha.
Durvalina, gaguejando, respondeu:
– Ela pôs veneno na canjica.
– O quê?!
Os olhos de Assuntinha se arregalaram e imediatamente ela jogou a colher na travessa com o doce e o empurrou para longe.
– *Carma,* Assuntinha!
– Como *carma?!*
– *Vamo chamá* uma ambulância agora *memo.*
– Ela é uma assassina! – Assuntinha levou a mão ao coração, transpirava forte agora.

Sem perder tempo, Durvalina correu até a casa da irmã e bateu desesperadamente à porta.
Foi Maneco quem a atendeu.
– Titia?! Que surpresa agradável.
– *Hospitar... hospitar,* rápido!
– O que houve?
– Sua tia *num tá* passando bem.
– Não! O que houve?
– Comeu o que *num* devia.
Enquanto ele tirava o carro da garagem, Durvalina voltou a sua morada e conduziu Assuntinha para fora.
– Aquela mulher tem que ir pra prisão – ronronava ela, quase chorando de ódio.

– Cala essa boca, Assuntinha! Se perguntarem por que ela fez isso com *nóis*, vão *sabê* que *nóis envenenô* o cachorro dela. E aí a coisa vai *ficá* feia pra *nóis* duas.
– *Ocê* tem razão, Durvalina. É *mió memo nóis ficá* de língua amarrada.
– Isso aí.

No hospital, Assuntinha foi devidamente atendida. O médico que a atendeu no pronto socorro examinou-a de todas as formas possíveis e constatou que ela estava fora de perigo. Leonias, que fazia residência ali, fez questão de acompanhar o procedimento médico do começo ao fim. Ao receber alta, as duas terríveis avistaram Leonias, conversando com uma garota.
– *Tá* vendo... – sussurrou Assuntinha. – Nenhum *óme* presta *memo!*
– Hum... – suspirou Durvalina, torcendo os lábios. – Deixa a namorada dele saber...
– *Num* vejo a hora de *contá pra* ela. Vai *perdê* de uma vez por todas aquele arzinho de felicidade no rosto.
– Vai, sim.
– Foi até *bão nóis te vindo* parar aqui, Durvalina.
– *Ocê* tem razão, Assuntinha...
– Eu sempre tenho razão, Durvalina.

Assim que as duas voltaram para casa, a família se reuniu para saber o que houve.
– Graças a Deus não foi nada! – exclamou Belinha, juntando as mãos e beijando a seguir a irmã mais velha.
Maridelma imitou seu gesto.
– Nossa, titia, que susto a senhora passou...
– *Ocê* vê, *fiinha...*
– E que susto nos deu.
– Ah, minha querida...
A tia retribuiu o beijo que ganhara da sobrinha e disse:
– O seu namorado foi muito gentil comigo.

— Foi, sim — confirmou Durvalina.
— *Ficô* o tempo todo do meu lado enquanto o médico me examinava.
— *Ficô,* sim — reafirmou Durvalina.
— Um amor de rapaz.
— Um amor...
Assuntinha se irritou nesse instante:
— *Virô* meu eco, por acaso, Durvalina?
— Ora, Assuntinha, só to confirmando os *fato!*
Todos riram e elas também.

Quando as duas conseguiram ficar a sós, de volta a casa onde agora residiam, é que ambas se puseram a pensar no acontecido.
— Por que o exame não deu em nada? — murmurou Durvalina, pensativa.
— Sei não, Durvalina... Sei não — respondeu Assuntinha também pensativa. — Dona Generosa deve tá querendo *ganhá* nossa confiança. Vai pôr o veneno num prato que nos servir quando *nóis* acreditar que ela só quer o nosso bem.
— *Ocê* tem razão, Assuntinha... É isso *memo!* Maluca como era por aquele cachorro endemoniado, só pode ser doida!
Ela levou as mãos à garganta e as prensou ali.
— Só de pensar que eu poderia *tá* morta numa hora dessa...
— E foi aquela intrometida da Tereza quem contou tudo *pra* Dona Generosa.
— Linguaruda, mas ela não perde por esperar.
E aquilo era uma promessa.

Parte 8

No dia seguinte, Dona Generosa levou mais um agrado a suas duas novas vizinhas. Tratava-se de um manjar com ameixas em calda.
– O que houve com você, querida? – a mulher se dirigia agora a Assuntinha. – Quando soube que havia sido levada para o hospital, fiquei preocupadíssima.
– Não foi nada... – respondeu Assuntinha em meio a um sorrisinho amarelo.
– Como, não?
– Veneno pra barata.
– O quê?
– É que... Ai num quero mais *lembrá* disso, Dona Generosa. Só de *pensá* meu estômago desanda.
– Tem razão, tem razão. Estimo melhoras. Se precisarem de mim, para qualquer emergência é só me procurarem.
– *Brigadinha.*
Assim que a mulher se foi, Assuntinha voltou-se para a irmã e cochichou:
– E ela não vai desistir tão fácil.
Durvalina, olhando fixamente para o doce, falou com água na boca:
– *Vamo* ter de jogar esse manjar que parece tão delicioso?
– *Vamo.* Ou *ocê* quer *morrer?!*
– Eu não, Deus me livre! Mas é que ele parece tão bom...
– Joga no lixo!
Durvalina atendeu ao pedido da irmã a contragosto. Fez, salivando de vontade para provar do doce.

O que reanimou as duas, foi a chegada de Maridelma.
- *Fiinha,* que surpresa *agradave* – exclamou Assuntinha, ao abrir a porta para a jovem. – Entre, entre!
- Vim ver como a senhora está passando.
- Foi só um susto, graças a Deus.
- Que bom, titia!
- Ufa! Na hora foi um Deus nos acuda.
- Foi, sim – afirmou Durvalina, juntando-se às duas na sala.

Assunta, após endereçar um olhar matreiro para a irmã, voltou-se para a sobrinha e começou a destilar o seu veneno:
- Foi bom *ocê te* vindo aqui, *fiinha...*
- Por quê?
- Por que *nóis,* eu e sua tia Durvalina *decidimo abrir os zóio teu!*
- Abrir meus olhos, para que, titia?
- Ai é que tá, *fiinha...*

Assuntinha voltou a olhar para Durvalina, fazendo certo suspense proposital.
- Hum... Diz pra ela, Durvalina.
- Sua tia tá querendo dizer...
- Deixa que eu *memo* digo – interpelou Assuntinha. – Abrir seus *zoio* com relação ao teu namorado.
- Leonias?!
- Ele *memo!*
- O Leonias me ama.
- Hum... Todo *óme* diz que ama a *muié* só pra engabelar.
- Engambelar?
- Isso *memo, fiinha!*
- Abre os *zoio.* Quanto tempo *ocês* tão de namorico? Seis anos? Tudo isso? Por que ele num se *casô* com *ocê* até agora?
- Por causa da faculdade, titia. Leva muitos anos para se formar em medicina.

– Se esse moço gostasse *memo d'ocê* já tinha se casado.
– Titia...
– Maridelma... eu fui engambelada por um *óme* no passado. Acreditei nele... *Marcamo* casamento e ele num apareceu. Num quero vê *ocê* sofrendo como eu.
– Ô titia, eu sinto muito.
– É... a vida, né?
A sobrinha fez um carinho no ombro da tia.
Durvalina apimentou ainda mais a situação:
– *Fiinha* esse moço tá fazendo *ocê* de boba!
– De boba?!
– É, sim. Ele num *qué* nada com *ocê*, minha querida. Só *tá te* enrolando.
– Não, titia. É porque o estudante de Medicina leva oito anos para se formar. Seis anos de faculdade e depois mais dois de residência. O Leonias já está fazendo residência, em menos de dois anos já podemos nos casar. Ele decidiu se casar comigo somente depois de estar trabalhando para que tenhamos uma melhor segurança financeira.
– E *ocê* e sua mãe acreditaram nisso?
– Sim, nos pareceu lógico.
– Quanta inocência *d'ocê* e da sua mãe! *Vixe* Maria!
Assuntinha contribuiu para pôr ainda mais lenha na fogueira.
– Nenhum *óme* que gosta *memo* de uma *muié* espera tanto tempo assim *pra* se casar.
– A Assuntinha *tá* certa, Maridelma. Certíssima!
– A senhora acha, titia?
– Acho, sim. Abre os *zóio*. *Ocê* viu o que aconteceu com a Assuntinha. O pretendente dela parecia um santo e, no entanto...
– Mas...
– Num queira se enganar, *fiinha*. Depois *ocê* vai se arrepender!
Assuntinha achou melhor opinar para agravar ainda mais

135

a situação:
— Se eu fosse *ocê* procurava outro *pra* se *casá*.
— A senhora acha?
— Acho, sim!
— Mas o Leonias me ama.
— Ai... — gemeu Assuntinha com o propósito de chocar a jovem.
— O que foi?
— Eu num queria falar mas tenho.
— Num fala, Assuntinha — interveio Durvalina, dramatizando a voz.
— Mas ela é nossa sobrinha querida, Durvalina.
— Num abre a boca, ela só vai sofrer se ficar sabendo...
— Sabendo do quê? — agitou-se a jovem.
As duas mulheres se entreolharam, intensificando o clima de mistério.
— Digam, por favor.
Foi Durvalina quem acabou respondendo:
— É que ontem no *hospitar,* eu e sua tia *vimo* o seu namorado de prosa com outra garota.
— Deve ser uma colega de trabalho.
— Num sei não, sobrinha.
— Num foi o que pareceu, *fiinha*.
— As senhoras estão insinuando, por acaso, que o Leonias tem outra...
Maridelma sentiu-se como que aprisionada num denso nevoeiro. Palavras isoladas envoltas em desespero flutuavam através da névoa. A hipótese de ter sido traída, de estar sendo traída cortava como punhal a espessa camada que envolvia os seus pensamentos.
— *Fiinha, nóis* nunca *qué vê óme* nenhum *fazê ocê* de boba.
— *Num qué* — ecoou Durvalina como de hábito.
— Se esse rapaz amasse *memo* ocê, fiinha, já tinha juntado os trapo *c'ocê*.
— Ai... As senhoras me deixaram com a pulga atrás da

orelha.
— *Nóis* só *tamo* querendo *ajudá ocê*, meu amor.
— Eu sei titias, a senhoras são tão boas para mim!
— Nós amamos *ocê*, minha querida.
— É isso memo. É a *fia* que *num tivemo*.
— Que amor!...
A jovem deu m beijo em cada uma das tias e partiu. Assim que se foi, Durvalina voltou-se para Assuntinha e falou:
— Ela é *memo* uma tonta na mão desse rapaz.
— Bem feito. E tonta *tamém* somos *nóis!*
— Ora, por que, *sô?*
— *Nóis num* devia ter aberto os *zóio* dela. Devia *deixá* ela continuar sendo feita de tonta pelo moço.
— *Ocê* esqueceu, Assuntinha, que *nóis num* tem certeza se o moço tá fazendo ela de boba ou não? *Nóis* só disse o que disse pra envenenar a vida da menina. Pode ser que ele realmente ame ela e *teja* esperando terminar a *tar* da faculdade pra juntar os *trapo*.
— Pode ser... Mas ela num merece ser feliz. Num merece, não. *Nóis* duas num fomo, por que ela tem de ser? Por que com ela tem de ser diferente de *nóis? Num* é justo, *num* é certo.
— *Ocê* tem razão, Assuntinha.
— Ô se tenho. *Pra famia* da Belinha só o bem *bão* e pra *nóis*, nada. Não, não, não!
— A vida deles tem de ser tão ruim quanto a nossa. Ruim, ruim, ruim!
— *Ocê* tem razão, Durvalina.
— Ô se tenho! Eu sempre tenho razão.
E mais uma vez a inveja semeava sementes da discórdia.

Naquela mesma tarde, Maridelma chamou Leonias para ter uma conversa muito séria com ele.
— Alô.
— Leonias?
— Olá, amor. Como vão as coisas?

137

— Preciso falar com você.
— Diga.
— Não por telefone. Pessoalmente.
— Hoje estou com o dia cheio, Maridelma... Pode ser amanhã?
— Não.
— É tão urgente assim?
— É, sim.
— Algo grave?
— Mais ou menos.
— Aconteceu alguma coisa?
— Pessoalmente nos falamos.
— Vou entrar noutra cirurgia agora e, assim que terminar, ligo para nos encontrarmos, se não se importar na lanchonete que fica aqui em frente ao hospital. Desculpe por ser aqui, mas é que logo em seguida está marcada outra cirurgia.
— Não tem problema, eu vou até aí.
Quando se encontraram, a jovem expôs seus tormentos sem preâmbulos.
— Maridelma o que deu em você? — assustou-se o rapaz.
— Abriram os meus olhos, Leonias.
— Quem? Quando?
— Não importa.
— Importa, sim. Quero saber quem é que está pondo minhocas na sua cabeça. Pondo você contra mim, o homem que a ama.
— Ama nada, se me amasse mesmo já teria se casado comigo.
— Mas eu já lhe falei que para nós seria melhor nos casar quando eu já tivesse terminado a *residência* médica.
— Você diz isso para me enrolar.
— Não, não é verdade.
— Eu lhe dou um mês para nos casarmos. Não mais do que isso.
Ele suspirou e foi franco:
— Não gosto de ser pressionado, Maridelma.

– Então para mim chega, Leonias!
Ela se levantou e saiu acelerando os passos.
– Maridelma, espere!
Ele não podia correr atrás dela, não enquanto não acertasse a conta o que fez o mais rápido que pôde. Assim que conseguiu chegar à calçada, a jovem já havia tomado um táxi e partido. Ao ver as horas, o recém-formado em medicina percebeu que não teria tempo de ir atrás dela naquele momento, ia participar de uma cirurgia em menos de dez minutos. O jeito foi deixar o encontro para depois.

Maridelma assim que adentrou sua casa, jogou-se no sofá e começou a chorar. Belinha, ao ouvir o pranto, correu para a sala.
– Maridelma, minha filha, o que houve?
– O Leonias, mamãe. Como eu pude ter sido tão cega?
– O que ele lhe fez?
– Estava me enrolando esse tempo todo.
– Enrolando? É mesmo?
– Sim. Não pretendia se casar comigo, era só tapeação.
– Não pode ser.
– É sim.
– Mas ele me parecia um moço tão sincero quanto os seus sentimentos para com você.
– Um mentiroso.
– Nossa!!! Não se pode confiar em ninguém mesmo nos dias de hoje.
– Ai – gemeu a jovem – Que desilusão!
O erro de Belinha foi ter tomado as dores da filha sem apurar se o que disse a respeito do rapaz, tinha fundamento. Por isso, quando Leonias apareceu na casa para falar com Maridelma, ela o tratou muito mal e o impediu de ver a filha, com isso o mal-entendido foi tomando proporções gigantescas.
– Mas, Dona Belinha, eu amo sua filha...
– Como a própria Maridelma me disse: se a amasse mesmo, já teria se casado com ela há mais tempo.

– Mas...
– Nem mas nem meio mas. Com licença.
Ele segurou a porta e disse, seriamente:
– Vou dar um tempo para ela refletir a respeito de nós.
– Faça como bem quiser. Com licença.
Dessa vez Belinha conseguiu fechar a porta. Suas palavras seguintes saíram em meio a um suspiro pesado e tenso:
– Homens...
Diante do ocorrido, Manoel e Maneco Filho ficaram perplexos.
– Poxa, maninha... – falou Maneco – o Leonias era um cara tão bom, já de dentro da nossa família.
– O que isso importa, Maneco? O que vale mesmo é a nossa relação. A que tínhamos e ele não deu o devido valor. Me fez de boba.
– Tem certeza de que não está se precipitando?
– Não, Maneco. Já dei oportunidade demais para o Leonias, agora chega.
– Eu ainda acho que você vai mudar de ideia. Basta uns dias para refletir, pôr a cabeça no lugar...
– Não conte com isso, meu irmão. Com o Leonias eu não volto. Nem numa outra vida, como você costuma dizer.
Maneco achou melhor não dizer mais nada, por enquanto.

Enquanto isso Durvalina e Assuntinha brindavam suas maldades com mais uma dose de pinga.
– Eta! – exclamou Durvalina após entornar o copo e beber o líquido numa talagada só.
– A *nóis!* – brindou Assuntinha.
– A *nóis!*
Tim tim!!!
Subitamente caíram numa gargalhada de se contorcerem toda.

Nos dias que se seguiram, Belinha tentou interminavelmente alegrar a filha que parecia cada vez mais desgostosa com a vida. Até a um clínico geral, ela levou a jovem para se consultar. Ao parecer do médico, o estado da garota era só tristeza mesmo. Nesse período, Leonias tentou novamente e de todos os jeitos conversar com ela, mandou-lhe flores, bilhetes, mas Maridelma se mantinha mesmo disposta a não reatar o namoro. Enquanto corações se partiam, diante do drama, Durvalina e Assuntinha eram só alegria.

Uma semana depois, Dona Generosa batia novamente à porta da casa de Durvalina e Assuntinha.
– Dona Generosa? – espantou-se Durvalina, ao ver a vizinha ali. – Que surpresa!...
– Queridas, como vão?
– Bem... bem...
Nisso, Belinha chegou ao portão da casa.
– Boa tarde.
– Belinha, querida, como vai?
– Bem, Dona Generosa e a senhora?
– Indo, filha. Indo...
Belinha aproximou-se da mulher e a cumprimentou devidamente. Depois disse:
– Oh, minha querida. Soube do triste acontecimento. Que horror! Foi veneno mesmo que deram para o pobrezinho?
– Infelizmente foi.
– Quem faria uma maldade dessas?
– Eu não sei... juro que não sei quem seria capaz de fazer uma barbaridade dessas com um animal tão lindo e tão amável como o Babalu. Uma pessoa sem coração.
Lágrimas rolaram pelo rosto da mulher e para alegrar o clima, Belinha perguntou:
– O que é isso que a senhora trouxe? *Hum,* está cheirando tão bom.
– Está, não está? Fiz para suas irmãs. É um pudim de leite condensado.
– Pudim? Adoro pudim! Não quer entrar para tomar um

141

café conosco?
— Outra hora, Belinha. Tenho de ir a uma consulta médica daqui a pouco. Até logo.
Despedidas foram feitas e as três irmãs se dirigiram até a cozinha onde se acomodaram em torno da mesa.
— Como vai nossa irmãzinha? — Assuntinha fingiu interesse.
— Preocupada com a Maridelma, pobrezinha... Está tão arrasada depois do término do namoro.
As duas irmãs corvo se entreolharam e com fingido pesar, falaram, em uníssono:
— Pobrezinha!
E Assuntinha disse mais:
— Mas logo, loguinho ela se recupera, Belinha. Ocê vai vê, ela ainda é jovem e bonita, logo arranja outro pretendente.
Fez-se um breve silêncio até que Belinha perguntasse:
— Vocês não vão me servir um pedacinho do doce? Fiquei com água na boca.
— Doce? — Durvalina se espantou de verdade. — Mas não temo doce *argum* pra servir *p'ocê*, Belinha
— Como não, Durvalina? Estou falando do pudim de leite condensado que a Dona Generosa trouxe de presente *pra* vocês.
— Pudim?!...
As duas terríveis se entreolharam, apavoradas. Belinha se adiantou:
— Com licença?
Tirou o pano de cima do manjar, pegou três pratinhos, colherinhas e serviu um pedaço para cada uma.
— Não estou com vontade — agradeceu Durvalina.
— Um pedacinho só, Durvalina.
Assuntinha também agradeceu:
— Eu também não quero.
— Como não? Um pedacinho só. Para adoçar a vida. Como fazíamos nos velhos tempos.
As duas invejosas, geladas de medo, entreolharam-se

novamente.
— Comam!
Cada uma pegou a colher com a maior lentidão possível e quando Belinha levou o primeiro pedaço a boca, Durvalina gritou:
— Espere!
Belinha parou.
— Esperar?! O quê?
— É...
Belinha ia novamente levando a colher com pedaço do doce a boca quando Assuntinha também gritou.
O susto fez com que Belinha derrubasse o doce de cima da colher.
— O que houve?
Assuntinha saltou da cadeira e apontando para um canto da cozinha, falou:
— Um rato!
— Rato? Aqui?
— É! Eu vi.
— Credo em cruz! — Durvalina fez Nome do Pai. — *Vamo sair daqui!*
Belinha, girando o pescoço ao redor, falou:
— Não estou vendo rato algum.
— Tava bem ali, agorinha — respondeu Assuntinha, apontando o dedo para a pia.
— Onde?
— Ali, ora.
— Se estava já se foi. Comamos o doce agora.
— Eu não quero — retrucou Assuntinha —, perdi a vontade depois de ver aquela coisa asquerosa.
— Que nada!
— Eu também não quero — adiantou-se Durvalina.
— Pois eu, sim.
Belinha cortou novamente um pedaço do manjar, derramou a calda e quando estava prestes a saborear da deliciosa sobremesa, Durvalina falou:

143

— O rato!
— Ahn?!
— O rato deve ter andado por cima desses *talher*.
— Será?
— Sim. Só pode.
— Mas eu peguei o talher de dentro da gaveta.
— E o pratinho? Pode ter andado por sobre o pratinho.
— Isso *memo* Belinha — ajudou Assuntinha. — Se eu fosse *ocê num* comia.
— Pego outro prato, então, ou melhor, sirvo-me da própria travessa que a Dona Generosa trouxe.

Sem mais delongas, Belinha tirou um novo pedaço e o levou à boca. Enquanto saboreava, murmurou:
— Está uma delícia. Experimentem.

As irmãs estavam rubras e trêmulas por dentro das vestes.

Assim que Belinha se foi, Durvalina, soando frio, perguntou à irmã mais velha:
— O que *nóis faiz* agora?
— *Num* sei, Durvalina. *Num* sei! Se *nóis contá* a verdade pra Belinha, todos vão *sabê* que *nóis envenenô* o cão da Dona Generosa. Vai ser um desastre.
— Mas se *nóis* num *contá*, a Belinha vai morrer envenenada e *podemo* ser presa, acusada de assassinato porque ela comeu o doce aqui na nossa casa.
— Que situação!
— *Nóis temo* de correr lá, *avisá* o Maneco pra ele *levá* a Belinha *pro hospitar*. Se é que ainda *dá* tempo.
— Tem de dar. *Vamo!*

Mais uma ida desesperadora ao hospital se deu naquele dia. Por sorte, nada havia de errado com Belinha.

Voltando-se para as tias, Maneco falou:
— Titias, se as senhoras estão com ratos perambulando pela sua casa, aconselho a pôr ratoeiras por lá. Se não fizerem, não terão mais sossego.

– É verdade, sobrinho...– concordou Assuntinha, sorrindo amarelo.
– Verdade – também concordou Durvalina, emitindo o mesmo sorriso.
E as duas terríveis se entreolharam e se falaram novamente só pelo olhar.

Depois do sufoco, quando as duas estavam tomando chá na cozinha, falando mal de todos com quem tinham contato, toques na porta da frente da casa fizeram Durvalina ir ver quem era. Ao abri-la, encontrou Tereza parada ali, olhando desafiadoramente para ela.
– Ah, *ocê traveis!* – falou Durvalina, esbanjando pouco caso.
– Eu mesma!
– Quem é? – perguntou Assuntinha, vindo ao encontro delas.
Ao avistar Tereza, seu rosto escureceu, feito os céus para derramar uma forte tempestade.
– O que essa enxerida tá fazendo aqui, Durvalina?
– Ela ainda num disse, Assuntinha – respondeu a irmã, rilhando os dentes por raiva.
Tereza falou:
– Achei que era meu dever *avisá ocês* duas que eu...
– Eu...
– Eu...
– *Sorta* a língua, *muié!* – enfezou-se Assuntinha.
– Só vim *avisá ocês* duas que eu ainda *num* falei nada *pra* Dona Generosa, sobre o que *ocês* fizeram contra o Babalu. Fiz isso *pra* não *deixá* ela ainda mais deprimida do que está. Mas *tô* de *oio n'ocês*.
– *Ocê* num disse nada?!... – gaguejou Durvalina boquiaberta.
– Ainda não! Mas posso mudar de ideia a *quarqué* momento!
– Quer *dizê* que a canjica... o manjar e o pudim de leite

145

condensado... tudo aquilo que ela nos *mandô* de presente *num tava* envenenado?!
– Envenenado?!!! *Ocês* duas *pirô,* foi?
– *Qué dizê* que *nóis passô* todo aquele aperto por nada? – continuou Durvalina pasma e penalizada.
– Aperto! Do que *ocês* duas *tão* falando, suas *maluca?*
Durvalina e Assuntinha se entreolharam, de cenho fechado, e enxotaram a moça como se enxota uma galinha para fora de casa. Depois, bateram a porta com toda força.
– Fora daqui. *Xô xô!!!!* – repetiu Durvalina como quem faz um despacho.
– Ordinária! – xingou Assuntinha.
– *Demônia!* Se eu pego essa Tereza eu esgano ela!
– Eu também!
As duas simplesmente queriam morrer de ódio, raiva e revolta pelo que passaram, ao achar que Dona Generosa estivesse querendo envená-las por terem envenenado o Babalu. De certa, forma elas próprias acabaram se envenenando com a suposição referente à maldade que fizeram. Incrível, como na vida, tudo vai e tudo volta na medida de suas ações boas e ruins e da forma mais maluca e surpreendente que há.

Parte 9

A convite das duas irmãs, Belinha foi passear no centro da cidade.
– *Morá* na cidade é muito *mió* que *morá* na fazenda – comentou Durvalina com sinceridade.
– Vocês acham? Mas essa agitação toda não cansa a cabeça de vocês?
– Que nada...
Assuntinha travou os passos.
– Belinha! – exclamou.
– O que foi?
– Na-nada não.
– Como nada?
– Aquele ali, do outro lado da rua, não é o Manoel?
Belinha virou-se na direção como um raio.
– É... é sim... o Manoel – respondeu ela, sem se dar conta.
Havia uma mulher muito jovem ao lado dele, conversando descontraidamente.
– É melhor irmos embora – sugeriu Durvalina.
– Não, esperem. Quero saber quem é ela.
– É *mió nóis* ir embora.
Durvalina puxou a irmã pela mão, quase arrastando para longe dali.
– Esperem. Deixem-me falar com ele.
– Carma, Belinha.
– Eu preciso falar com ele!
Assuntinha aproximou-se dela e falou, austera:
– E *ocê* vai se *humiá* diante da sirigaita? Nada disso, maninha. Nada disso.

Assim que chegaram a casa, Belinha pôs para fora sua indignação:
– Eu não me conformo! Não me conformo que o Manoel esteja mesmo fazendo uma coisa dessas comigo. Cínico, fingido, canalha!
Durvalina ajudou a pôr mais lenha na fogueira:
– *Nóis tentô te avisá!* Ocê preferiu *acreditá* nele e não em *nóis!*
Assuntinha contribuiu também para piorar o estado de nervos da irmã caçula:
– Canalha! Num é à toa que todo mundo diz: "*Óme* nenhum presta!". Agora *ocê* tá sabendo. Abre os *zóio,* Belinha. Abre os *zóio* enquanto é tempo!
– O que houve? – quis saber Maridelma assustada com o estado caótico da mãe.
– Seu pai, filha! Vi seu pai com uma sirigaita no centro da cidade. A tal, a tal que ele nega que está tendo um caso.
– Será que não era uma cliente do papai?
Assuntinha adiantou-se na resposta:
– Era amante sim, minha sobrinha. Das bem espevitada! Um decotão...
Durvalina reforçou:
– Um decotão!
– Um cabelão armado bem de *muié* da vida, sabe?
– Isso *memo.* Um cabelão armado, uns *brinco exagerado,* umas *pulseira...*
– Ainda assim penso que era uma cliente do papai – retrucou Maridelma.
– Andando com ele, lado a lado, na *carçada?* Ah, Maridelma *num* seja inocente! – retorquiu Assuntinha.
– É melhor não levantar falso testemunho, titia.
– Que *farso* testemunho, o que! Seu pai tem amante, sim! É difícil *aceitá* isso, mas é a verdade!
– É isso *memo,* sobrinha – reforçou Durvalina. – Tem amante, sim! Vi com esses *zóio* que a terra há de *comê!*
Nisso a porta se abriu e Manoel entrou:
– O que está havendo aqui? Que falatório é esse? Dá pra ouvir lá da calçada.

148

Belinha curvou-se sobre o sofá e se entregou ao pranto.
– Belinha o que houve?
Voltando-se para as cunhadas, repetiu a pergunta:
– O que houve? Alguém aqui quer me explicar o que está acontecendo?
As duas desviaram o rosto para a parede.
– Maridelma – suplicou o pai, voltando-se para a filha.
A jovem que tentava acalmar a mãe, levantou-se, encarou o pai e disse:
– A mamãe viu o senhor com uma mulher no centro da cidade.
Os olhos do homem se arregalaram.
– Viu?
Belinha aos prantos gritou:
– Canalha!
Maridelma tornou a se sentar ao lado da mãe, para consolá-la, passando delicadamente a mão por seu cabelo.
– Acalme-se, mamãe.
– Quando foi isso? – perguntou Manoel.
– Hoje! – respondeu Maridelma, desconsolada.
– Hoje? A que horas?
– O que importa? – gritou Belinha com a voz abafada pela almofada onde pressionava o rosto.
– Deve ter sido uma cliente minha.
– Foi o que eu disse para a mamãe.
O homem se ajoelhou aos pés do sofá, pousou a mão no braço da esposa e falou:
– Belinha, não pense mal de mim outra vez. Já lhe disse que nada faria para desagradá-la. Sempre lhe fui fiel.
– Mentiroso! Eu fui uma cega a vida toda.
– Não, meu amor.
– Tire suas mãos de mim.
– Belinha, por favor.
A mulher retraiu o braço e começou a gritar histérica. Maridelma fez sinal para o pai se afastar e assim ele fez. Ao lembrar que as duas cunhadas estavam presentes, ele fez sinal para ambas o acompanharem até a cozinha.
– O que deu nela? – perguntou ele baixinho as duas, assim

149

que achou conveniente.
Foi Assuntinha quem respondeu:
— Oh, meu cunhado amado... ciúme, ciúme *d'ocê*. Sabe como é que é.
— Mas ela não devia sentir ciúmes de mim. Sou-lhe fiel, sempre fui.
— *Nóis* sabe disso, cunhado.
— *Nóis* sabe — reforçou Durvalina, fazendo cara de santa. — Mas Belinha sempre foi ciumenta. Uma *ciumenta do cão. Nóis* nunca *te dissemo* nada, *pra num estragá* o casório *d'ocês.*
— É — reforçou Assuntinha.
— Se *ocê* tivesse sabido antes, podia desistir de se casar com ela.
Manoel, lacrimoso, desabafou:
— Ainda bem que vocês me compreendem. Se puderem me ajudar a reverter o quadro. Fazê-la confiar em mim novamente.
— *Num* precisa nem *pedi,* cunhado. É *craro* que *nóis* ajuda.
— *Ajudamô,* sim — reforçou Durvalina.
— Vocês são uns amores.
Ele deu um beijo em cada uma e voltou para sala. Assim que se foi, Durvalina e Assuntinha se entreolharam e o semblante de ambas mudou, estava grotesco, o inverso da pureza.
Daquela noite em diante, Manoel passou a dormir no quarto de costura que também era usado para visitas. Esperava-se que o casal voltasse a se entender, mas isso não aconteceu. Belinha se mostrava irredutível quanto a sua decisão de se separar do marido.
Enquanto isso, na casa vizinha, Durvalina e Assuntinha brindavam novamente o acontecido com dois copos cheios de pinga. Naquela noite as duas foram dormir, mais uma vez, de pileque. Saboreando o doce amargo da inveja.

No dia seguinte, de tanto Belinha insistir, um advogado foi chamado para dar entrada no processo de separação. Cansado de implorar para que a esposa voltasse atrás, Manoel encolheu os ombros e fez ar de derrota. O tom era também de derrota

quando disse:
— Se você prefere mesmo acreditar em uma fofoca deslavada do que em mim, que assim seja, Belinha. Que assim seja. Ela continuou se mostrando irredutível quanto à decisão.
— Você será capaz de destruir um casamento, o nosso casamento de anos, por uma fofoca? Uma simples fofoca? Que imaturidade, meu Deus!
— O homem nunca admite quando está errado.
— Não sou qualquer homem, sou o seu marido.
O tom de Manoel era abertamente incrédulo.
— É enervante — principiou Manoel — que alguém tome medidas extremas para nos tirar da felicidade por ser infeliz, frustrado e mal-amado.
Diante do clima insuportável que se tornou o convívio dos dois na mesma casa, Manoel deixou o local e foi morar temporariamente na casa da irmã.
Ao saber do acontecido, Assuntinha e Durvalina se sentiram radiantes novamente.
— Hoje num vai *dá pra brindá*.
— Ora, por que, *diacho?*
— Porque *acabô* a pinga.
— *Acabô*, de novo? Pois *nóis* vai agorinha *memo comprá* mais um litro.
— Isso *memo*, Assuntinha. *Vamo nóis!*
Elas voltavam da venda, carregando o litro de pinga embrulhado devidamente, o qual compraram com a desculpa de que iriam fazer bolachinhas de pinga, quando o cão de Dona Generosa pregou-lhes novo susto. Tamanho foi o choque, que Durvalina deixou cair o litro de água ardente no chão, espatifando-se todo.
Elas queriam morrer de ódio e revolta. Queriam pular sobre o cãozinho vira-lata de Dona Generosa e esganá-lo.
— Que ódio — rilhou Durvalina, vermelha feito um pimentão.
— Eu quero *matá* esse *purguento!*
— Fala baixo, Durvalina — alertou Assuntinha, voltando a manter a compostura. — Eu tenho um plano *pra nóis* se vingar do *mardito*.

Dias depois, ao cair de uma tarde bonita, Maridelma foi visitar as tias.
– Olá titias, como vão?
– *Fiinha...* – exclamou Assuntinha, dessa vez sentindo verdadeira alegria por ver a jovem. Por saber que ela estava mal pelo rompimento do namoro, Assuntinha se sentia agora superior a ela. Beijos.
– E sua mãe, *fia,* como é que tá?
– Fingindo-se de forte.
– Pobrezinha...
– *Eta* judiação.
– Quem diria que o Manoel... Deve ser dolorido *pr'ocê* que é *fia sabê* que *teu* pai, *ocê* sabe...
– É... É, sim.
– *Nóis* entende. Mas *óme num* faz *farta*, não. Tua mãe logo vai aprender isso.
– Vai sim.
– E *ocê, fiinha,* como vai esse coraçãozinho no peito?
– Ainda batendo, titia... Já é alguma coisa, não?
– Sim, *fiinha...*
Foi então que os olhos de Maridelma pousaram num aglomerado de livros sobre a estante.
– Não sabia que liam.
– *Num lemo* não. *Num somo iguar tua* mãe. Aquela lia o dia inteiro se o pai deixava.
– É, a mamãe me falou.
– Esses *livro* aí, já *tava* aqui na casa, lá no sótão, aí *pegamo* eles, demo uma limpada e *trouxemo pra cá pra num deixá* a estante tão vazia, *né?*
– Ah, sim.
Ela examinou, um a um, e se interessou por um em especial chamado "As fronteiras do amor".
– Posso levar este emprestado?
– Sim, *fiinha,* pode sim.
Ler faz bem. Sua mãe sempre diz.
– Leve o livro e se a história for boa depois conta pra

nóis.
— Sim.
Foi bem nesse momento que as três ouviram a voz grave de um homem chamando por Maridelma.
— É o Leonias — alarmou-se Maridelma, saltando da poltrona.
— Carma, fia. O que será que ele quer?
Assuntinha foi até a porta e abriu.
— Dona Assunta, a Maridelma tai, num tá? A empregada falou que acha que ela deveria ter vindo vê-las. Por favor, preciso falar com ela.
O rapaz estava quase chorando.
— Ela *num qué* falar com *ocê,* Leonias.
— Mas eu preciso falar com ela, por favor.
Assuntinha recolheu o rosto e voltou a encarar Maridelma.
— É melhor eu falar com ele, antes que dê um escândalo.
— *Ocê* acha?
— É *mió,* sim. Um escândalo na nossa porta *num* ia ser nada *agradáve.*
Leonias, com a boca ligeiramente aberta, o rosto ruborizado projetado para frente exclamou, ao avistar sua jovem amada:
— Maridelma, meu amor...
— Não temos mais nada para conversar, Leonias.
O rapaz mantinha o rosto inclinado para frente, os lábios entreabertos, os olhos ansiosos, fixos na sua amada, ouvindo com desespero o que ela lhe parecia dizer de forma tão cruel.
— Temos, sim, Maridelma. Não se joga fora um amor de 8 anos assim de uma hora para outra.
— Infelizmente, acabou, o que se há de fazer?
— Não se entregam os pontos no primeiro tempo, meu amor.
— Pois eu entreguei...
— Ouça-me. Em um ano e meio eu termino a residência e já terei juntado uma quantia suficiente para alugar uma casa para

153

nós e fazer o nosso casamento, com uma festa linda. Preciso esperar também esse tempo para saber em que hospital vou me efetivar. Compreenda a minha situação. Não ponhamos a carroça adiante dos bois, por favor.

Ao perceberem que a sobrinha estava quase tendo uma recaída, Assuntinha falou, numa altura que só ela pudesse ouvi-la.

— *Fiínha,* por favor, termina isso logo. Não se rebaixe por um *omê,* por favor.

A jovem voltou-se para ela, voltou-se para ele e foi incisiva:

— Vá embora, Leonias, por favor. Chega de fazer escândalo na frente da casa de minhas tias e da minha. Vá, por favor.

O pedido havia lhe ferido a alma, mas ele se mostrou forte, sem deixar transparecê-lo.

— Eu vou, vou, sim, Maridelma. Mas eu volto, em nome de tudo o que a gente viveu e em nome do nosso amor.

As palavras dele, dessa vez, atingiram-na em cheio. Mais um minuto e ela abrandaria seu coração, permitindo uma reconciliação. Mas foram as tias que fizeram novamente a cabeça da jovem, praguejando o rapaz, envenenando sua imagem com o simples propósito de fazê-la infeliz tal como elas se sentiam.

Assim que a sobrinha se foi, Durvalina voltou-se para a irmã mais velha e quis saber:

— E agora, Assuntinha, *nóis vai brindá* com o quê?

— Ora, Durvalina, com cachaça.

— *Ocê* esqueceu que a garrafa *quebrô,* bem quando *nóis* passava em frente à casa da Dona Generosa?

— Ah, sim, Durvalina, o *mardito...*

— Ele *memo,* Assuntinha. Latiu bem na hora que *nóis passava* em frente a casa e...

— *Mardito* cão.

— Cão dos *inferno,* isso sim! Eu num entendo por que as *pessoa cria* cão. Num falam, mijam em tudo quanto é lugar... Só *dá trabaio.*

— Acho que as *pessoa gosta* de *sofrê,* Assuntinha. E *ocê* sabe que tem *muié* que cuida *mió* do cão do que do próprio marido.

154

– Credo em cruz! Quando voltavam da venda, trazendo consigo a garrafa de pinga, Durvalina a segurou bem firme, ao passar em frente à casa de Dona Generosa. Por sorte ele não estava ali, também se estivesse, estaria preparada. Foi quando ela relaxou e Assuntinha falou qualquer coisa de importante, que o cão surgiu como que do nada, latiu ardido e Durvalina, ao se assustar, derrubou novamente o litro de água ardente das mãos. A mulher chegou a chorar de raiva.
– Que ódio! Que ódio!
Medidas tinham de ser tomadas, foi somente nisso que pensaram desde então.

Parte 10

Nos dias que se seguiram, o ódio de Assuntinha e Durvalina voltou-se novamente para o cão de Dona Generosa. O segundo, o que ela adotou na esperança de afugentar a saudade do primeiro. O cão continuava pegando as duas de surpresa, provocando-lhes sustos e mais sustos e isso lhes era inconcebível.

– Eu não suporto mais esse *purguento* – bramiu Durvalina, cravando as mãos nos cabelos e se despenteando toda.

– *Nóis vai tê* de *dá* um jeito nele, Durvalina.

– Só que a lambisgoia da Tereza *tá* de *oio* em *nóis*, Assuntinha. Se *nóis* fizê *quarqué* coisa contra o danado, ela vai *contá* que *foi nóis*.

– Eu tenho um *prano*.

Durvalina olhou mais atentamente para a irmã.

– E dessa vez nós *vamo* pôr a Tereza *pra corrê pra* bem longe daqui.

Um riso macabro cobriu a face de Assuntinha.

Foi logo no dia seguinte que as duas ficaram de olhos atentos à casa de Dona Generosa e, assim que Tereza saiu para ir fazer as compras habituais, as duas terríveis correram para a calçada para executar o plano de Assuntinha. Em frente ao portão da casa da vizinha, enquanto Durvalina fingia arrumar a meia, Assuntinha discretamente destrancou o portão e o abriu, deixando um espaço suficiente para que Babalu Segundo fugisse.

Foi bem nessa hora que a voz de Manoel soou forte e austera:

— Durvalina, Assuntinha!
As duas mulheres soltaram um grito de susto.
— Tudo bem com vocês?
As irmãs, vermelhas feito um pimentão, balançaram a cabeça, confirmando que sim.
— Gostaria de ter um dedinho de prosa com vocês duas.
— Ah, sim.
Nisso ouviu-se a voz de Dona Generosa.
— Durvalina, Assuntinha.
Novos gritos.
— Dona Generosa... – gaguejou Assuntinha. – O portão... o portão *tava* aberto. *Paramo* aqui *pra* fechar.
— A desmiolada da Tereza quando saiu, *largô* o *bendito* aberto – explicou Durvalina, querendo envenenar a mulher.
— A Tereza?!
— Foi! Por pouco que o cãozinho adorável da senhora *num* escapa.
Dona Generosa, emocionada, foi até as duas e agradeceu imensamente.
— Obrigada, minhas queridas. Vocês são mesmo um anjo. Um anjo caído do céu.
— *Fizemo* só nossa obrigação, Dona Generosa – respondeu Assuntinha e voltando-se para Manoel, completou:
— Agora *nóis* precisa ir, o ex-marido da nossa irmã *qué tê* um dedinho de prosa com *nóis* duas.
— Pois, sim.
Sem mais, as duas terríveis voltaram para casa, acompanhadas de Manoel que, assim que se sentou ao sofá, foi direto ao que vinha:
— Vim pedir a vocês, encarecidamente, que conversem com Belinha. Que peçam a ela para me dar uma nova chance, um crédito.
— Uma nova chance?!
As duas mulheres se entreolharam, cismadas. Pareciam dois corvos se encarando.
— E então, posso contar com vocês duas?

Elas novamente se entreolharam.
– Por favor – insistiu Manoel. – Vocês são irmãs, nada como uma conversa entre irmãs... Belinha estima muito vocês duas, por isso há de ouvi-las.
Os dois corvos se entreolharam mais uma vez.
Numa voz pausada, Manoel perguntou:
– Vocês... vocês sabem, por acaso, quem foi que começou todo esse mexerico a meu respeito?
As pupilas de Assuntinha e Durvalina rodopiaram e, muito espertas, como sempre, mudaram depressa de assunto.
– Manoel, meu cunhado querido. Chamo de cunhado, apesar *d'ocê* num ser mais, pois *pra nóis,* eu e Durvalina *ocê* vai sempre o nosso cunhado favorito.
– Talvez porque só tenham a mim, não?
As duas se entreolharam e não puderam impedir que os lábios se curvassem num risinho espontâneo. Manoel gargalhou.
– E aquele cafezinho bom que só vocês duas sabem fazer? Não vão me servir um?
– Ah, sim, *craro.*
E lá foram os três pra cozinha.

Horas depois, Durvalina e Assuntinha encontram Maridelma na rua.
– Sabe quem teve lá em casa hoje de manhã, *fiinha?* – falou Assuntinha. – Teu pai.
– Papai?! Na certa para saber da mamãe, não?
– De sua mãe, *nadica de nada.* Nem *perguntô* dela.
– Não?!
– Não, *fiinha.* Ele deve tá tão *filiz* com a *outra* que nem se lembra mais da *tua* mãe.
– A senhora acha?
– Certeza! Num é *memo,* Durvalina?
– Verdade.
– Nossa, mas ele parecia gostar tanto da mamãe.
– *Fiinha* quantas *veiz* eu *vô tê* de repetir: *omê* nenhum

158

presta, sô.
— Mas...
— O seu namorado *num* prestava, teu pai... *Vixe,* é melhor eu calar minha boca!

E Maridelma partiu arrasada com o que ouviu, exatamente como as tias queriam que ela se sentisse. Envenenar Manoel dessa vez foi por vingança, por ele ter atrapalhado o plano das duas de se verem livres do novo cão adorado de Dona Generosa.

Nas semanas que se seguiram, Maneco chegava a ficar de coração partido toda vez que via a mãe e a irmã entristecidas pela casa. Sentia também uma quentura esquisita no ar, algo que começou a incomodá-lo terrivelmente. Com Lieco ele desabafou. Falou com tristeza da separação dos pais, da irmã, pobrezinha... O que será que está acontecendo conosco, Lieco? Nossa vida era tão perfeita, na medida do possível, perfeita, e de um tempo para cá tudo desandou.

— Desde que... — arriscou Lieco com certo constrangimento.
— Ahn?
— É melhor eu ficar calada.
— Diga, Lieco...
— Eu não queria pensar, juro que não, mas não consigo... é mais forte do que eu.
— Pensar, pensar no quê?
— Em suas tias... Não é curioso que tudo tenha começado a desandar depois que elas mudaram para perto de vocês?
— *Epa,* pera aí!
— Eu *te* disse que não queria dizer nada.
— Você acha que as duas seriam capazes de...
— Fazer sua mãe pensar mal do seu pai e Maridelma de Leonias? Fazendo-se de preocupadas com elas?
— Não, recuso-me a acreditar. Elas são muito simples para arquitetar um plano diabólico assim. Não poderiam, não, jamais.

– É... Mas é coincidência demais que as coisas na sua casa tenham desandado assim que elas se mudaram para a casa vizinha. Pelo que aprendi nos meus estudos de metafísica, uma pessoa pode atrapalhar a vida da outra sem sequer mover um dedo, somente com sua energia. De tão carregada, afeta a energia do outro, da casa, de qualquer ambiente que vá.

Maneco fez ar de quem iria pensar melhor a respeito. Ao voltar para casa, lembrou-se da história de Psique que Lieco havia lhe contado. A lembrança só serviu para deixá-lo ainda mais cismado com as tias.

Naquele dia, assim que teve oportunidade, Maneco teve uma conversa franca com a mãe:
– Curioso, não, mamãe? Que os problemas nesta casa começaram depois que as titias vieram morar na casa vizinha a nossa.
– Maneco, meu filho, você não está insinuando que...
– Só achei uma tremenda coincidência, a senhora não acha?
– Não!
– É que algumas pessoas trazem mau agouro aos outros.
– Maneco, não diga isso sobre suas tias nem de brincadeira.
– Está bem, está bem... Mas vou pedir no Centro para que lhes transmitam uma bênção à distância.
– Isso é bom.
– E vou pedir uma para a senhora também. Para que se acalme e ponha a cabeça no lugar.
– Aproveita e pede uma também para o teu pai, aquele fingido e mulherengo.
– Mamãe, o papai adora a senhora.
– Se gostasse mesmo não estaria tendo um caso com outra mulher.
– A senhora supõe que ele tenha um caso. Ele jura de pés juntos que não e eu acredito nele.

– Você quer acreditar nele, Maneco, é diferente. Quer acreditar porque ele é seu pai e nenhum filho quer ver os defeitos de um pai, muito menos ter seus pais separados.
– Quando digo que acredito mesmo nele é porque realmente acredito. Para mim, tudo isso não passa de um tremendo engano, fruto de uma fofoca insana. A senhora vai ver.
– Veremos juntos.
Belinha mal fazia ideia de que suas adoradas irmãs assim que a viam entristecida e decepcionada com a vida, voltavam para casa, tiravam os sapatos com os pés e os jogavam longe. Caíam no sofá de molas com tudo e suspiravam, realizadas.
– O doce sabor da vingança – murmurou Assuntinha certa vez. – Ui! Num era isso o que o pai dizia?
– Não, irmã.
– Não?!
– Não! Ele dizia: o doce amargo da inveja.
– Ah! É verdade – Assuntinha riu. – O doce amargo da inveja. Nunca entendi muito bem o significado dessa frase.
– *Ocê qué sabê d'uma* coisa: nem eu!
Risos redobrados. Suspiros de satisfação triplicados.

No Centro aquela noite...
– O que anda aborrecendo você, meu filho? – perguntou Dona Eliza, a médium com quem Manoel tinha mais afinidade.
– Uma suspeita.
– Explique-se melhor.
Ele suspirou e se abriu:
– Desde que minhas tias se mudaram para a casa ao lado da nossa, coisas estranhas começaram a acontecer.
– Como, por exemplo?
– O cão da vizinha morreu, envenenado... Um cão tão adorável quanto sua dona... Essa mulher sofreu horrores por causa da perda do animal. Vive só, ele era seu único e melhor companheiro.
– É muito triste ouvir isso – comentou Dona Eliza.

Maneco, lacrimoso, continuou:
– Minha mãe cismou que meu pai tem uma amante, o que ele jura não ser verdade e, eu acredito nele. Por isso, ela quer a separação... Os papéis já estão correndo nas mãos do advogado.

Ele enxugou os olhos e prosseguiu:
– Minha irmã, de uma hora para outra, terminou seu namoro de quase oito anos, porque ouviu dizer que ele não lhe estava sendo correto. Hoje, ela está sofrendo apesar de não admitir e ele também. Da mesma forma que minha mãe sofre calada e meu pai, escancaradamente. Dá pena.
Ele tomou e ar e foi adiante:
– O clima lá em casa anda péssimo. Parece até que uma nuvem negra se alojou ali. Pelo menos é o que eu sinto. E tudo isso começou, coincidência ou não, depois que minhas tias se mudaram para a casa ao lado da nossa.
– Compreendo.
– Dizem que há pessoas que dão mau agouro as outras... Será verdade?
– É possível... Uma vez que somos pura energia.
– O que fazer para evitar quando essas pessoas são seus parentes?
– Oração para proteção... Dê-me o nome delas, de suas tias, também o de vocês e vamos pôr no grupo de oração.
Maneco atendeu ao pedido, agradeceu à médium e voltou para a casa, sentindo-se mais tranquilo e confiante de que a paz reinaria entre seus familiares novamente

Dias mais tarde, depois do trabalho, por volta das vinte horas, Manoel voltou à casa de suas duas ex-cunhadas para saber o que haviam feito pela reconciliação dele e de Belinha. Assim que foi recebido na humilde sala das duas terríveis, Manoel chorou.
– E então? Fizeram o que lhes pedi?
Durvalina e Assuntinha se entreolharam.
– Digam-me, por favor. Falaram com Belinha a meu res-

peito? Para que tire da cabeça aquelas tolices?
As duas novamente se entreolharam e foi Assuntinha quem respondeu, afirmando que "sim" com a cabeça.
– E então?
A mulher fez ainda mais suspense.
– Diga-me Assuntinha!
– Ô, Manoel...
– Diz.
– A Belinha *num tá* mais querendo unir os *trapo c'ocê* não, *fio*.
– O quê?!
Durvalina concordou com a irmã:
– *Num tá,* não!
– Não?! Mas vocês falaram de mim para ela?
As duas balançaram a cabeça afirmativamente.
– E *num adiantô* nada.
– *Nadica de nada!*
– Belinha não pode estar sendo tão fria assim.
As duas irmãs se olharam pelo rabo do olho.
– Fria? – estranhou Durvalina.
– É, fria!
– Nesse calor danado?
– É modo de dizer, Durvalina. Fria quer dizer insensível, entende?
A mulher não fez nem que "sim" nem que "não" com a cabeça. Manoel então chorou ainda mais e desabafou, expressando todos os seus sentimentos pela esposa que tanto amava.
– Eu a amo, sabem? Amo Belinha desde que a vi. Sou louco por ela. Deu-me uma vida feliz, filhos maravilhosos. Não sei viver sem ela. Não consigo entender por que ela foi pensar mal de mim. Nunca lhe dei motivos. Sempre lhe fui fiel.
Ao ver as sobrancelhas das duas invejosas se arquearem, Manoel voltou-se para ambas e repetiu, enfático:
– É isso mesmo o que vocês ouviram: sempre fui fiel a Belinha! Para mim, um casamento só se mantém feliz ao longo dos anos com fidelidade e respeito. Além do mais, sou

um *homem família*, respeito a família acima de tudo, ela é o esteio da nossa sociedade. Sem ela, não somos nada! Essa é a minha opinião.
Ele tomou ar e continuou:
– Sempre quis dar um lar sadio aos meus filhos. Sempre, sempre, sempre... E agora, quando vejo meu lar doce lar despedaçado, sinto meu coração se partir.
Manoel voltou a se romper em lágrimas e quando reabriu os olhos, voltou-se para o espelho dependurado na parede diagonal. Foi então que avistou, sem que Durvalina e Assuntinha percebessem, o reflexo de ambas, e, dessa vez, sem a máscara que vestiam quando ele olhava diretamente para seus olhos. Foi algo tão surpreendente e assustador que ele estremeceu e se arrepiou.
Elas não notaram que ele as observava pelo reflexo do espelho.
– É, Manoel... *ocê* perdeu dessa vez – falou Assuntinha com satisfação e olhos brilhantes. – O seu *lar doce lar* como *ocê* fala, *desmoronô* ribanceira abaixo.
Manoel sentiu um frêmito de estranheza se espalhando pelo ar, talvez não fosse no ar e, sim, dentro dele. Levou quase um minuto para que se desse conta de que aquilo emanava das duas cunhadas a sua frente. Por que ele sentia aquilo? Por quê, por quê? E então a resposta veio até ele como uma flecha.
– Vocês duas... – ele gaguejou, começando a se avermelhar todo.
– *Nóis* duas? O que tem *nóis* duas, Manoel?
Ele mirou bem os olhos de Assuntinha e depois os de Durvalina e disse:
– Como não percebi isso antes? Quão tolo fui eu.
– Do que *ocê* tá falando, *omê* de Deus? Perdeu o juízo, por acaso?
O homem expeliu o ar cheio de irritação:
– Foram vocês duas que puseram minhoca na cabeça da Belinha.
– *Nóis?!*

As irmãs se entreolharam, fingindo espanto.
— Vocês duas, sim! Aposto! Tudo isso começou depois que vocês vieram morar aqui do nosso lado. Suas jararacas, solteironas mal-amadas.
— *Óia* como *fala* com *nóis,* Manoel! — retrucou Assuntinha.
— Falo do jeito que eu quiser! Suas infelizes... Vamos lá, abram o jogo comigo! Foram ou não foram vocês que puseram minhoca na cabeça da Belinha?
— Cunhado! — Durvalina fingiu-se de indignada.
— Agora... só agora percebo a verdade. Vocês morrem de inveja da Belinha, da vida feliz que ela tinha ao meu lado e, por isso, como um bom invejoso, inventaram coisas para destruir a felicidade dela. A tal felicidade que gostariam de ter e não tiveram. Nossa! Como fui estúpido para não perceber isso antes.
— Que horror pensar isso de *nóis,* Manoel — indignou-se Assuntinha, fingida como nunca.
— Cunhado, *ocê tá* vendo pelo em ovo — afirmou Durvalina.
— Estou, é?
— Sim.
— Pois eu vou agora mesmo perguntar a Belinha se não foram vocês duas que levantaram suspeita sobre a minha fidelidade. Que puseram minha fidelidade à prova.
— Pois vá!
— Vou mesmo!
Assim que ele deu um passo, Assuntinha ergueu a voz:
— Manoel!
Ele parou e voltou seu olhar, cuspindo fogo para a cunhada.
— Desembucha.
— Se *ocê ponha* a Belinha contra *nóis, nóis...*
— Vocês duas, o quê?
— *Nóis...*
— Termina a frase, Assuntinha, vamos!

Pela primeira vez, a mulher deixou cair de vez a máscara que cobria sua verdadeira face. O seu rosto chupado e enrugado precocemente estava transtornado por uma ira demoníaca. A boca grande abriu-se e deu vazão a uma torrente de maldições vis e abomináveis.
– Repito. Se *ocê ponha* minhoca na cabeça da Belinha...
– A máscara caiu, Assuntinha, caiu! Confessa, vai.
A mulher fuzilava o homem com seus olhos castanhos, grandes e assustadores. Manoel tornou a se mover quando a voz de Assuntinha novamente soou no recinto:
– *Num* precisa ir *perguntá* nada não, Manoel.
Ele se voltou para ela com um sorriso de satisfação no rosto.
– Então...
– *Ocê num* é flor que se cheire... Nunca foi... Nenhum *óme* é, todo mundo sabe.
– É isso que vocês pensam de mim...
– *Fizemo* um favor pra Belinha, abrindo os *zóio dela.*
– Foi por inveja, não é? Inveja!
Ele articulou cada silaba com profundo entusiasmo.
– Inveja, *nóis?* – zombou Assuntinha. – Daquela vidinha besta que *ocê* e a Belinha *levava?* Nunca!
– Inveja, sim!
– Inveja, não! – explodiu Durvalina. – Rancor, sim!
– Rancor?!!!
– Isso *memo:* rancor! Rancor por essa *mardita* vida ter dado um marido, ainda que inútil e infiel para a Belinha e *pra nóis* nada!
– Rancor... essa é uma boa palavra.
– *Ocê* nunca ouviu *dizê* que as *muié* são *rancorosa?!* – Pois *ocês* tiveram o que mereciam. Eu acho é pouco!
A voz de Durvalina fluía, sonora e assustadora aos ouvidos.
Assuntinha concordou:
– Isso *memo! Ocê* e Belinha tiveram o que *merecia!*
Manoel, mantendo-se ereto, cabeça erguida, falou com

166

certa aflição:

— Dizem que há pessoas que saboreiam com prazer as desgraças que se abatem sobre os outros. Jamais pensei que isso realmente acontecesse. Pois esse é outro ditado que está bastante certo.

As duas deram de ombros.

O descendente de português permaneceu com seus olhos de um castanho vivo e profundo, encarando com desgosto as duas infernais. Estendeu-se, então, um longo e desconfortável silêncio, que foi rompido minutos depois pela voz grave e gutural do homem tomado de indignação.

— Eu vou acabar com vocês duas! — prometeu ele entre dentes. — Vou devolvê-las para aquela maldita fazenda, aquele casarão triste e melancólico, lugar de onde vocês nunca deveriam ter saído.

Nem Durvalina nem Assuntinha esmoreceram diante da ameaça, mantiveram-se encarando Manoel com superioridade.

— Mas antes disso — continuou Manoel, espumando de raiva. — Bem antes disso, eu vou dar uma surra de cinto em vocês. Ah, vou sim, nem que eu tenha de passar uns bons anos na prisão por isso.

Assunta e Durvalina fraquejaram nessa hora, imediatamente deram um passo para trás e, subitamente, saíram correndo para fora da casa.

Manoel, irado, seguiu imediatamente atrás das duas. Parecia uma briga de gato e rato. Elas corriam em torno da casa e quando ele mudava de direção, elas corriam na direção oposta, foi assim até lhes faltar o ar.

— Socorro! — suplicava Durvalina, mas a voz soava fraca devido à falta de ar e o esforço pela corrida.

— *Arguém* nos ajude pelo amor de Deus — suplicava Assuntinha, vermelha feito um pimentão.

Manoel, ainda que cansado, continuava ao encalço das duas, circulando a casa, agora, a passadas longas que foram encurtando por causa do cansaço. Suava em profusão e também estava vermelho feito um pimentão. Foi quando passavam em frente à porta da frente da morada que ambas correram para dentro e se trancafiaram ali. Durvalina correu para verificar se a porta dos fundos estava trancada e, depois, voltou para junto da irmã, que se mantinha escorada contra a parede, tentando recuperar o fôlego. Lá fora o silêncio impregnava o ar.

– Ocê acha que ele foi embora? – perguntou Durvalina, com o rosto branco como cal.

– Deus queira que sim – respondeu Assuntinha, esbaforida.

– Ele vai *contá* tudo pra Belinha, *tudinho*.

– Ela *num* vai *acreditá* nele nunca, nunquinha!

– E se acreditar?

Assuntinha não soube o que responder, apenas mordeu os lábios, com força. Ouviu-se então um estalo, viera do quarto, perceberam imediatamente.

– A janela? *Ocê fechô* a janela do quarto?

– E-eu?!!! – apavorou-se Durvalina. – Acho que não!

Manoel havia entrado por lá, pulara com grande esforço a janela e, agora seguia para a sala. Ao perceberem, as duas gritaram, destrancaram novamente a porta e fugiram para o exterior da casa. A perseguição recomeçou.

Belinha passava pela sala quando avistou suas irmãs correndo em torno da casa onde viviam, como um rato foge de um gato. Mais espantoso foi ver Manoel, vermelho como um pimentão, correndo atrás das duas. A cena, chocante, era ao mesmo tempo cômica. Ainda que aturdida, querendo muito compreender o que se passava, correu para lá.

Chegou bem no momento em que Manoel partia para cima das duas. Diante do seu grito, os três olharam para ela. Foi então, que um grito rouco atravessou a garganta de Durvalina e ela pareceu perder os sentidos. Manoel, muito rápido, a amparou em seus braços e a conduziu até a sala de estar e deitou no sofá que havia ali.

– O que está acontecendo aqui? – quis saber Belinha assustada.

Manoel tentou responder, mas o ar lhe faltou e ele subitamente desmaiou.
— Manoel — gritou Belinha histérica.
O grito chamou atenção de Maneco que imediatamente correu até lá para ver o que havia acontecido.
— Papai! — berrou, ao avistar o pai estirado ao chão, sendo observado pelos olhos aflitos da mãe e de Assuntinha.
— Papai?!! — tornou o rapaz, dando tapinhas de leve no rosto do pai inconsciente.
— Assuntinha, você tem álcool? — perguntou Belinha. — Vá buscar um guardanapo embebido em álcool para reanimar Manoel e Durvalina.
Assim ela fez.
— Vou levar o papai para o Pronto Socorro — adiantou-se Maneco.
— É melhor levar sua tia também — sugeriu Belinha.
Durvalina, que até então permanecia desacordada, estirada ao sofá, despertou.
— Não *precisa* — interveio Assuntinha — ela já *tá miorando.*
O sobrinho olhou bem para ela, um olhar de suspeita e, sem mais delongas, apanhou o pai nos braços e o carregou até o carro e partiu com ele para o hospital. Belinha foi junto.
Assuntinha ficou assistindo à retirada deles e, só então, voltou até aonde a irmã estava deitada.
— Eles já foram! — disse ela com uma ponta de alívio.
— Ufa! — bufou Durvalina, endireitando o corpo. — *Escapamo* dessa, por pouco!
— *Escapamo,* o quê, *muié? Escapamo* temporariamente. Assim que a peste do Manoel recuperar os sentidos, vai contar *tudinho* para a nossa irmã e, aí, o caldo vai *engrossá pra nóis.*
— Ai... — gemeu Durvalina.
— Só se ele *num recuperá* os *sentido* — balbuciou Assuntinha, segundos depois.
— É lógico que ele vai *recuperá,* Assuntinha... Hora menos

169

hora!
– *Vamô rezá pra* que isso *num* aconteça. A nossa paz *tá* nas *mão* daquele portuguesinho metido a besta.

Durvalina, subitamente nauseada e trêmula, deixou-se deitar novamente no sofá.

– Ocê tem razão, Assuntinha. Toda razão! *Vamo rezá!*
– Eu sempre tenho razão, Durvalina. Sempre!

E por mais chocante que isso possa parecer a qualquer um, as duas irmãs oraram para que o cunhado morresse. Chegaram até a pegar a Bíblia como apoio para suas orações. Se muitos invejosos são capazes de chegarem a esse ponto? De orar para que o alvo da sua inveja, morra? Sim, muitos! Os mais bestiais.

Assim que chegaram ao hospital, Manoel recobrou os sentidos. Tentou dizer alguma coisa, mas ao avistar o filho ao lado da ex-esposa, chorou. Procurou pela mão dela e a envolveu com ternura.

– Oh, Belinha... Que bom, que bom que você está aqui ao meu lado.
– Acalme-se, Manoel.
– Você precisa saber... saber da verdade.

Maneco interveio:
– Agora não, papai. Relaxe, depois conversamos.
– Não, Maneco. Sua mãe tem de saber de toda verdade. E tem de ser agora.
– Manoel, você precisa se acalmar – pediu Belinha, chorosa.

Ao tentar falar novamente, o estresse o fez perder novamente os sentidos. Restou a Belinha e Maneco rezarem para que ele se recuperasse daquilo o mais rápido possível.

Enquanto isso, na casa de Durvalina e Assuntinha, as duas rezavam copiosamente para que o cunhado não abrisse a boca antes de passar dessa para uma melhor. Quando avistaram Maridelma na porta da casa, esperando ser notada por ambas,

o coração das duas por pouco não parou de susto. O grito que ambas deram foi assustador até para si mesmas.
– Desculpe-me, não queria assustá-las – falou a jovem com pena das tias. – É que a porta estava entreaberta e... o que houve? Por que estão rezando com tanto fervor?
Foi Assuntinha quem respondeu, gaguejando um bocado:
– Seu pai, querida. Ficou maluco, de repente...
– Papai?!
– É, meu bem, seu pai. Ele simplesmente apareceu aqui e começou a nos afrontar...
– Papai é sempre tão controlado. Nunca o vi perder as estribeiras por nada, nem por ninguém.
– Pois é, querida. Não sei o que deu nele hoje.
– Papai?...
– O próprio! Aí, então, ele desmaiou e seu irmão o levou para o Pronto Socorro junto com a sua mãe.
– Nossa! Será que ele está bem?
As duas irmãs se entreolharam enquanto Maridelma dizia:
– Acho melhor eu ir para lá. Podem estar precisando de mim. Vou chamar um táxi.
– Ocê acha *memo* necessário ir... Pronto socorro é sempre tão deprimente.
– Trata-se do meu pai quem está lá, titia.
– Eu sei, meu bem... Só *num* quero que *ocê* sofra.
– As senhoras não querem ir comigo?
As duas se arrepiaram.
– *C'ocê?*
– É!
– Eu e Assuntinha *fazemo* de tudo pra ficar longe de um Pronto Socorro, Deus nos livre!
– Vou só, então.
A jovem saiu, apertando os passos.
As tias a acompanharam com os olhos até ela entrar no táxi e o veículo desaparecer de vista. Voltando-se para o céu,

171

Durvalina inquiriu ao Senhor:
— Espero que tenha ouvido nossas *prece*.
— Ih, Durvalina, num conte com isso não. Surdo como Ele é... se tivesse bons *ouvido* já tinha dado uma vida feliz *pra nóis* duas há muito tempo atrás....Um tempão!
— Ocê tem razão, Assuntinha. Toda razão.
— Dizem que Deus dá *asa pra* quem sabe voar. Mentira! Mentira deslavada. Deus dá *asa* é pra quem não sabe *voá*. Se desse *pra* quem sabe, teria dado *pra nóis duas*.
Nisso ouviu-se a voz de Tereza:
— Ocês duas *tão enganada!*
As duas levaram de novo um baita susto. De tão apavoradas que estavam não haviam notado a aproximação da mulher.
— O que *ocê tá* fazendo aqui Seu demônio?
— Andando, *num tá* vendo? A rua é pública.
As três bufaram cada qual por um motivo diferente.
— Mas como eu dizia — continuou Tereza —, *ocês* tão *enganada*. Deus dá asas há quem sabe voar, sim, jamais *pra* cobra que nem *ocês*. Daí o outro ditado: Deus não dá asas a cobras!
— Ah, vá, vá!!! — desdenhou Durvalina, irritada.
— Eu vou, vou mesmo!
— Passa, vai! — ralhou Assuntinha.
— Abelhuda! — retrucou Tereza.
— Jararaca — retrucou Assuntinha.
— Demônio — ofendeu Durvalina.
— Recalcadas! Encalhadas! — respondeu Tereza.
— Deus *num dá* asa a cobra, essa é boa... — murmurou Assuntinha. — *Facinho memo.*
— *Ocê* ouviu, Assuntinha? Aquela despeitada chamou *nóis* de cobra.
— Ouvi, sim, Durvalina. Mas ela *num* perde por esperar!
— Ela *num* passa de uma linguaruda...
— É isso *memo*, Durvalina. Uma linguaruda, isso, sim.

172

Quando Manoel recobrou o sentido, já havia sido medicado, colhido sangue para exames, e segundo o médico estava fora de perigo. Ao se ver cercado pelos filhos adorados e pela ex-esposa seus olhos se encheram d'água. Ele suspirou fundo e disse:
– Que bom rever vocês... Pensei que iria empacotar.
– Não diga isso, papai.
– Oh, minha filha. Como é bom ter você aqui ao meu lado.
– Eu o amo, papai – admitiu Maridelma, beijando-lhe a testa.
Voltando-se para Maneco o pai sorriu:
– Filhão.
– Como se está se sentindo, papai?
– Melhor.
– Que bom! Agora relaxe.
– Sinto-me mole.
– É que o médico lhe receitou um sedativo, papai. O senhor estava muito agitado.
Ele suspirou. Foi a vez de se dirigir a Belinha:
– Olá, Belinha.
– Olá, Manoel.
– É bom ter você aqui também.
Ela não respondeu, apenas sorriu, de leve.
Fez-se um breve silêncio, todos estavam curiosos para saber o que havia acontecido, mas, a pedido do médico, o assunto teria de ser abordado dias depois, quando Manoel estivesse cem por cento recuperado.
É lógico que ele pensou em contar tudo para os três, mas sob o efeito do sedativo, pôde refletir melhor e perceber que não tinha provas contra as duas jararacas. Seria sua palavra contra as delas e, Belinha, voltaria a acreditar nas duas como fez da outra vez. O ideal seria fazê-la perceber que fora induzida a pensar que ele a traía por influência das duas irmãs jararacas.
No dia seguinte, somente quando restaram Maneco e o

173

pai no quarto é que Manoel se abriu e contou detalhadamente tudo o que se passou.
— Então eu estava certo — murmurou o rapaz que já suspeitava da má índole das duas tias.
— Certíssimo, filho.
— Que maldade! Onde já se viu fazer isso com a própria irmã que afirmam adorar?
— Adoram nada, Maneco.
— Mas...
— Suas tias são tão ladinas que nos fizeram acreditar, esse tempo todo, que nos adoravam, quando, na verdade, se contorcem de inveja por nos verem felizes. Por verem sua mãe com uma família feliz e elas, descasadas. Agora entendo por que ambas não queriam ir ao nosso casamento, não porque não tinham um vestido adequado para a ocasião, como alegaram na época, era por raiva e inveja da Belinha estar se casando e elas continuarem solteiras.
— Nossa!...
— Esse já foi um grande indício do quanto elas nos invejavam, só que nenhum de nós percebeu.
— Que horror! Já ouvi falar que inveja é fogo, mas não pensei que fizesse com que os invejosos chegassem a esse ponto.
— Até padre comenta que a inveja é perigosa.
— Será que é contagiosa?
— Deus queira que não.
— E agora, o que o senhor pretende fazer?
— Se eu disser a verdade, sua mãe não vai acreditar em mim, então vou dar uma de bobo. Fingir que perdi a memória após o meu desmaio, que tive um estresse e ficar de olho nelas, só assim terei chances de pegá-las no pulo e provar para sua mãe quem elas são de verdade.
— A mamãe vai sofrer um bocado quando souber...
— Se vai... Mas... eu quero sua mãe de volta para mim. Quero a vida que tínhamos antes para todo o sempre.
— Vocês realmente se amam, hein?

174

– Muito, filho. Muito. E sei que sua mãe ainda me ama na mesma intensidade que antes, posso ver em seu olhar.
– Disso não tenho dúvidas.
– É tão bom conversar com você, assim, abertamente.
– Nada melhor que uma conversa franca entre pai e filho.

Foi Maneco quem informou as tias sobre as condições de saúde de Manoel.
– Ele, o quê? – alegraram-se ambas.
– Isso mesmo que as senhoras ouviram. O *estresse* dele foi tão forte que depois do desmaio ele perdeu a memória. Não se lembra de nada do que aconteceu antes de ser internado. O médico até o aconselhou a procurar um psiquiatra.
– Ele perdeu mesmo a memória? – empolgou-se Durvalina.

O sobrinho confirmou com um balançar de cabeça enquanto um sorrisinho malicioso escapava pelo canto dos lábios das tias.

Diante do acontecido, Manoel se ausentou da fábrica e passou a visitar os filhos com assiduidade. Belinha não se opôs, pois também o queria ali perto dela, ficara muito preocupada com sua saúde, depois do que havia lhe acontecido. Os filhos sempre que podiam, faziam o possível para deixá-los a sós e, com a ajuda de Deus, acertarem os ponteiros.
E a história continua!

Parte 11

Foi depois de toda confusão que Maridelma se lembrou de ler o livro que havia trazido da casa das tias, o qual despertara seu interesse. Foi folheando as páginas, fazendo uma leitura superficial que ela encontrou a foto de um rapaz de olhos e cabelos claros. Alguém que nunca vira até então. Quem seria? Certamente o filho de um dos inquilinos da casa ao lado, ou do próprio proprietário. Era um jovem de aparência bonita e deveria ter por volta dos 16, 17 anos, quando a foto foi tirada. Talvez mais, mas aparentava menos idade. Onde estaria? Que fim teria levado? De repente, ela se viu curiosa para descobrir seu paradeiro. Saber que destino levara aquele jovem de aparência tão angelical.

Dias depois, quando Durvalina e Assuntinha haviam definitivamente se convencido de que já não corriam mais perigo nas mãos de Manoel, sentindo-se mais seguras, as duas retomaram suas atividades normais: feira, compras na venda e na quitanda perto de sua casa, os passeios pelo bairro com o propósito de espionar e espicaçar a vida dos outros.

Foi então que Durvalina avistou Carmem, a vizinha que morava do outro lado da rua, chegando acompanhada de um homem, dirigindo um carro pomposo. Ao perceber que era observada por ela, Carmem acenou e disse, elevando a voz para se fazer ouvida àquela distância:

– Bom dia, Durvalina. Como vai?

Durvalina emitiu um sorrisinho amarelo e um aceno sem muita vontade. Continuou varrendo a calçada, espiando o casal pelo rabo do olho. Assim que o homem partiu, Carmem atravessou a rua e foi falar com ela:

– Varrendo assim, essa calçada vai ficar um *brinco*.
– Um *brinco*?
– Quis dizer: limpinha!
– *Ocê* acha, é? – novo sorriso amarelo por parte de Durvalina.
– Aquele é meu noivo – explicou Carmem, feliz.
– Noivo? E *ocê* tá na idade de *noivá*, é?
– E desde quando existe idade certa para se casar, Durvalina?
– Desde sempre, *ora!*
– Que nada! Eu pensava como você, aí mudei de religião e...
– *Ocê* mudou de religião?
– Mudei. Essa é muito mais legal! Lá ninguém fica descasado. Descasou, o Porta-Voz do Senhor arranja um novo casamento. Brigou, ele ajuda a fazer as pazes. Tá sozinho, ele arranja casamento. Lá ninguém fica sem ninguém!
– Nossa... Que religião é essa?
Durvalina se entusiasmou com a conversa como há muito não se entusiasmava. Nos dias que se seguiram, enquanto Manoel voltava às pazes com Belinha, Durvalina escondida de Assuntinha, passou a frequentar a nova religião para a qual se converteu.
Cismada com o compromisso noturno diário da irmã, Assuntinha a seguiu e ficou espantada ao descobrir aonde ela ia. Assim que Durvalina voltou para casa, naquela noite, Assuntinha a aguardava para uma conversa muito séria.
– *Ocê* pode me *expricá* o que *ocê* anda fazendo naquela igreja?!
– *Exprico*, sim! – respondeu Durvalina sem medo de enfrentar a irmã.
– *Num* enseba, não!
– Nunca fui de *ensebá!*
– Sei... Então diz logo o que *ocê* anda fazendo naquele lugar!
– Eu agora frequento aquela igreja!

177

– *Ocê* o quê?!
– É isso *memo* que *ocê* ouviu, Assuntinha. Eu agora frequento aquela igreja!
– Perdeu o juízo, Durvalina?! O padre sempre *ensinô* que quem muda de religião vai direto *pro* inferno! *Ocê*, por acaso, *qué queimá* no quinto dos *inferno* pela eternidade?
– O padre *num* precisa *casá*, eu preciso!
– *Casá*? *Ocê* ainda tem esperança de que vai *casá* um dia, *muié*? *Num* faz *eu* rir, Durvalina.
Risos.
– A Carmem, aquela que mora do outro lado da rua, *arranjô* marido depois que *mudô pra* essa religião, toda *muié* que muda, casa! Se eu fosse *ocê* fazia o *memo,* Assuntinha!
– Nunca! Sou Católica Apostólica Romana até o *finar* da vida!
– Faz o que *ocê* achar *mió* e eu faço o que eu achar *mió*. Tá *bão* assim? E agora vou dormir, porque amanhã quero acordar com disposição *pra fazê* o cabelo, *pintá* as *unha...*
– Vixe!
– O Porta-Voz do Senhor me *falô* que já tenho um pretendente.
– Porta, o quê?
– Porta Voz do Senhor! É que nem padre, só que lá eles chamam Porta Voz do Senhor.
– Sei...
Assuntinha revirou os olhos, indignada, enquanto Durvalina, *suspirante,* acrescentou, feliz:
– Bendita hora em que *mudamo pra* cidade, se *nóis num* tivesse mudado, eu tinha ficado *sorteirona pro* resto da vida
Como o pastor disse, havia de fato um pretendente para Durvalina, seu nome era Cesário Moraes, um sitiante, viúvo há apenas um mês e que o Porta-Voz do Senhor o incumbira de se casar o mais rápido possível para espantar a dor do luto. Era lema da igreja unir casais, bastava ver um solteiro e uma solteira que os pastores e seus assistentes estimulavam a união.
Uma semana depois, para a surpresa de todos, especial-

mente de Assuntinha, Durvalina começou a namorar Cesário Moraes.
— Mas que surpresa agradável, minha irmã — elogiou Belinha, notando que Durvalina parecia mais jovem e feliz.
E de fato estava, tanto que deixara de sentir inveja da irmã caçula.
— Parabéns, titia! — congratulou Maridelma, verdadeiramente feliz pelo acontecido.
— O Porta-Voz do Senhor *qué fazê* o nosso casamento o mais rápido *possíve.*
— Já, tão cedo?
— É norma da igreja.
Assuntinha, que até então se mantivera quieta, corroendo-se de inveja de Durvalina, comentou:
— O *difunto* da esposa ainda nem *esfriô* e o marido já vai *casá* com outra. É uma *farta* de respeito *totar!*
Durvalina não deixou por menos, respondeu a altura:
— A vida continua, minha irmã.
— Pois eu ainda acho que *ocê* vai *queimá* no inferno por se *casá* com um viúvo fresco e por ter mudado de religião.
Durvalina deu de ombros.
— Assuntinha *tá* com inveja *d'eu.*
— Eu?!
— *Ocê,* sim!
Dessa vez foi Assuntinha quem deu de ombros e fez beiço.

Nas semanas que se seguiram começaram os preparativos para o casamento de Durvalina e Cesário Moraes. Enquanto isso a relação entre Durvalina e Assuntinha permanecia cada vez pior. Assuntinha chegava a sentir calafrios de inveja por ver que a irmã finalmente iria se casar e ela, não.
Certo dia, ao avistar a irmã pondo na bolsa, uma soma razoável de dinheiro, Assuntinha quis logo saber:
— Que dinheiro é esse, Durvalina?
— Não é da sua conta.

– É, sim. Desembucha, vai! Que dinheiro é esse?
– É *pra pagá* o dízimo.
– Tudo isso?!!!
– É, sim! Prometi ao pastor e vou pagar!
– Mas *num* vai *memo, muié!* Com esse dinheiro *nóis* passa o mês. *Me dá* esse dinheiro aqui!
– *Num dô*, não!
– Se *ocê num* der eu arranco *d'ocê*, nem que *pra* isso eu tenha de *matá ocê*!
– *Ocê* sabe *num* sabe, que *nóis* tem que *pagá* o dizimo. "Quem *num paga*, Deus num agrada!", esse é o ditado!
– Eu *num* sei de nada, só sei que esse dinheiro é meu também e *ocê num* vai *usá!*
– Se eu *num pagá* o dizimo, Assuntinha, o Porta-Voz do Senhor é capaz de não me *deixá casá*. É isso o que *ocê qué,* é? Talvez seja isso *memo* o que *ocê* qué, né? Destruir o meu casamento por inveja! *Ocê num* deve *tá* se aguentando de inveja *d'eu* por eu ter conseguido um marido. Diz! É isso, *num* é?
– *Num* muda de assunto, não, Durvalina! – Assuntinha se irritou ainda mais.
Numa girada rápida, Durvalina saiu correndo para fora da casa, levando consigo o dinheiro para pagar o dízimo.
– Durvalina, *vorta* aqui! – berrou Assuntinha, parecendo estar com o capeta no corpo.
Mas Durvalina não voltou, continuou pisando firme, a passos largos pela calçada a caminho da igreja. Chegando lá, ouviu um dos Porta-Voz do Senhor falando alto e em bom tom para um frequentador:
– Quem atrasa o pagamento do dízimo, Deus não abençoa seu lar em nome de Jesus.
O sujeito, quase chorando, respondeu:
– Mas eu *tô* desempregado, pastor.
O Porta-Voz não se deixando abater, manteve-se ríspido:
– E o que você está fazendo para arranjar um novo emprego?

– Estou vindo aqui, Porta-Voz, orar...
– Não basta só orar, meu filho. Você precisa orar e agir. Comece procurando emprego nos jornais...
– Tenho feito.
– Então você não está se esforçando o suficiente.
– *Tô* sim, pastor.

Durvalina, preocupadíssima que Deus parasse de abençoar sua vida, em nome de Jesus, pagou rapidamente o dízimo:
– Aqui *tá* o dinheiro, Porta-Voz.
– Deus vai abençoar sua casa e sua vida em nome de Jesus, Durvalina.
– Amém.
– Agora vamos acertar os custos para o seu casamento. Aqui está o valor da celebração da cerimônia na nossa sede e aqui o custo da decoração que será feita pela floricultura "Flor de Maria".

Era muito, sim, o valor, para ela uma exorbitância, mas por medo de perder a chance de se casar, Durvalina aceitou pagar tudo sem questionar os preços. Se tivesse, talvez, descobriria que a floricultura era de propriedade do Porta-Voz do Senhor, e naquela igreja todos os casamentos tinham de ser decorados por aquela floricultura, não outra, porque assim ele determinava.

Enquanto isso, Assuntinha se corroía de ódio por ver que Durvalina estava prestes a realizar o seu maior sonho. Ela andava tão irritada que certo dia, ao passar em frente a uma casa cuja empregada lavava o quintal, cantando feliz, porque se sentia feliz e de bem com a vida, ela deu um berro com a mulher que a coitada deu um pulo de susto:
– Cala boca! Sua voz é irritante, essa música é irritante!

A moça, recuperando a calma, foi até lá e disse:
– Minha voz não é irritante, não! E quanto a letra da canção, fala de pessoas como a senhora:

Só os mal-amados detestam os alegres

Só mal-humorados detestam os alegres
Só os que maliciam detestam os alegres
Só quem se maltrata detesta os alegres

Só os felizes exploram outras diretrizes
Só os felizes se dão bem consigo mesmo
Só os felizes vivem de festa e curtem a festa
Só os felizes se realizam pra sempre
Só os felizes vivem eternamente contentes!

Mas se você não é feliz
Além do horizonte há um arco-íris
Onde você pode se iluminar
Quem sabe até tornar-se um super star
Me dê a mão, chega de brigar
Todo mundo é irmão
Somos um só coração, vamos juntos recomeçar.

– Que música sem pé nem cabeça! – desdenhou Assuntinha com ares e voz das vilãs dos contos de fadas.

A moça repetiu parte da letra, erguendo a voz:

Só os mal-amados detestam os alegres
Só mal-humorados detestam os alegres
Só os que maliciam detestam os alegres
Só quem se maltrata detesta os alegres...

Assuntinha partiu, estugando os passos.

– E tem mais – berrou a doméstica. – *Se você não é feliz... Me dê a mão, chega de brigar... Todo mundo é irmão... Somos um só coração, vamos juntos recomeçar!*

Assuntinha estava explodindo por dentro, como um vulcão prestes a entrar em erupção.

Quando chegou a sua casa, Durvalina e Belinha conversavam em frente ao portão. A voz de Durvalina soava empolgada, contando para a irmã caçula detalhes da casa onde iria morar depois de casada e da viagem de lua de mel. Foi o suficiente para Assuntinha se sentir ainda mais revoltada com tudo.

— Ô Durvalina, *num* esquece que o teu futuro marido tem fio, viu?
— E daí?
— E daí que ele *vai te odiá!*
— Por quê?
— Porque todo fio detesta quando o pai casa de novo.
Belinha opinou:
— Nem sempre, Assuntinha. Pode ser que Durvalina tenha sorte, que os filhos de Cesário gostem dela e a tratem muito bem.
— Sorte? — grunhiu Assuntinha feito uma bruxa. — Pode ser...
Mas ela torcia que não e para garantir, passou a rezar por isso.

Foi então, em meio ao ódio provocado pela inveja, que cada dia mais martirizava o seu coração, que ela descobriu o jogo do bicho e, desde então, passou a apostar suas economias incansavelmente.

É lógico que manteve segredo do que fazia, só revelaria a todos quando ganhasse uma grande soma de dinheiro o que a faria se sentir menos frustrada com a vida. Pelo menos, assim acreditava ela.

Todos estavam presentes no dia da cerimônia de noivado de Durvalina e Cesário Moraes. Durvalina estava bonita, com um arranjo de cabelo que lhe caía muito bem e um vestido que lhe realçava a beleza. Tudo feito com a ajuda de Carmem e de seu cabeleireiro favorito.

Manoel voltou-se para Maneco e, discretamente, cochichou em seu ouvido:
— Casando-se, quem sabe ela não se torna mais humana.

O filho, sorrindo, respondeu, baixinho:
— Acho que isso já está acontecendo, papai.
— Que bom também para o futuro marido. Senão ia passar poucas e boas nas mãos dela.

183

Risos baixos. Lieco que se mantinha ao lodo de Maneco, também riu, discretamente, com o pai e o filho. A essas alturas, ela já sabia que sua intuição a respeito das tias do namorado, estivera certa o tempo todo. Maneco lhe contara em detalhes o que se passou entre Durvalina, Assuntinha e seu pai naquele dia em que ele foi parar no Pronto Socorro.

Tudo ia bem na cerimônia de noivado, até que Cesário Moraes passou mal.

– O que houve? – assustou-se Durvalina.

Não houve tempo para que ele respondesse, simplesmente apagou. Levaram-no imediatamente para o Pronto Socorro da cidade onde foi detectado, por meio de exames, uma hemorragia interna. Durvalina ficou desesperada, Belinha se manteve o tempo todo ao seu lado, amparando-a. Os filhos de Cesário também estavam presentes e preocupados, e continuavam ignorando, a todo custo, como sempre, Durvalina.

Quando o médico chegou para passar a todos o quadro geral de Cesário, todos tiveram uma grande surpresa:

– O senhor Cesário perdeu muito sangue e devido a uma hemorragia interna...

– Hemorragia?

– Sim. Um quadro grave.

– E daí, doutor?

– E daí que ele precisa fazer uma transfusão de sangue urgentemente. Quero saber se algum de vocês tem o mesmo tipo de sangue do dele. E se doaria o sangue, pois estamos com falta no hospital e na região.

Fez-se um silêncio mortal. Durvalina alterou-se:

– *Ocês vai ficá* parado aí feito lesma?

Visto que todos continuavam calados, ela se prontificou:

– Eu doo sangue!

– Precisamos ver se o sangue da senhora é compatível ao do paciente.

– É lógico que é, doutor! Sangue é sangue, tudo *vermeio*. Ou tem sangue de outra cor?

– Não é bem assim, minha senhora.

E o médico lhe deu as devidas explicações.
A seguir, o filho mais velho de Cesário falou:
— Mesmo que o sangue dessa... senhora, seja compatível ao do meu pai, nossa religião não permite que o homem receba transfusão de uma mulher.
— O quê?! — chocou-se Durvalina tanto quanto Belinha e o médico.
— É isso mesmo que a senhora ouviu — afirmou o rapaz, lançando um olhar de soslaio para Durvalina.
— *Num* posso *tê* ouvido direito!
— A senhora é surda por acaso?
— Que religião é essa, que permite que um *óme, fio* de Deus, *bata as butina,* só porque *num* pode *recebê* sangue de uma *muié?*
— Um absurdo! — exclamou Belinha tão indignada quanto a irmã.
O rapaz arqueou as sobrancelhas e deu de ombros.
— Já entendi! — exclamou Durvalina, ao atingir o ápice da indignação. — *Ocê* e teu irmão *qué* mais é que o pai *d'ocês* morra, só *pr'ocês ficá* com a herança, o mais rápido *possíve, né?*
O rapaz, mordendo os lábios para conter a irritação, voltou-se para ela e foi ríspido mais uma vez:
— Papai não tem herança pra nos deixar.
— Duvido!
E o moço deu novamente de ombros. Restou a Durvalina, abraçar-se a Belinha e chorar no seu ombro a sua tristeza.

Horas mais tarde, depois de muito insistir, o médico permitiu a Durvalina que visitasse Cesário Moraes na UTI de porte simples do hospital. Ele estava lúcido, quando ela ali chegou. Ao vê-la, procurou sorrir. Ela então, lacrimosa, aproximou-se do leito e disse:
— Cesário... *Ocê* precisa de transfusão de sangue, meu amor e seus *fio num qué deixá ocê recebê* o meu sangue, porque diz que a nossa religião *num* permite... Isso é uma *bobage,* onde já se viu...
— Eles estão certos, Durvalina. Se for a vontade de Deus

que eu me vá agora, que seja feita a sua vontade.
– Nada disso!
Cesário Moraes continuou se opondo à transfusão, para total desespero de Durvalina. Ela não queria perdê-lo, não depois de tantos anos, querendo ser feliz ao lado de um homem, bondoso e generoso, como Cesário parecia ser. Ela chegou a suplicar, chorando, a ele, que mudasse de ideia, mas ele se manteve fiel a sua fé. Foi preciso os enfermeiros, os mais fortes, tirarem Durvalina da UTI. Chegou a ser arrastada para fora do local, chamando a atenção de todos ali.

Ao reencontrar Belinha, que não a deixara só desde o infortúnio, Durvalina desabafou:
– Ocê acha, maninha, que Deus vai *mandá* pros inferno um *óme* só porque ele recebeu sangue de uma *muié*? E *pra sarvá* a vida dele?
– Você tem razão, Durvalina. Deus é um pai bondoso, generoso e compreensivo. Só quer o bem de todos, por isso jamais se oporia àquilo que é necessário para manter o bem de todos.

Maneco também deu sua opinião, segundo aprendera com os guias espirituais do Centro que frequentava:
– Tanto que permite que a medicina avance cada vez mais, salvando assim vidas e mais vidas, prolongando por mais tempo a existência de cada um. Faz isso porque ama a vida e nós somos a vida. Se não fosse importante para Deus, a permanência do ser humano sobre a Terra, Ele não manteria o universo em condições perfeitas para a nossa subsistência.
– *Ocê* fala bonito, meu sobrinho... – agradeceu Durvalina com voz embargada. – *Num* entendi quase nada, mas obrigada *memo* assim.

Dias depois, ela se encontrava novamente ali, ao lado de Belinha e, dessa vez, na presença de toda sua família. Manoel, Maneco, Lieco e Maridelma. Somente Assuntinha não fora, alegando, como de hábito, não se sentir bem em hospitais.
– A senhora é a esposa do senhor Cesário Moraes? – per-

guntou um dos médicos responsáveis pelo paciente.
Durvalina o corrigiu com amargor:
— Quase esposa...
— Pois bem... Pelo rosto do homem era evidente que as notícias sobre o paciente não eram boas, mas Durvalina não percebeu.
— E então, doutor? Meu quase marido já recebeu *arta*?
— Minha senhora...
— Já *podemo* ir pra casa?
— Infelizmente, minha senhora, seu marido não resistiu...
Durvalina agarrou o médico pelos ombros e olhou-o diretamente nos olhos, como que examinando-o. Crente de que os olhos não mentem jamais.
— *Diz* a verdade, doutor! — gritou, histérica. — Para de zombar *d'eu*!
Visto que o homem parecia um boneco em suas mãos, ela o largou e passou a perambular pelo local, cravando as mãos pelos cabelos, totalmente agoniada. O nariz escorria e a coriza se misturava às lágrimas que riscavam impiedosamente sua face. Seu desespero dava pena em todos ali.
— Senhora... — tornou o médico disposto a ajudá-la.
Ela assou o nariz nas mãos e limpou a coriza no vestido. A elegância que já era pouca, parecia ter desaparecido de vez.
— Num pode ser! Num pode!
Belinha então segurou a irmã pelo braço e foi firme ao dizer:
— Infelizmente é, Durvalina. Eu sinto muito.
A mulher desmoronou nos braços da irmã caçula, chorando feito uma menina assustada.
— Eu só queria *sê* feliz, Belinha...
— Ô, minha irmã...
Belinha chorava com ela enquanto alisava seus cabelos num gesto carinhoso. A seguir foi a vez de Maridelma consolar a tia.
Quando Assuntinha recebeu a notícia, um sorriso inesperado apareceu em seu rosto sério e assustador. Havia qualquer

coisa de demoníaco em seu olhar, um brilho intenso de fúlgida e sinistra alegria.

Depois do funeral, de volta a sua casa, Durvalina deixou seu corpo cair no sofá e voltou a chorar convulsivamente. Assuntinha, sentindo um prazer quase mórbido por ver a irmã naquele estado, comentou, afiada:

– Ô Durvalina... Ocê *tá* chorando assim, desesperada, pela morte do falecido ou é porque ele morreu antes de *casá co'cê?*

Durvalina gemeu diante da pergunta.

– Conta *pra* tua irmã aqui, conta! – insistiu Assuntinha, olhando de viés para a irmã do meio.

– Assuntinha, como é que *ocê* pode me *preguntá* uma coisa dessa, numa hora *dessa* tão triste, minha irmã?

– Vá, vá, vá, Durvalina. *Pra* cima *d'eu?!* Diz a verdade, diz.

– Eu gostava dele, Assuntinha...

– Gostava nada, *muié!*

– Assuntinha, por favor... Respeita minha dor.

– *Num* respeito, não! Até os *cão* vira-lata da rua *sabe* que *ocê* só *mudô* de religião porque *ficô* sabendo que lá, eles *arranja* casamento *pras encaiada,* viúva e mãe *sortera...*

– Isso lá é verdade, mas...

Durvalina, rompeu-se novamente num pranto agonizante:

– Sempre fui uma *arma* só... – chorou ela –, presa numa ilha solitária. Nasci *memo* para ser uma ilha.

– Uma *arma?!* E desde quando *ocê sorta* tiro, *muié?* Só peido que eu sei.

– Assuntinha, por favor...

– Durvalina, Durvalina...

– Eu ia ser feliz com o Cesário, *finarmente* eu ia ser feliz...

– Como é que *ocê* sabe? *Virô* cigana, por acaso?

Durvalina chorou ainda mais e, em meio ao pranto, con-

188

fessou:
— Eu num quero *morrê sorteira,* Assuntinha. *Num* quero!
Assuntinha curvou-se sobre a irmã e, com prazer redobrado, falou:
— Pois vai *morrê,* sim! *Morrê, morrê* sem nunca *sabê* o que é um *óme.* Assim como eu!
Durvalina chorou ainda mais enquanto Assuntinha foi mais incisiva:
— Durvalina, sua burra, *ocê num* entendeu ainda que a vida é ruim, ruim como o diabo?
Durvalina chorou ainda mais.
— Ai... ai... eu quero me casar.! Preciso me casar!
— Se *ocê qué memo casá,* então levanta, lava o rosto e *vorta* lá *pra tua* igreja e tenta conseguir outro marido.
A sugestão agradou Durvalina.
— *Ocê* tem razão, Assuntinha, toda razão!
— Eu sempre tenho razão, sua burra, esqueceu?
Durvalina secou o pranto no mesmo instante, levantou-se, ajeitou o vestido e quando se voltou para a irmã, Assuntinha gargalhou:
— O que foi?
— Eu sabia, Durvalina... Eu sabia que *ocê num tava* chorando pelo defunto. Bem que eu sabia. Chorava só porque num conseguiu se *casá* outra *veis!*
Durvalina mordeu os lábios, contendo a raiva. Sem mais, ajeitou o cabelo e foi lavar o rosto. Assim que deixou a sala, Assuntinha, entre dentes, murmurou:
— Bem feito! Se eu *num* posso ser feliz, ninguém também pode! E tenho dito!
E um brilho cruel transpareceu em seu semblante mais uma vez.

Enquanto isso, na casa de Belinha, ela se condoía pela irmã.
— Pobrezinha...
Maneco e o pai se entreolharam.

– É mesmo como dizem – murmurou Manoel. – Aqui se faz aqui se paga!
O filho mordeu os lábios enquanto concordava, balançando a cabeça para cima e para baixo.

Nos dias que se seguiram, Durvalina voltou a frequentar assiduamente a igreja da qual agora fazia parte. Estava obsecada por se casar e capaz de gastar tudo o que tinha, ficar sem um tostão só para finalmente conseguir um homem.
Diante do acontecido, o Porta-Voz da igreja, explicou:
– Aconteceu o que aconteceu com você, Durvalina, porque você passou muito tempo longe dos verdadeiros preceitos de Deus. Isso que aconteceu com você foi um castigo.
– Mas eu num conhecia ocês antes.
– Eu sei, Durvalina. Sei também que o Senhor é generoso e está disposto a perdoar o maior pecado de todos. É só contribuir um pouquinho mais com o dízimo, filha, que sua vida vai mudar da água para o vinho.
– O senhor fala sério?
– Sou a voz de Deus, esqueceu?
Ela fez o nome do pai e como que hipnotizada arrematou:
– Amém.
– Amém!
Só que a soma exigida pelo sujeito que se julgava porta-voz de Deus na Terra, era cinco vezes mais do que o absurdo que ela já vinha pagando. Por desespero, Durvalina pagou mais uma vez, tendo o máximo cuidado para que Assuntinha não descobrisse nada a respeito. Da mesma forma que fazia Assuntinha em relação ao jogo do bicho.

Parte 12

Entre trancos e barrancos, o fim de ano chegou e pela primeira vez na vida, as duas irmãs passaram o Natal fora da fazenda. A ceia foi na casa de Belinha e o almoço também. Ganharam presentes e pareciam duas crianças, ao recebê-los, os olhos brilhavam realmente de felicidade. No Ano Novo, a ceia também foi na casa de Belinha e mais uma vez Durvalina e Assuntinha viveram emoções jamais sentidas. Na semana seguinte, Belinha e a família viajaram de férias, foram visitar os irmãos de Manoel e depois passariam uma semana no litoral paulistano.

Longe da família, Assuntinha e Durvalina mantiveram-se entretidas nas suas atividades habituais. Assuntinha cuidava do canteiro em frente a sua casa, em formato retangular, tentando entender por que por mais que plantasse flores e as regasse constantemente, ervas daninhas cresciam rápido e sufocavam as plantas, secando todas.

Foi num dia desses, enquanto se dedicava ao canteiro que um rapaz de beleza exótica parou em frente ao portão.

– Boa tarde – disse ele de modo afável.

Ela voltou-se para ele, franzindo a vista para enxergá-lo melhor.

– Boa tarde – tornou ele com ligeiro sotaque.

– Hum... – resmungou ela. – *Num tô* querendo *comprá* nada!

O moço riu, lindamente.

– Não estou vendendo nada, não, minha senhora. Procuro um rapaz que morava aqui. Hoje um moço. Não o vejo há anos.

– Moço?

– Sim. Flávio. Ele ainda mora aqui, não? Espero que sim.
– Flávio?!...
– Sim.
– Não mora aqui, não!
O desapontamento na face do recém-chegado foi total.
– Poxa, pensei que ainda morasse. Se mudou, deixou algum endereço?
Ela fez que não com a cabeça enquanto seus olhos admiravam atentamente a juventude e a beleza do rapaz.
– Mudei-me do Brasil já faz um bom tempo e, agora, estou de volta. De volta para ficar. Contava com Flávio para me abrigar até que eu conseguisse um emprego, endireitasse a minha vida. Poxa...
Com pena do rapaz, Assuntinha abriu o portão e o convidou a entrar.
– O nome da senhora...
– Assunta.
– O meu é Flávio.
Depois de limpar as mãos no avental, ela a esticou timidamente para o bonito rapaz que a apertou carinhosamente.
Quebrado o gelo, logo os dois estavam conversando como se fossem velhos amigos.
– A senhora se mudou há pouco para cá, não?
– Sim, sim... Eu e minha irmã *morava* antes na fazenda do nosso pai. Depois que ele morreu, nossa irmã que mora na casa ao lado, trouxe *nóis* pra *morá* na cidade *pra ficá* mais perto dela.
– Compreendo...
Só então Durvalina notou que ele carregava uma mala em cada mão.
– Ô, pobrezinho... Entre, *ocê* precisa *ponhá* essas *mala* no chão, *pra descansá*.
Os dois adentraram a casa.
– Nossa – exclamou Flávio. – Ainda me lembro daqui como se fosse ontem.

192

Assuntinha, saindo estabanadamente da sala, falou, por cima do ombro:
– Vô pô a chaleira no fogo. Ou ocê prefere leite fresco?
– Não se incomode...
– Incômodo *argum*. Faço questão. O que prefere?
Diante da dúvida do rapaz, ela sugeriu:
– Com o tempo fresco de hoje, um leite quente com café seria *bão* demais.
– A senhora tem razão. Fez uma boa sugestão.
Assuntinha sorriu, transbordando renovada simpatia.
– *Vamo pra* cozinha!
Ele a seguiu e, minutos depois, a mulher enchia a leiteira e acendia o gás, enquanto dizia:
– Este fogão é *bão;* ferve uma chaleira *num* instante. Mas *bastô lavá* o danado que *os bico fica* tudo entupido de água.
Flávio achou graça do comentário e Assuntinha gostou de vê-lo sorrindo, um sorriso bonito e alegre, de uma pessoa verdadeiramente feliz.
O leite foi fervido e servido, o café também saiu quente e forte.
– *Bota* bastante açúcar, fio. Quanto mais, mais gostoso fica.
O rapaz aceitou novamente a sugestão, o que deixou a anfitriã muito feliz.
– Hum!... Ficou ótimo – murmurou ele com sinceridade. – Estava precisando disso.
– Cuidado pra num *queimá* a boca!
Ele fez uma careta como quem diz: "Opa! Pode deixar!" e ela se ateve aos seus lábios bem feitos, levemente protuberantes, rosados e lindos. Há tempos que não via uma boca tão atraente como aquela que a remetia aos áureos tempos da juventude onde sonhou, por muitas vezes, ser beijada por lábios como aqueles e acariciada por mãos fortes e viris como as de Flávio.
– Outra caneca de leite, *fiínho?*
– Aceito, sim, obrigado.

193

Por sobre as canecas fumegantes os dois se observavam com simpatia. A ponta do nariz comprido de Assuntinha, tremeu um pouco, de agradável emoção e excitação pelo que vivia naquele instante.

— Esse leite com café tá *bão* demais, sô, num tá? – ela se autoelogiou sem tirar os olhos dos dele.

Ele, olhando para ela bondosamente, assentiu com um ligeiro balançar de cabeça.

— Muito – respondeu, entornando um novo gole.

Assuntinha tomou outro gole, só que, dessa vez, somente do café fumegante.

— Conta mais *d'ocê* – pediu ela, com um profundo interesse.

Ele, sorrindo novamente e, bondosamente para ela, respondeu:

— Bom... Depois que meus pais faleceram, a convite dos meus tios, fui morar com eles em Portugal. Portugal, ao contrário do que pensei, é um país extremamente bonito e aconchegante. Vale a pena conhecer. Lá pude estudar, cursar uma faculdade, aí então, vivi uma desilusão amorosa e...

— Desilusão amorosa?

— Sim, a senhora sabe o que é, não?

— Eu?! Se sei...

Risos.

— Foi isso que me fez ter coragem de viajar pela Europa, conhecer finalmente outras realidades de vida. A Europa é linda, não resta dúvida.

— *Ocê chegô* a subir naquela torre bem *arta*... Como é *memo* o nome?

— A senhora se refere à Torre Eiffel ou a de Pisa?

— Deve ser essa *tar* de Eiffel... Pizza eu sei que é coisa de *comê*.

Ele riu, pensando que ela estivesse brincando, o que não era verdade.

— Sim, estive lá, visitando ambas.

— Jura? Fale mais... fale mais...

Era exatamente isso que Assuntinha queria que Flávio fizesse: que falasse mais e mais até não dar mais. Por ela, ele poderia ficar ali, conversando com ela, pelo resto de suas vidas. Há quanto ela não se via em tão agradável companhia? Há muito, muito tempo.
Quando Flávio, agradavelmente estimulado pelo leite com café e as especulações de Assuntinha, achou que já havia falado por demais da conta, a dona da casa comentou:
– Por que será que todo mundo gosta tanto de *ficá* conversando na cozinha?
– É verdade...
O rapaz riu novamente para total encanto da senhorinha. Assim que chegaram à sala, Assuntinha quis saber:
– *Gostô* da casa?
– Sim, sempre a achei muito aconchegante!
– É *memo?*
– S-sim... sim...
– Também gosto, principalmente do meu quarto. O único aborrecimento aqui, é minha irmã, ronca que nem um bode.
– E os bodes roncam?
Risos.
– Já que a casa tem dois *quarto...* – sugeriu Flávio. – Por que a senhora não dorme num e a sua irmã noutro?
– É... podia ser assim. Mas *nóis somo* tão *apegada* uma com a outra que *fica difíci.*
– Eu compreendo.
Outro sorriso.
– Bem... É melhor eu ir... Ainda preciso encontrar um hotel para me hospedar. Um bom e barato. Agradeço muito pelo que fez por mim...
A mão de Assunta tremia quando foi envolvida pela de Flávio. Ele já se dirigia à porta, quando ela, num tom desesperado e amoroso ao mesmo tempo, falou:
– Espere!
– Sim?
– Se *ocê* precisa de um lugar *pra ficá...*

195

– Preciso, sim...
– Pode *ficá* aqui se *quisé*. *Afinar, nóis* tem um quarto sobrando e a cama... *bão,* a cama *num* é uma das *pior.*
– A senhora é muito gentil. Mas não quero incomodar.
– Por favor, fique. Será um prazer.
– A sua irmã pode não gostar.
– Falo com ela.
– Não sei se devo...
– Por favor.
Ele baixou os olhos, encabulado, e quando voltou a encará-la, diante do brilho de ansiedade, reluzindo em seus profundos olhos castanhos, acabou concordando:
– Está bem, aceito.
Os dois se sentaram a seguir no sofá e voltaram a ficar conversando por um longo tempo. Enquanto Flávio contava, empolgado, a respeito da viagem que se tornou para ele inesquecível, Assunta das Palmeiras se deliciava com sua voz e entusiasmo pela vida.
Quando Durvalina chegou a casa, estranhou as vozes descontraídas que vinham de dentro dela. De quem seriam? Uma era da irmã com certeza, mas a outra, de homem feito, era-lhe totalmente desconhecida.
Ao encontrar a irmã e o moço, proseando na sala, Durvalina não conseguiu esconder o espanto.
– Ah, Durvalina, *finarmente ocê chegô!* – exclamou Assuntinha, pondo-se de pé. – Esse é *Frávio...*
Em seguida deu-lhe as devidas explicações.
– Ele vai passar a noite aqui.
– Aqui?! – espantou-se Durvalina, medindo novamente o rapaz de cima a baixo.
– No quarto com a cama de *sorteiro,* Durvalina – explicou Assuntinha com voz doce e distante.
– Ah, sim...
– Isso se a senhora não se opuser – adiantou-se Flávio, percebendo a indecisão nos olhos da recém-chegada.
– Eu... – estranhou Durvalina a palavra "opuser". – O que?

Por o que?
- Se a senhora consentir?
- Ahn?
- Permitir... - ajudou ele. - Se a senhora permitir.
- Ah, sim...
 Diante do brilho nos olhos de Assuntinha, Durvalina concordou para alegrar a irmã. Ainda que tivesse grande receio de pôr um estranho dentro de sua casa, percebeu que ele a fazia feliz e, num momento raro de bondade, quis vê-la feliz.
 A noite já ia alta quando Assuntinha se levantou da cama. Já fazia um bocado de tempo que aguardava para se levantar antes, porém, queria ter a certeza de que Durvalina estivesse dormindo, pesado, o que de fato fazia, seu ronco alto evidenciava aquilo, para que se sentisse mais à vontade de fazer o que pretendia.
 Com passos concentrados, Assuntinha deixou o quarto e foi até o outro, ouvir atrás da porta, o ronco do rapaz adormecido.
 Para sua surpresa ele não fechara a porta, deixara-a entreaberta e, por isso, ela pôde, com cuidado, espiá-lo dormindo. Seu ronco era mais leve do que o de Durvalina, percebeu de imediato, mas isso certamente se dava pela posição em que ele estava dormindo.
 Ao abrir a porta, a luz da sala invadiu o aposento e, com isso, ela pôde ver o rapaz adormecido com maior nitidez. Para ela, foi como se visse um anjo adormecido, algo lindo de se ver. Então, ela murmurou para si mesma:
- De agora em diante, *Frávio, ocê fica* sob os meus *cuidado*. Não se preocupe mais com nada, *fiínho*.
 E era isso exatamente o que Assuntinha queria que acontecesse, que o rapaz permanecesse ali, ao seu lado, como um eterno namorado. Uma paixão de adolescente. Uma paixão platônica.
 Já no dia seguinte, Flávio conseguiu trabalho num supermercado no centro da cidade e a notícia foi recebida pelas irmãs cajazeiras com grande alegria, especialmente por As-

197

suntinha. Chegou até mesmo a fazer um bolo de fubá para comemorarem.
Logo, tornou-se evidente que Assunta gostava de si mesma, mas por Flávio tinha verdadeira adoração. Ele a dominava, sem se dar conta, logicamente, com seus sorrisos, seu olhar, com as histórias fascinantes que contava de sua passagem pela Europa.
Ela já estava inteiramente consciente do fascínio que o rapaz exercia sobre ela e já tinha planejado seu futuro ao lado dele. Quando ele fizesse trinta, quarenta anos, ele ainda estaria ali, ao seu lado, sorrindo e lhe contando suas histórias fascinantes.
Decidida a conquistá-lo, ela comprou um vestido novo e elegante, e, ainda que envergonhada, foi ao cabeleireiro fazer uma nova tintura e aderir a um novo corte. Ao voltar para casa, sentia-se muito bem, percebendo os olhares de admiração das pessoas por onde passava.
Ao voltar para casa, o rapaz encontrou Assuntinha sentada no sofá, elegantemente vestida, com o cabelo armado com laquê. Procurou refazer-se imediatamente da surpresa e sorrir.
– Dona Assunta... A senhora... Está muito elegante.
– *Ocê achou, é?*
– Ajeitou o cabelo...
– *Tá bão, num tá?*
– Sim, muito bom. A senhora rejuvenesceu dez anos. Merece um beijo.
Assim ele fez, curvou-se e beijou-lhe a bochecha e a mulher, por pouco, muito pouco, não desmoronou de prazer e alegria. A seguir, ela ouvia tudo o que Flávio tinha a contar a respeito do seu dia de trabalho, das amizades que vinha fazendo...
– Logo, loguinho, terei condições de alugar um canto para mim...
Ela pousou a mão sobre a dele e falou, mirando ternamente seus olhos:
– *Pra que* pressa, *fiinho. Ocê* pode *morá* aqui, nessa casa,

pelo resto da vida.
A declaração comoveu o rapaz.
— Ah, Dona Assunta, a senhora é tão boa para mim.
E, novamente, ele a beijou, agradecido.

Naquela noite, Assunta terminou o dia, pensando em como seria sua lua de mel com Flávio. Nunca permitira a nenhum homem entrar em sua intimidade. Aquele que o fizesse, seria aquele pelo qual o seu coração falasse mais alto. E por Flávio seu coração berrava, sinal de que era o homem certo para ela se casar.
Flávio, Flávio, Flávio... Em tudo, por tudo em sua vida estava Flávio e sempre haveria de estar.

Enquanto isso, Durvalina continuava frequentando a igreja, participando de todas as propostas que o porta-voz dali lhe fazia, desde que pagando, na esperança de conseguir um marido. Infelizmente, nenhum dos homens disponíveis do lugar havia se encaixado com o seu perfil até então.

O desânimo começou a tomar conta de Durvalina e, toda vez que ela pensava em desistir de sua empreitada, para não ter mais de pagar o dízimo que o pastor forçava a pagar, por meio de ameaças, ela voltava atrás. Mantinha-se firme, ao ver os casais que ele uniu e que pareciam felizes lado a lado.

— Se ele conseguiu marido *pra essas daí* — comentava consigo mesma —, consegue pra mim também! Consegue, sim!

Nesse ínterim, Belinha e sua família regressaram das férias e foi com muita alegria que contaram sobre as alegrias que viveram. Dessa vez, Assuntinha ouviu tudo com grande satisfação, a felicidade que sentia, desperta pela presença de Flávio em sua vida tornara-a mais humana. Ao contar sobre o rapaz, Belinha se surpreendeu e reprovou a irmã: onde já se viu pôr um desconhecido dentro de casa? Mas Assuntinha lhe garantiu que o rapaz era boa pessoa, e que ela concordaria com ela assim que o conhecesse, o que de fato aconteceu naquele mesmo dia quando foram apresentados.

Dias depois, Flávio voltava para a casa quando avistou uma moça vindo em sua direção, pela calçada. Uma moça com um cabelo claro e brilhante e pele rosada. Ele pensou: "Como é linda! Indescritivelmente linda!". Algo apoderou-se dele; deixando-o completamente parado, como que petrificado, imerso numa súbita, impossível e gloriosa alegria.

A jovem parou em frente a ele e sorriu, timidamente.

– Olá.
– O quê?
– Olá.
– Oh... ahn... sim, é claro. Olá!

Ele tornou-se escarlate de repente. Até as sobrancelhas ficaram coradas. Permaneceu de olhos fixos nela, enquanto ela ficou imóvel por um minuto. Depois disse:

– Você poderia me dar licença?
– O quê?

Foi ela quem se avermelhou desta vez. Só então ele percebeu que ela queria passar.

– Oh, desculpe-me.

Ela passou por ele com a leveza de uma pluma e se afastou graciosamente, elegante em cada movimento. Ele, por pouco, muito pouco, não a seguiu como desejou intimamente.

Ao adentrar a casa, Assuntinha se surpreendeu com o rosto corado do rapaz, seus olhos vivos, pareciam irradiar uma energia até então nunca vista.

– Ocê... ocê tá tão bonito, fio...
– A senhora acha?...

Ele ainda estava abestalhado.

– Hoje o dia me sorriu... como há muito tempo não sorria.
– Odia?! Que nome esquisito pr'uma pessoa, sô...

Ele riu, lindo:

– Eu disse: o dia!
– E desde quando o dia sorri, fio? Ocê bebeu, por acaso?
– É força de expressão. Uma forma poética!

– Ocê andô bebendo, sim, deixa eu ver.
Ela se aproximou dele e inspirou o ar. Ao ver-se tão próxima de seu rosto jovem e bonito, um súbito calor percorreu-lhe o corpo, fazendo-a suspirar.
O que Flávio tanto desejava, aconteceu dois dias depois. A jovem que ele tanto quis reencontrar, cruzou novamente pelo seu caminho quando ele voltava para casa.
– Espere! – disse ele, assim que ela passou.
– Pois não?
– Olá, meu nome é Flávio... Flávio Buarque.
A jovem sentiu um frêmito de emoção, ao mesmo tempo em que ficava muito embaraçada.
– Desculpe-me por me achegar assim, tão...
– Eu preciso ir... – respondeu ela meio que automaticamente.
– Não poderíamos conversar um pouco?
– Tenho pressa – ela voltou a andar.
– Seu nome!
Ela não respondeu. Partiu, estugando os passos e se perguntando por que o rosto do rapaz não lhe era estranho. Onde já o teria visto? A resposta não veio.
Flávio retomou seu caminho, sentindo-se mais esperançoso. Se havia reencontrado a jovem por quem se interessou, haveria de reencontrá-la mais uma vez. Ele novamente inspirou o ar, deliciando-se com o perfume que ela deixara no ar. Um perfume único, muito seu. De repente, ele quis apanhar a fragrância no ar, para passar em seu punho e poder cheirar, sempre que o quisesse, para que assim, lembrasse dela, voltasse a se sentir na sua presença.
Foi logo no dia seguinte, ao entardecer de um sábado ensolarado, que Flávio enquanto saboreava uma xícara de café, andando pelo pequeno quintal em torno da casa, onde residia temporariamente, sentiu novamente o perfume inigualável e inesquecível da jovem que lhe chamara tanta atenção.
– É ela... – murmurou, correndo para o muro baixo em

frente a casa, pensando que a tal moça havia passado por ali há pouco.
Olhou para esquerda e para a direita e nada dela. Em todo caso, o perfume continuava a chegar até ele. Viria da casa ao lado?, perguntou-se e para sanar sua curiosidade, foi até lá e tocou a campainha.
Plim plom!
Maridelma abriu a porta da casa e, deteve-se no umbral.
– Pois não?
A voz falhou, ao avistar Flávio, parado ali em frente, olhando maravilhado na sua direção.
Aos vinte e um anos, Maridelma era de fato uma criatura encantadora, um rostinho delicado com olhos de um castanho profundo e vívido, e cabelos lindos, emoldurando a cabeça de talhe primoroso com suaves ondas naturais.
– Eu quis tanto encontrá-la... E você estava pertinho de mim o tempo todo – explicou ele, avermelhando-se.
– O que deseja?
Maridelma franziu as sobrancelhas, num esforço de memória, tentando lembrar quem o rapaz a lembrava.
– Desejo? O que mais desejo é conhecê-la.
– E-eu...
A voz dela falhou novamente por inibição e, uma vez mais, ao perceber que ele era o rapaz da fotografia que misteriosamente havia encontrado entre as páginas do livro que apanhara na casa das tias. Estava mais velho, certamente, com um corte de cabelo completamente diferente, mas era ele mesmo, o que fez com que ela o olhasse ainda com mais interesse. Inacreditável. Parecia história de filme.
– Você... – murmurou ela, sem se dar conta.
– Meu nome é Flávio... Estou morando temporariamente na casa ao lado.
– Com minhas tias?! Ah, então você é o tal rapaz de quem minha mãe nos falou.
– Suas tias?!
– Sim.

– Poderíamos conversar um pouquinho?
– Bem, eu estou terminando meu trabalho da faculdade e...
– Por favor.
Ela refletiu e pediu a ele um minuto. Então, correu até seu quarto, apanhou a foto que havia encontrado e mostrou para ele.
– É você, não é?
Ele, sorrindo, respondeu:
– Sim. Eu mesmo. Onde encontrou?
– No meio de um livro que minha tia encontrou no sótão da casa.
– É porque a família do meu amigo residiu aqui anos atrás...
– Sei.
– Estou tentando localizá-los, mas até agora nada. Com essa história de eu ter me mudado para Portugal, e lá, ter também mudado de endereço algumas vezes, acabamos perdendo o contato.
A seguir ele explicou como foi parar na casa de Assuntinha. Ao término falou:
– Poderíamos sair um dia desses, que tal? Pegar um cineminha, tomar um sorvete...
– Sim, podemos.
– Nossa! – ele riu. – Quando sua tia Assunta souber que você é a garota que há dias venho querendo reencontrar...
– Reencontrar?
– É que já nos cruzamos na calçada.
– É?
– Sim. Nossa, ela vai rir um bocado da coincidência. Ou não!
– Ora, por quê?
– Porque talvez ela não aprove a nossa ligação. Tenho a impressão de que ela me vê como um filho e pode ficar enciumada... Por isso, acho melhor não lhe dizer nada, por enquanto.
– Se você prefere assim.

203

Ele assentiu e ficou por instantes calado, apenas vidrado nela, com olhos abobalhados e a boca de babado entreaberta.
– Bem, deixe-me ir. Prazer em conhecê-la.
Segurou a mão que ela lhe estendeu com extremo cuidado, como se fosse a coisa mais delicada e valiosa do mundo. Olhando para ela, com evidente admiração, sorriu mais uma vez e partiu desajeitado. Uma vez na rua, respirou fundo e voltou a olhar na direção da casa.
As palavras de Maridelma, seu perfume delicado, seu olhar emocionado, não lhe saíam da lembrança.
Ele entrou na casa onde morava em silêncio e, de repente, começou a rir. Estava tão distraído que nem notou Assuntinha sentada na poltrona. De repente, ela se viu feliz por vê-lo feliz.
– Como diz o ditado: parece que *ocê* viu um passarinho verde – ela comentou com rara delicadeza.
O comentário aumentou o bom humor do rapaz.
– E vi mesmo, Dona Assunta. Verde e lindo! – respondeu ele, bem-humorado.
Ela ajeitou o cabelo e procurou sorrir, porém, por mais que quisesse parecer natural, tornou-se artificial. Uma máscara pétrea e artificial. De tão apaixonada que estava por Flávio, jamais passou por sua cabeça que o passarinho verde era uma moça linda, quase da idade dele e o que era pior, sua sobrinha que morava na casa ao lado.
– A senhora se lembra quando eu comentei a respeito de uma mulher que conheci recentemente e que...
– Por quem seu coração bateu mais forte?
– É uma boa expressão.
– Pois bem, Dona Assunta... Estou decidido a conquistá-la!
– Jura?!
– Sim, senhora. Se ela não me quiser...
– Insista!
– Sim, é isso mesmo. Vou insistir!

204

Parte 13

Na tarde do domingo seguinte, Maridelma e Flávio, saíram juntos pela primeira vez. Foram ao cinema assistir "Um Lugar no Coração", que andava em evidência na época. Depois da sessão os dois foram à sorveteria, como Flávio havia sugerido. Ali puderam conversar mais à vontade e sem pressa. Ele contou um pouco mais dele e ela, ainda que insegura, abriu-se com ele a respeito do namoro dela com Leonias.

Logo, Belinha, Manoel e Maneco perceberam que Maridelma andava diferente, mais alegre e entusiasmada com a vida, desde o término do namoro com Leonias eles não a viam assim. Não demorou muito para suspeitarem de que ela andava interessada num novo rapaz e ficaram curiosos para saber quem era.

Foi Belinha quem teve a iniciativa de questionar a filha a respeito e a jovem falou com grande empolgação:

– Lembra-se da foto que encontrei no livro que emprestei das titias, um dos que elas encontraram no sótão da casa alugada? Pois bem, um dos rapazes da foto, o que muito me chamara a atenção e no íntimo quis conhecer pessoalmente, pois bem, a senhora não vai acreditar.

– É por ele que você está se interessando, então?

– É sim, mamãe. Mas o mais interessante nisso tudo é que ele é o tal rapaz que está temporariamente morando na casa das titias.

– O Flávio.

– O próprio.

Belinha refletiu e exclamou:

– É lógico! Os livros deveriam pertencer à família do amigo

205

dele, a foto tirada na ocasião em que um frequentava a casa do outro e, por isso, estava ali no meio das páginas de um deles... Faz total sentido. O que prova que o rapaz disse mesmo a verdade para sua tia.

– Disse sim, mamãe.

– Sinto-me agora mais aliviada. Ainda receava que ele pudesse ser um mau caráter aproveitando-se da bondade de Assuntinha.

– Por sorte, ele é mesmo quem diz ser.

– Que bom! Mas me conte mais, como se conheceram? Que tremenda coincidência, não? Você admirá-lo por foto, querer conhecê-lo e, de repente, acontece.

– Também achei muito impressionante o nosso encontro.

A seguir, Maridelma contou detalhadamente como conheceu Flávio e o que vinham descobrindo lado a lado. Só pediu à mãe que nada contasse ainda para Assuntinha ou Durvalina, pelas razões que Flávio lhe pedira.

– E quanto ao Leonias, filha. Você já se esqueceu totalmente dele? Digo, totalmente, porque não é fácil se esquecer de alguém assim da noite para o dia, após quase oito anos de namoro.

– Quero esquecê-lo, mamãe. Preciso esquecê-lo. Às vezes penso que joguei minha vida fora nesses quase oito anos de namoro. É difícil ainda para mim perceber que ele não me dava o verdadeiro valor.

– É que ele também foi sempre muito dedicado à faculdade e depois, na residência...

– Cansei de ouvir isso como desculpa. Ainda bem que me abriram os olhos.

A frase final despertou considerável interesse por parte de Belinha.

– Quem?

– Umas amigas minhas, mamãe. Da faculdade.

– Sei... Mas cuidado. Podem ter feito isso de propósito.

– De propósito?

– Sim. Para você desistir do Leonias, deixando-o livre e desimpedido para uma outra.
– Será? – ela refletiu e completou: – Mas não se preocupe, quem me abriu os olhos só quer o meu bem e não tem interesse algum no Leonias. Posso pôr a mão no fogo por elas.
Assim Belinha se sentiu mais tranquila e feliz por ver a filha se recuperando do baque do rompimento do namoro com Leonias. Manoel e Maneco também ficaram contentes com a notícia.
Leonias, por sua vez, nem sequer imaginava o que se passava com sua ex-namorada, a quem ainda amava e pretendia reatar o namoro assim que percebesse que ela se acalmara em relação ao rompante que tivera com a relação dos dois.

Nos dias que se seguiram, Durvalina e Assuntinha partiram para a fazenda, para dirimirem assuntos pendentes, pagar aos funcionários, administrar, enfim, o que precisava ser feito. Foram levadas, como sempre, por um dos empregados de Manoel, numa caminhonete que voltou forrada, dias depois, de ovos, verduras, legumes, frango, espigas de milho e tudo mais que podiam trazer de lá. Os dias que passaram na fazenda, serviram para mostrar a Durvalina e Assuntinha, que elas não queriam voltar a morar ali jamais. A casa na cidade era humilde e alugada, mas consideravam-na um palacete, um porto seguro, bem diferente do que pensaram que seria quando se mudaram para lá.

Num novo encontro do casal, Flávio se declarou com todas as letras para Maridelma. Ela, muito timidamente, respondeu:
– Quem me dera estar apaixonada assim como você, sem ter medo de estar.
– Medo?
– Sim. Medo. Tenho medo de amar novamente de uma forma intensa e, depois, sofrer por amar demais. Quando o amor se desfaz...
– Mas o nosso amor pode ser eterno, Maridelma... Já

pensou nisso?
— Quem me dera ainda acreditar que o amor é eterno.
— Eu já vivi uma decepção afetiva e, no entanto, ainda acredito num amor sincero e pra toda vida.
Os olhos dela lacrimejaram.
— Você duvida, Maridelma, por causa do que aconteceu entre você e seu ex-namorado. Ainda é recente, é compreensível que se sinta assim.
— Não é somente por isso, Flávio... É porque nesse período em que fiquei só, depois do término do namoro, percebi que na vida nada é para sempre.
— Há sempre exceções, Maridelma. Para tudo há sempre exceções. Nós podemos ser a exceção, minha querida.
Dessa vez ela se emocionou com suas palavras, ditas com intensidade e aquela voz que vem direta do coração.

Era uma tarde agradável e Assuntinha estava trabalhando no canteiro em frente a casa onde morava, murmurando uma *canção chiclete* que ouvira no rádio, por estar pensando em Flávio, quando ouviu o ruído da tranca do portão. Ao levantar os olhos, viu o próprio rapaz ao lado de Maridelma.
A chegada do casal a pegou desprevenida. Assustada, afastou o cabelo desmazelado da testa com suas mãos sujas de terra e cumprimentou os dois visitantes, surpresa:
— Boa tarde... Não sabia que se conheciam.
Seu rosto tinha ficado mais pálido e abatido.
— Dona Assunta, desculpe-me por importuná-la — adiantou-se ele, polido como sempre.
Houve um momento ou dois de silêncio, depois Assuntinha disse:
— Que nada, entrem. Isso aqui pode esperar.
Pondo-se de pé e sujando ainda mais o vestido, ao ajeitá-lo com as mãos sujas de terra, ela encaminhou-se para a entrada da casa.
— *Vamo entrá*. Deve ter sobrado um pouco de pó de café *pra fazê* um cafezinho *bão pr'ocês*.

A senhora caminhou na frente, acompanhada pelos dois jovens. Quando dentro da cozinha, Flávio declarou:
— Sua sobrinha é um encanto de moça.
O comentário fez Assuntinha voltar-se como um raio na direção da jovem, com um olhar atônito.
— O-ocês... Ocês por acaso tão... enrabichado, é?
Foi Flávio quem respondeu:
— Eu estou.
A resposta atingiu Assuntinha como uma flecha.
— Ocê?!...
— Mas Maridelma não quer saber de mim... — continuou ele, fazendo beicinho de brincadeira.
A jovem abaixou a cabeça, sem graça, enquanto um suspiro de alívio escapava do peito de Assuntinha.
— Por enquanto... — acrescentou o moço, voltando a olhar ternamente para a dona da casa.
A seguir, Flávio envolveu as duas mulheres num papo agradável, onde ele era quem mais falava, como de costume. Assuntinha ouvia tudo, sorrindo amarelo aqui e acolá, enquanto se corroía de ódio e ciúmes. Ela pensara até então que seria a única a ouvir da boca dele tudo aquilo dito com tanto entusiasmo. Não estava nem nunca estaria disposta a compartilhar suas alegrias com ninguém.
Quanto mais o rapaz falava mais e mais Assuntinha odiava a sobrinha por tê-lo encantado. O ódio corria dentro dela como uma lava borbulhante de vulcão. A conversa rolou por quase uma hora corrida, mas para Assuntinha pareceu uma eternidade, algo que parecia não ter mais fim.
— Preciso ir — falou Maridelma, levantando-se.
— Eu a acompanho — prontificou-se ele.
Maridelma voltou-se para a tia e se despediu, mas Assuntinha ficou totalmente indiferente as suas palavras, foi como se tivesse se desligado do mundo, partido para outro, muito além da nossa imaginação.
Foi naquele momento que Assunta das Palmeiras percebeu que se a sobrinha aceitasse namorar Flávio, como ele

209

tanto queria, seus planos de viver ao seu lado, feliz para o resto da vida, destruir-se-iam muito antes de terem começado.

Ao se casar com Maridelma, Flávio iria embora e ela voltaria a ser uma mulher solitária de sempre. Portanto, aquilo não podia acontecer de jeito algum. Por outro lado, se ela fosse abertamente contra o relacionamento dos dois, o rapaz poderia se voltar contra ela e, isso, os afastaria terminantemente. Por isso, ela tinha de pensar em algo que os separasse, sem que ele percebesse suas artimanhas.

– Dona Assunta? – chamou Flávio, tocando levemente seu braço.

– Ah?...

Voltando à realidade, ela respondeu, procurando fingir-se de amável como sempre:

– *Vorta* sempre... Adorei *conversa c'ocês*...

Assuntinha teve um arrepio, ao ver o casal, atravessando o portão de frente a sua casa. Era o ódio crescendo e se espalhando por suas veias. Um ódio abissal.

Depois de Flávio acompanhar Maridelma até sua casa, o rapaz voltou entusiasmado para sua morada temporária. Sentou-se ao sofá e voltou seus olhos encantadores para a dona da casa que já não o via mais com os mesmos olhos que antes. Sentia por ele, agora, também ódio e revolta.

– Maridelma não é como as outras moças – comentou ele, então, com aquela voz de rapaz que se descobre cada vez mais apaixonado por uma garota. – Hoje em dia, é raro encontrar uma jovem como ela. É direita, não se dá ao desfrute e, isso, é o que mais me atrai nela.

Um brilho momentâneo apareceu nos olhos de Assuntinha. Uma ideia atravessou seus pensamentos. Algo tão terrível quanto ela.

Diante do repentino e misterioso silêncio por parte de Assuntinha, Flávio voltou-se para ela e perguntou:

– A senhora está me ouvindo?

– E-eu?! *Tô* sim... – respondeu ela, procurando sorrir, enquanto algo se agitava em seu cérebro. – *Continua*... *Ocê*

210

tava falando da Maridelma, *né?*...
– Sim... sim... No seu modo meigo e gentil, direito e servil de ser.
– *Ô,* sim... Mas será?
– Será?
– Nada, não.
– Diga, Dona Assunta.
– Será que ela é *memo* assim como *ocê* pensa?
– Ora, a senhora que é tia dela deve saber bem mais do que eu.
– Bão, tudo o que eu sei é que ela teve um namorado de longa data e...
– Sim, ela me disse e, por isso, ficou ressabiada com os homens.
– Pode ser.
– Como assim?
– Uma garota, a mulher em geral, não importa a idade, quando *qué fisgá* um *óme* é *capaiz* de *escondê* seu passado as sete *chave.*
– Mas Maridelma tem algum passado sujo?
Assuntinha fez bico e virou a cabeça para o lado, como quem faz para causar grande impacto numa conversa.
– *Cala-te boca, muié.*
– Dona Assunta, fale, por favor!
– Eu gosto *d'ocê,* Flávio, disso *num* faço segredo. Se *num* gostasse não teria acolhido *ocê* aqui nessa casa.
– S-sim, eu sei.
– Pois é, *num* quero que *ocê* sofra. Não, não, não... Quero *vê ocê* feliz!
– A senhora está me assustando...
– Se eu fosse *ocê* ficava longe de Maridelma. *Argo* me diz que ela *num* é moça *p'ocê. Num* é.
– Mas...
– Depois *num* diz que eu não avisei.
O moçou corou, pensativo e nesse ínterim, Assuntinha se sentiu mais leve e radiante.

211

No dia seguinte, logo pela manhã, Assuntinha chamou a sobrinha para uma conversa em particular.
– Titia?!
– Olá, querida. Podemos conversar um bocadinho?
– É lógico que sim.
– Em particular.
– A mamãe saiu.
– Muito bem.
A mulher se sentou na beiradinha do sofá e foi direito ao que vinha:
– Essa tia *tua* aqui, *ficô* muito *orguiosa* de *sabê* que *ocê tá* de namorico com o *Frávio*. Um rapaz *bão* como aquele merece uma moça boa como *ocê*, Maridelma.
– Obrigada, tia. A senhora acha mesmo que o Flávio é um rapaz adequado para mim?
– Sim, *fiínha*.
– É que depois do que passei nas mãos do Leonias, a senhora sabe, fiquei com o pé atrás com os homens.
– E deve *permanecê*. *Óme* nenhum presta! *Num* esquece disso.
A mulher tomou ar e prosseguiu:
– Pois bem, *fiínha,* conhecendo bem o *Frávio* como conheço, vim aqui *dá uns conselho pr'ocê*.
– A senhora o conhece bem?
– E não, *fiínha?!* Ele mora comigo já *faz* dois *mês*. Sou como uma irmã *pra* ele.
– É verdade, titia. Ele mesmo já me disse que a senhora é como uma mãe para ele.
A frase provocou ainda mais ódio em Assunta. "Como uma mãe para ele...". Uma irmã tudo bem, mas uma mãe, não, isso lhe era inaceitável. Ela não era tão velha assim para ser mãe de um rapaz bonito como ele.
– Bem, querida. *Óme num* presta, mas uma *muié* sem um fica mal falada na cidade. Eu e sua tia que o diga. Por isso, penso que *ocê num* deve *enrolá* o rapaz por muito tempo, não!

212

Nem *deixá* que ele enrole *ocê*.
— Como assim?
— *Ocê* deve *prendê* o rapaz o mais rápido *possíve*, antes que ele parta *pra* outra e te dê um pé na bunda, que nem o outro *ia fazê co'cê*.
— A senhora acha mesmo?
A mulher assentiu.
— Quero ver *ocê*, minha sobrinha, feliz, muito feliz.
Maridelma deixou se comover pela solidariedade que sentiu na voz da tia.
— Obrigada, titia.
— Portanto, *ocê* deve *tê intimidade* com o rapaz o mais rápido *possive*.
O rosto da jovem contraiu-se repentinamente.
— Intimidades?!
Assuntinha interrompeu-a imediatamente:
— Isso *memo* que *ocê* ouviu!
— A senhora está querendo dizer que...
Maridelma ficou embaraçada ao falar. Seus olhos castanhos, suaves e ingênuos, voltaram-se para a tia num apelo.
— Sim, *fiínha*... Deve *pegá barriga* do rapaz *pra forçá* ele casar *co'cê* o mais rápido *possive*.
— Jamais pensei que a senhora pudesse me dar um conselho desses — opinou Maridelma. — A senhora acha mesmo que eu devo?...
Assuntinha sorriu, com uma gata no cio.
— Aqui fala a voz da experiência, minha sobrinha adorada. *Num* quero que *ocê* passe os *desgosto* que eu passei. Não *memo!* Se não seguir os meus *conseio*, vai *acabá sorteira* como eu. É isso que *ocê* quer *pr'ocê?*
A jovem sorriu, um sorriso tristonho.
— Não, é lógico que não, titia!
— Pois bem, então mãos à obra!
A jovem enrubesceu e a mulher a sua frente continuou:
— Só mais uma coisinha: não comenta nada com a *tua* mãe. Ela é, como é que os *jovem* diz *memo?*

213

– Quadrada?!
– Sim, querida: *quadrada!*
– Siga os meus *conseio* e *ocê vai* ser uma jovem feliz, muito feliz – arrematou Assuntinha, sorrindo para Maridelma com o ar de uma professora que elogia um aluno brilhante.

Era exatamente isso que ela queria da sobrinha, que virasse cera em suas mãos. Ela já ia partindo quando um repente de bondade a fez voltar-se para a jovem e dizer:

– Só mais um *conseio, fiínha.* Óme nenhum gosta de *muié* muito devotada *a* eles; que só sabe *vivê* por eles, adorá-los como se adora um santo num andor. *Num* gostam, não! *Num* esquece disso, *tá bão? Pro* seu próprio bem.

E Assuntinha estava sendo sincera nesse momento.

Assim, ela voltou para sua casa se sentindo menos infeliz do que quando partiu. Ao querer ter intimidades com Flávio, ele perceberia que Maridelma não era pura como pensava. Com sua ajuda, ela o faria pensar que fora por esse motivo que o ex-namorado da moça terminara com ela. Ele não teria como saber que fora ela quem o deixara.

Por outro lado, se Flávio não se importasse com uma Maridelma sem vergonha, é porque ele também era um sem vergonha e os dois se mereciam. Ao engravidá-la complicaria ainda mais sua vida, fá-lo-ia ter mais responsabilidades do que podia arcar, tornar-se-ia um inferno na Terra. Algo justo pelo que fez.

A gravidez também seria um desgosto para Belinha e Manoel, algo merecido por ambos, por todo mal que causara a ela e a Durvalina ao longo da vida.

Assuntinha pensou que tendo resolvido o assunto, poderia descansar, mas enganou-se. Naquela noite teve dificuldades para dormir. E, quando conseguiu, teve um pesadelo horrível. Mesmo dormindo mal, acordou aos primeiros raios do sol, sentindo-se ansiosa por saber como aquela história iria terminar.

No próximo encontro de Maridelma com Flávio, a jovem falou sobre intimidades.

– Você acha careta uma jovem querer casar virgem?
O comentário pegou o rapaz desprevenido.
– Eu penso que um cara, a maioria no fundo gosta mesmo da mulher que se faz de difícil, que se guarda para ele para depois de casados.
– Mesmo?
– Sim.
– É que...
– Diga.
– Minha tia me disse que ela deixou de se casar porque quis casar virgem e, por isso, foi trocada por outra moça que não se importava com isso.
– É mesmo?
– Disse-me que foi por esse motivo também que titia Durvalina não se casou.
– Você já conversou a respeito com sua mãe?
– Bem... Fico um pouco encabulada de falar a respeito com ela.
– Eu sei como é.
– Quando menina, minha mãe me apresentava outros motivos pelos quais minhas tias não se casaram. Nunca falou nada a respeito do que fiquei sabendo agora, na certa, por não ser uma conversa adequada com uma menina, não é mesmo?
– Certamente.
Houve uma pausa.
– Você tem medo?
A pergunta surpreendeu Maridelma.
– Medo?
– Sim, de acabar como suas tias?
– É que... bem... – ela limpou a garganta. – Eu tinha tanta certeza de que iria me casar com o Leonias e, de repente, toda a certeza acabou.
– Você o amava muito, não?
– Sim.
Ele baixou a cabeça, desconsolado.
– Ei...

215

— Acho que ainda o ama, não?
— Sinceramente? Eu não sei... Foram tantos anos juntos e, de repente, tanta desilusão.
— Deve ter sido terrível para você, não?
— Foi, sim. Ainda dói em meu peito quando penso em nós. Nos planos que fizemos.

Ele segurou o punho dela, fazendo com que olhasse para ele e insistiu mais uma vez na pergunta:
— Dê-me uma chance, Maridelma. Por favor.

Os olhos dela brilharam tanto quanto os dele.
— Eu gostei de você desde a primeira vez em que a vi. Foi tão bom... Está sendo tão bom.

Ela suspirou e ele também, e com voz embargada lhe fez um pedido muito sério:
— Só lhe peço que não desista de mim, por favor.

Ela, emocionando-se, massageou o dorso da mão dele e então os dois se beijaram pela primeira vez. Um beijo inocente e lindo ao luar maravilhoso daquela noite de verão.
— Ah, Maridelma... Faz tanto tempo que eu não sinto esse calor aqui no meu peito.
— V-você quer mesmo me namorar?
— É tudo o que eu mais quero nessa vida.
— Então, está bem. Eu aceito seu pedido de namoro.

Um sorriso lindo resplandeceu na face bem barbeada do rapaz.
— Juro.

Ela assentiu, balançando delicadamente sua cabeça de boneca de porcelana.

Flávio voltou para casa como que se estivesse flutuando. Não cabia em si de felicidade por Maridelma ter aceitado namorar consigo. Ao vê-lo, Assuntinha se surpreendeu com tamanha alegria.
— Dona Assunta — balbuciou ele, emocionado. — Ela aceitou... Aceitou namorar comigo!

E sem dar tempo para que ela reagisse, ele a pegou nos braços, girou e beijou-lhe a testa.

– Ah, Dona Assunta, estou tão feliz! Tão feliz!
Por um minuto, Assuntinha se sentiu tomada pela alegria do rapaz. A energia do beijo que recebera dele, ainda ecoava em seu interior, disparando seu coração, enchendo-a de alegria. Aquilo abrandou sua raiva, fez até com que se esquecesse do fato que deixara o rapaz tão feliz. Quando recobrou a memória, uma fulgurante inquietação afligiu sua alma.

Não demorou muito para que Flávio percebesse que Assuntinha já não era mais a mesma que o acolheu com grande alegria em sua casa. Ela não o suportava mais, na verdade, o odiava mais do que tudo por ele não ter correspondido aos planos que fizera para viver ao seu lado. Planos que ela fizera sem consultá-lo.

No dia em que Flávio saiu para dar uma volta de mãos dadas com Maridelma pela praça que ficava nas proximidades onde havia uma sorveteria que produzia o melhor sorvete caseiro da região, a jovem percebeu que ele parecia chateado com alguma coisa.
– O que foi? – indagou Maridelma.
– É Dona Assunta...
– Minha tia? O que tem ela?
– Ela me trata tão indiferente, agora... – explicou ele com voz entristecida. – Por que será que ela me trata assim, se eu sempre fui tão bacana e sincero com ela?
– Bem...
– Se tiver uma opinião, dê-me.
– Ela deve andar aborrecida com alguma coisa, não deve ser com você propriamente.
– Será?
– Sim.
Ao comentar com a mãe sobre o assunto, Maneco, que estava presente na sala, deu sua opinião, surpreendendo as duas mulheres.
Ao reencontrar o namorado, Maridelma compartilhou com Flávio as palavras de Maneco:

217

— O Maneco meu irmão, acha que a tia Assuntinha se apaixonou por você.
— Se apaixonou por mim? — ele riu. — Não, imagina só.
— Ele acha também que a paixão dela por você, virou ódio assim que você se apaixonou por mim. Por isso o tratava tão bem e, agora, o trata mal.
— Será? Ela me parece uma mulher tão frágil, incapaz de sentir ódio de alguém.
— Eu também penso isso da titia, mas o Maneco... Às vezes ele cisma com as pessoas... Anda cismado agora com nossas tias.
— Mas são mulheres tão boas.
— Eu sei, e o Maneco deveria saber, mas...
— Vou falar com Dona Assunta para esclarecer algum mal-entendido que possa ter havido entre nós.
Assim fez o rapaz.
— Dona Assunta quero lhe falar.
Ela fez bico e virou o rosto.
— A senhora sabe o quanto lhe sou grato, não sabe?
— Num sei, não!
Ele sentou-se ao lado dela e apertou sua mão.
— Não seja implicante.
— *Impricante,* eu? Vá, vá!
Ele, rindo, falou:
— Gosto muito da senhora...
Os olhos dela brilharam e finalmente focaram os dele.
— Como lhe disse, sou-lhe muito grato. Se a senhora não tivesse me aberto as portas, sei lá o que teria sido de mim. Teria certamente passado por maus bocados. Se não soube lhe retribuir à altura, tudo o que fez e tem feito por mim, eu lhe peço desculpas. Por favor, aceite!
Ela aprofundou o olhar sobre e ele e disse:
— Ocê é muito *especiar pra* mim, Frávio.
— A senhora também é muito especial para mim, Dona Assunta. Muito mesmo.
Ele sorriu e ela também.

– Amigos novamente? – ele propôs.
O riso dela se ampliou e a paz voltou a brotar em seu coração até ela vê-lo novamente ao lado de Maridelma, de mãos dadas, rindo e falando descontraidamente. Não foi só inveja dessa vez o que ela sentiu, foi revolta, ódio e desgosto ao mesmo tempo. E um desejo insano de destruir o casal, separá-los nem que fosse pela morte de um ou de ambos.

Quando Durvalina chegou da igreja, aquela noite, Flávio se encontrava tomando banho. Ao ver a irmã, com os olhos lacrimejantes, Assuntinha se assustou.
– O que foi, Durvalina?
A irmã se sentou ao sofá, suspirou e falou em tom de desabafo:
– *Tá* tão *difici* de *arranjá* um marido naquele lugar, eu já *tô* ficando cansada de ter de ir lá ouvir aquela *mema* baboseira... O *tar* do pastor promete, promete, promete que vai me *arranjá* um marido, mas nunca faz!
Assunta subitamente caiu na gargalhada.
– Assuntinha, o que deu *n'ocê?* Rindo da desgraça alheia, é? Onde já se viu?
– *Num* é *d'ocê* que eu *tô* rindo, não, Durvalina. É *d'uma* ideia que acabô de *passá* aqui na minha cabeça.
A irmã do meio ficou olhando curiosa, de testa franzida, para a irmã mais velha, com o rosto corado e endemoniado. Nada mais foi dito.
É que Assuntinha das Palmeiras havia acabado de perceber que ainda tinha um trunfo na manga a seu favor, para estragar de uma vez por todas, a relação de Flávio e Maridelma: ela procuraria Leonias para atormentar o casal.

Parte 14

A notícia de que Maridelma e Flávio estavam namorando alegrou todos que queriam bem à jovem. Maneco e Lieco aprovaram o rapaz quando saíram juntos para um barzinho, para se divertirem. Manoel também aprovou o moço que já conhecia de vista e o achava muito educado. Desde então os dois namoravam ali mesmo, na casa, e quando queriam sossego e mais privacidade, na varanda em frente à morada.

Certa noite, quando Maridelma acompanhou Flávio até o portão, quando ele já ia embora, em meio as suas últimas palavras, um carro parou no meio fio, freando rispidamente. Os dois se assustaram, especialmente Maridelma, ao ver Leonias saltar do veículo e partir para cima de Flávio, acertando-lhe um soco num movimento tão rápido que ele não conseguiu se defender.

– Isso é para você se lembrar que deve se afastar dela, ouviu? – berrou Leonias vermelho de ódio.

A freada e a confusão chamou a atenção dos vizinhos, fazendo com que fossem para as varandas de suas casas.

Voltando-se para Maridelma, Leonias tomou suas mãos, ajoelhou-se numa perna só e disse, chorando:

– Eu amo você, Maridelma. E sei que você também me ama. Ainda me ama. Volta para mim, meu amor, por favor.

Flávio levantou-se e disse:

– É tarde demais, cara! Agora ela é minha.

Leonias voltou-se para ele, fuzilando com o olhar:

– Isso é o que nós vamos ver.

Quando ia saltar para cima do rapaz novamente, Manoel e Maneco chegaram a tempo de impedir o confronto.

— Maridelma é minha! — berrou Leonias, enfurecido. — Minha, ouviu? Com jeito Manoel e Maneco levaram o rapaz para a varanda da casa, enquanto Flávio voltou para a casa de Assunta e Durvalina. Belinha encorajou a filha a entrar enquanto os homens conversavam.
 — Calma, Leonias — aconselhou Manoel. — Calma, rapaz.
 — Desculpe-me Seu Manoel, mas eu amo sua filha, estou sofrendo um bocado com essa separação. Estava tranquilo até descobrir que havia outro na parada. Se eu não tivesse encontrado a tia da Maridelma, jamais teria...
 — Tia?! — estranhou Maneco.
 — Sim. Eu confundo os nomes das duas... Acho que foi aquela que se chama Assuntinha.
 — Sim...
 Maneco e Manoel se entreolharam.
 — Como foi esse encontro? — indagou Manoel, baixando a voz.
 — Foi por acaso... Ao me avistar, Dona Assuntinha veio até mim e me falou, em meio à conversa, que Maridelma estava de namorico com outro cara. Vim aqui para saber se isso era verdade e, ao avistar os dois aqui na frente, fiquei fulo!
 — Diga-me, por que foi mesmo que vocês se separaram? Digo, você e Maridelma?
 A pergunta partiu de Maneco e o rapaz explicou prontamente. Após aconselhar Leonias a voltar para casa e não fazer mais nenhuma besteira, Maneco Filho decidiu ir ter uma conversa com a irmã. Todavia, Tereza correu até ele e quase num sussurro lhe falou:
 — Elas são fogo! Foguete! *Descurpa* por eu tá falando assim delas, são suas tia, mas... Diante dos berros, eu corri para fora da casa pra ver o que tava acontecendo. Foi então que ouvi *ocê* e o ex-namorado da Maridelma conversando. Quando ele *falô* que foi sua tia que *ponhô* minhoca na cabeça dele, ah, só podia! Elas são uns *demônio*. Mataram o Babalu, o Primeiro, jogaram carne envenenada *pro* pobrezinho *comê*.

221

– Você está fazendo uma acusação muito séria. Como pode saber?
Tereza logo explicou.
Maneco estava mais uma vez chocado com o que descobriu sobre as tias e sem delongas, agradeceu a Tereza e foi falar com Maridelma em particular.
– Maridelma, por que você se separou do Leonias?
Ela explicou.
– Por acaso, quem lhe deu esses toques foram nossas tias?
Maridelma olhou bem para ele e respondeu com precisão:
– Foi, sim.
– Bem que eu sabia...
– Por quê?
– Nada, não.
Maneco levantou-se e apanhou a carteira.
– Aonde você vai?
– Vou levar a Lieco pra casa.
Sem mais, Maneco partiu.

Enquanto isso na casa de Assuntinha e Durvalina, Assuntinha punha compressa no rosto de Flávio arroxeado pelo soco que recebera de Leonias.
– Pobrezinho do *fiínho*... – lamentou. – *Tá* vendo? Eu disse *pr'ocê* que Maridelma *num* é moça *pr'ocê*.
Nisso, Durvalina chegou da igreja.
– O que aconteceu? – surpreendeu-se ela, ao avistar Flávio, ferido.
Assuntinha, com voz dramática, explicou.
– Coitadinho – lamentou Durvalina, sentando-se ao lado direito do rapaz.
Ao vê-la tão próxima, Assuntinha fez bico e disse, quase rosnando feito um cão.
– Pode *deixá* que eu cuido dele, Durvalina.
– Só quero ajudar.
– Chega pra lá, chega!

E Assuntinha respirou aliviada assim que Durvalina se afastou.

Meia hora depois, Maneco entrava de novo na casa acompanhado da namorada.

— Ué, voltaram? — estranhou Belinha. — Esqueceram alguma coisa?

— É que durante o trajeto até a casa da Lieco, conversando com ela, tomei uma decisão, mamãe. Precisamos ter uma conversa bem séria.

Belinha enviesou o cenho.

— Trouxe a Lieco de volta para cá, porque gostaria que ela estivesse presente, que ouvisse tudo o que eu tenho a dizer.

— Falando assim, Maneco, você está me assustando — replicou Belinha, sentindo certo arrepio.

— Posso desligar a TV, papai?

O pai assentiu de imediato e, assim que o aparelho foi desligado, Maneco começou a falar.

— Mamãe, o que eu tenho a lhe contar, talvez a senhora não goste de ouvir. Mas eu preciso falar.

Belinha inquietou-se novamente diante do tom do filho.

— Bem... — o rapaz limpou a garganta. — Lembra-se quando eu disse para a senhora que eu achava uma tremenda coincidência os problemas nessa casa terem começado depois que as titias vieram morar na cidade?

— Lembro, sim, filho e daí?

— Na época a senhora não gostou nada do que eu disse.

— E continuo não gostando, filho. Suas tias são boas e...

Ele a interrompeu:

— Mamãe, será que elas são tão boazinhas assim como a senhora pensa? Não, mamãe, elas não são e tenho provas disso. Sei que é difícil para a senhora encarar tal fato, mas é preciso, para impedi-las de continuarem estragando a vida das pessoas.

— Você está pegando pesado, Maneco.

Maridelma concordou com a mãe:

223

— Está, sim, meu irmão.
O jovem não se deixou abater, continuou, com voz firme:
— Tudo que vou dizer, o papai já está por dentro. Tentamos esconder isso da senhora e Maridelma, mas agora não dá mais. A Lieco também já sabe.
— Então fale, Maneco, por que acha que nossas tias não são boas? — empertigou-se Maridelma ligeiramente incomodada com a situação.
— Porque foram elas que puseram na cabeça da mamãe que o papai tinha amante, foi ou não foi, mãe?
— Bem... foi. Mas não fizeram por mal.
— Fizeram sim, mamãe. Para destruir sua felicidade que invejam tanto.
— Não, Maneco, isso não é verdade.
— Elas fizeram mais do que isso, mamãe. Puseram minhoca também na cabeça da Maridelma, viram o Leonias no dia em que tia Assuntinha foi parar no Pronto Socorro e não perderam tempo para envenenar a relação dos dois. E o pior é que conseguiram.
Belinha ainda se recusava a acreditar nas palavras do filho.
— Você está indo longe demais, Maneco. Do jeito que fala até parece que suas tias são uns monstros.
Maneco prosseguiu, a toda:
— Acabei de saber, pela Tereza, empregada da Dona Generosa, que quem envenenou o cão dela foram as duas.
E ele resumiu como ela descobriu tudo.
— Não pode ser... — balbuciou Belinha, abobada.
— Se a senhora não me acredita, eu chamo a Tereza aqui para confirmar para a senhora.
— Não! — Belinha se arrepiou. — Pelo amor de Deus, não!
— Sei que é difícil para a senhora aceitar os fatos, mamãe, mas... tudo o que foi dito é a mais pura verdade.
— Não pode ser... Suas tias me amam... Amam todos nós.
— Será mesmo? — retrucou Manoel, chamando a atenção

de Belinha para o marido.
Ele tomou ar e falou:
— Acho que chegou a hora de você saber de tudo o que se passou comigo antes de eu ser internado naquele dia.
Belinha olhou mais atentamente para o marido e, depois de ele lhe contar tudo, ela estava visivelmente transtornada.
— É por isso, Belinha, que elas se assustam toda vez que me veem — continuou Manoel. — Elas têm medo que eu recupere a memória, que inventei ter perdido, para poupar você de uma decepção com suas irmãs.
— Não pode ser...
— É verdade, mamãe. Se não acredita, tire tudo isso a limpo.
Manoel opinou:
— Elas vão negar, mas não custa tentar.
Belinha se viu aflita. Mal dormiu a noite, pensando e repensando em tudo o que ouvira.

No dia seguinte, depois de ver Flávio partir para o trabalho, ela foi até a casa das irmãs. Queria que somente as duas estivessem lá, para poder ter uma conversa séria com ambas.
— Belinha, querida! — exclamou Durvalina, fingida como sempre, ao vê-la diante da porta.
Belinha procurou sorrir.
— Posso entrar?
— Sim, sim, por favor. Que pergunta é essa? Nossa casa, sua casa!
Belinha emitiu um sorrisinho amarelo e adentrou o recinto, indo se sentar no sofá.
— *Vamo pra* cozinha, Belinha. A Assuntinha *tá* lá.
— Não, prefiro ficar aqui. Chame ela, por favor. Queria uma opinião de vocês.
Durvalina atendeu prontamente o pedido da irmã caçula. Por nenhum momento notou o quanto ela estava nervosa, crispando as mãos, tremendo ligeiramente.
— Diz, então, Belinha... — começou Assuntinha. — No que

225

nóis pode *te ajudá?*
Fez-se um silêncio sepulcral a seguir.
— Eu queria saber, do fundo do coração de vocês se vocês tiveram ou têm realmente inveja de mim?
Durvalina e Assuntinha não esperavam por aquela pergunta e tentaram imediatamente disfarçar o impacto que ela lhes causara. Entreolharam-se, fingindo espanto, mas Belinha, foi enfática mais uma vez:
— Eu quero a verdade, minhas irmãs. Vocês sentem mesmo inveja de mim?
As duas novamente se entreolharam.
— Manoel já me contou o verdadeiro motivo que o fez correr atrás de vocês, naquele dia, em que acabou indo parar no hospital.
— *Qué dizê,* então, que ele *recuperô* a memória?
Durvalina se entregou sem perceber.
— Então é verdade.
As donas da casa se movimentaram, incomodadas, onde estavam sentadas.
— Foi por inveja também que vocês puseram minhoca na cabeça de Maridelma? Como puderam fazer isso com uma sobrinha querida?
Novamente silêncio.
— E envenenaram o cãozinho de Dona Generosa — continuou Belinha, com voz trêmula. — Que maldade!
— Ele era um tormento! — explodiu Durvalina, entregando-se outra vez.
Novamente se estendeu um silêncio sepulcral. Foi Assuntinha quem falou, finalmente, o que Belinha queria tanto ouvir.
— A vida foi muito boa *pr'ocê,* Belinha. Boa demais. *Divia tê* sido boa com *nóis* duas também. Mas a vida, a *mardita* vida, só teve *zóio pr'ocê,* a *fiínha* queridinha do papai e da mamãe. A *fiínha* que é amada e adorada pelo destino.
Ela engoliu a saliva espumante que subitamente caía-lhe pelo canto da boca e prosseguiu:
— Se eu e Durvalina tem inveja *d'ocê,* Belinha? — ela riu. —

Que inveja que nada, Belinha. *Nóis sente* ódio, um ódio mortal *d'ocê*. Por ter tudo e *nóis num* ter nada. *Nadica de nada!* O choque transformou ainda mais o rosto de Belinha numa máscara de agonia.
— Mas vocês diziam que me amavam. A mim e a meus filhos, até mesmo a meu marido.
— Amar *ocês?* Um bando de *metido, nojento.* Nunca! *Nóis* sempre *odiô ocês.*
— Então... — Belinha suspirou enquanto lágrimas começaram a rolar por sua face. — Quer dizer então que tudo aquilo que o Manoel e o Maneco me disseram é verdade. Vocês conspiraram para destruir o meu casamento com o Manoel. Por isso ele correu atrás de vocês naquele dia e foi parar no hospital. Porque descobriu o que tinham feito. Agora tudo fica muito claro para mim.
— Pois ele *devia* ter morrido.
— Não diga isso, Assuntinha.
— Digo, sim! *Num* tenho mais vergonha de *falá.* Eu *tô* com tudo isso entalado aqui na goela já faz tempo.
— Eu *tamém* — admitiu Durvalina — *Ocê humiou nóis* durante esse tempo todo, ofendeu *nóis, zombô* de *nóis, ocê* tinha de *pagá!*
— Eu nunca fiz isso com vocês.
— Ah, *tá!* Agora *tá* se fazendo de boa moça.
— Eu sempre gostei de vocês, sempre me preocupei com vocês...
— Vá, vá, Belinha!!! — retruca Assuntinha.
— Larga de sê fingida, sô — atacou Durvalina.
— E mentirosa — completou Assuntinha.
— Não sou nada disso, são vocês que me veem assim sei lá o porquê. Deve ser pelo ódio, o ódio é que está fazendo vocês enxergam tudo errado aos seus redores. Deturpando tudo.
— *Ocê* é sim, Belinha... — afirmou Durvalina, erguendo a voz. — *Ocê* é a pior pessoa do mundo.
— Vocês estão loucas?
— Loucas?! Loucas, sim! Como *ocê* queria que *nóis* tivesse

227

depois de ano após ano de decepção em cima de decepção? A resposta apertou o coração de Belinha, até quase doer. Era absurdo que uma irmã, que crescera ao seu lado, sangue do seu sangue, fosse capaz de causar isso nela.
— Eu sinto muito... Eu jamais pensei que vocês fossem tão infelizes.
— Porque ocê só se *preocupô* a vida toda *co'cê*. Nunca *prestô* atenção em *nóis*. *Tava* sempre muito ocupada com o seu marido, seus *fio*, com a sua felicidade, a casa dos seus *sonho*, a vida bacana aqui na cidade grande, enquanto *nóis*, as duas *caipirona*, *tava presa* naquela casa de madeira com o nosso pai.

Houve uma pausa, antes de Durvalina retomar o que dizia:
— Quando *ocê* se *casô*, Belinha... Eu quis *morrê* de ódio e *revorta*.
— Eu *tamém* — afirmou Assuntinha.
— *Ocê* era mais nova do que *nóis*, *num* podia *tá* casando antes. Não, não, não! Isso *num* era certo, não!
— *Num* era!
— Mas vocês pareciam tão felizes, ao me verem casando — retrucou Belinha, pasma.
— *Nóis?*

Ambas riram e foi Durvalina quem respondeu:
— *Nóis* queria *vê* o demônio de perto, mas nunca *ocê* casando. Nem eu nem Durvalina *queria* ter ido ao seu casamento. *Nóis* só foi porque seria muito estranho *num* ir. Eu queria *memo* era *pulá n'ocê* e *rasgá* o teu vestido. *Arrebentá* o teu buquê de *fror*. *Deixá ocê* toda descabelada.
— Foi *horrive* — completou Assuntinha —, ter de suportar *tua* festa de casamento, *vê ocê* feliz, rindo à toa.
— *Horrive* — confirmou Durvalina, fazendo uma careta de nojo.
— Mas vocês choraram quase o tempo todo de emoção.
— Que emoção, que nada, Belinha. De ódio, sua boba! *Ocê* ainda *num* entendeu que *nóis* odeia *ocê?* A *fíinha* paparicada

do papai, a bela Belinha.
– Vocês gostam de mim, sim, sei que gostam. Isso que falam é da boca *pra* fora.
As duas terríveis torceram o nariz e deram de ombros.
– *Ocê* não sabe o que é infelicidade, o que é o desamor, a solidão, a tristeza, a miséria... – prosseguiu Durvalina. – Não, Belinha, *ocê num* sabe por que sempre teve de tudo.
– É isso *memo* – confirmou Assuntinha. – De tudo!
Durvalina tomou ar e prosseguiu no mesmo tom de revolta e nojo:
– *Ocê num* sabe o que é *vivê* na saudade do beijo que nunca existiu ou teve e nunca *vortô*. *Ocê* só conhece a felicidade, a riqueza, o amor... Nunca teve tempo *pra* a infelicidade porque ela só teve tempo *pra nóis*.
Ela enxugou uma lágrima enquanto Assuntinha completou:
– *Ocê* jamais *pensô* que a nossa vida fosse tão *miserávæ, né?* É lógico que não, nunca teve tempo *pra nóis*.
– Sempre me preocupei com vocês, por isso quis trazê-las para morar na casa ao meu lado.
– Fez isso *pra* deixar *nóis* duas ainda com mais inveja. *Pra nóis* vê a vida linda e *maraviosa* que *ocê* leva, por cima do muro!
– É – concordou Durvalina chorosa. – *Pra* que *nóis* duas *morresse* de ódio por não ter tido a mesma sorte que a sua. Foi por isso que *ocê* trouxe *nóis* duas *pra* cá, Belinha, confessa!
Novamente, um silêncio sepulcral reinou no recinto. Foi Belinha, dessa vez, quem o rompeu:
– De qualquer modo, eu perdoo vocês pelo que fizeram a Maridelma e a mim.
Ela se levantou, abriu os braços e repetiu, enfática:
– Perdoo, sim. Vocês são minhas irmãs queridas...
As duas mulheres a sua frente, sangue do seu sangue, permaneceram imóveis. Entreolharam-se e foi Assuntinha quem falou:
– *Ocê* perdoa *nóis*, Belinha...

– Sim, Assuntinha.
– Mas *nóis*, não! *Nóis num* perdoa *ocê!*
– Vocês...
– É isso *memo* o que *ocê* ouviu – adiantou-se Durvalina, readquirindo a postura habitual. – *Nóis num* perdoa *ocê*, não!
– Não?
– Não! *Nóis sofreu* demais por tua causa.
– Por minha causa? Agora eu tenho culpa de ter...
– Tem!
Belinha se inflamou dessa vez:
– Agora eu tenho de deixar de ser feliz porque vocês não são felizes? Tenho de deixar de ter o que posso ter, porque vocês não têm? Ou têm e não sabem usar? Não, não, não, isso não é certo. Isso é uma distorção da realidade. Quem não sabe se comprazer com o sucesso do outro não pode ter sucesso.
Belinha enxugou as lágrimas e firmou a voz:
– Eu amei vocês, eu me doei para vocês... Vocês são muito mal-agradecidas. Quem não sabe se comprazer com o sucesso dos outros não pode ter sucesso.
– *Acabô?* – exaltou-se Assuntinha, saltando feito mola da poltrona. – Então some daqui!
– Assuntinha... – sibilou Belinha, chocada mais uma vez com sua reação.
– É isso *memo* o que *ocê* ouviu, bela Belinha. Some daqui!
Sem delongas ela foi até a porta, abriu e com um gesto repetiu:
– Fora!
Belinha ainda que incerta quanto ao que fazer, achou melhor sair. Ao passar pela porta, a voz de Assuntinha soou novamente ríspida e austera:
– E *num vorta* aqui nunca mais! Nunca mais *tá* ouvindo? *Ocê* e tua corja!
Belinha não respondeu que sim, nem que não, apenas partiu, estugando os passos e quando se encontrou entre quatro paredes de sua casa chorou sentida, magoada, arrasada por

230

tudo aquilo. Em algum lugar dentro de si, vibrava uma estranha sensação de culpa, algo que sabia que não devia sentir, mas estava ali, latejando.

Quando Maridelma chegou da faculdade, Belinha se jogou em seus braços, chorando desesperada, deixando a filha inconsolada com seu estado de nervos.

Nesse ínterim, as duas irmãs, avaliando os fatos, comentaram.

– Foi *mió* ela *sabê* de tudo – opinou Assuntinha com ares de coruja.

– Foi, sim – concordou Durvalina. – *Num* aguentava mais *fingi* que gostava dela, dos *fio* dela, do marido dela.

Assuntinha assentiu, balançando a cabeça positivamente, frisando os olhos como o Lobo Mau.

Parte 15

No dia seguinte, ao chegar ao seu destino, Maridelma pensou, por um momento, em voltar atrás, mas sua meta era importante, precisava tirar a limpo aquela história, não sossegaria se não o fizesse.

Entrou no hospital pela entrada lateral e tomou a escada com degraus largos e estreitos, subiu alguns e parou. De repente, teve novamente dúvidas se deveria ou não prosseguir. Ficou imóvel, com a mão no corrimão, pensativa. "Vá embora", disse a si mesma, não vale a pena continuar. Ela virou-se depressa e começou a descer.

— Maridelma... – ouviu Leonias, chamá-la.

Ela olhou para trás e o rapaz estava parado no patamar mais alto da escada. Num instante postou-se a seu lado.

— Você aqui! – exclamou, segurando suas mãos. O calor de seu toque percorreu seu corpo.

— Parece até que você estava me esperando.

Ele sorriu e disse:

— Estava tomando uma xicarazinha de café em frente à janela quando avistei você, chegando. Então corri para cá. Pensei até que estivesse delirando. Que bom que não estava!

Ela sorriu encabulada.

— O que a traz aqui? Algum problema de saúde com você, com alguém da sua família?

— Não, Leonias, estamos todos bem. Vim mesmo falar com você.

O sorriso dele se ampliou.

— Você tem um tempinho para mim?

Ele assentiu e, segurando seu braço, conduziu-a pela

escada a um cômodo surpreendentemente pequeno. Quando parou para olhar em volta, Maridelma tirou sua jaqueta e pousou então os olhos nos dele, com um meio-sorriso nos lábios devido à timidez inesperada que a dominou.

– Pode dizer – incentivou ele.

Maridelma engoliu em seco e se pôs a contar tudo o que haviam descoberto envolvendo suas tias. Ao término da narrativa, Leonias, abobado, comentou:

– Quer dizer que foi tudo armação daquelas duas solteironas?

Maridelma assentiu, baixando a cabeça.

– Eu vou matar aquelas duas!

– Leonias, por favor.

– Por causa delas nós fomos separados, Maridelma. Nossa felicidade foi rompida. Nossos sonhos destruídos.

– Leonias, por favor. Minhas tias são dignas de pena.

Ele pareceu voltar a si.

– Sim, pensando bem, você tem razão.

Houve uma pausa até ele dizer em tom de desabafo:

– Eu sofri tanto por causa do nosso rompimento, Maridelma. Sofro até hoje. Quando você me acusou de tudo aquilo, pirei.

– Eu vim lhe pedir desculpas, Leonias. Por isso estou aqui.

Ele olhou bem para ela.

– Só por isso?

– Sim.

– Quer dizer que você não veio reatar o nosso namoro?

– Não, Leonias, não vim.

– Como, não? Você me ama, sei que me ama. Seja sincera comigo e com você, Maridelma, por favor.

– É tarde demais para nós, Leonias.

– Como tarde? Por quê? Estou aqui inteiro ao seu dispor.

– Mas...

– Ah, já sei... o outro.

– O Flávio é tão bom para mim. Gosto dele.
– Sim, Maridelma, você gosta dele, mas amar, amar mesmo, é a mim que você ama.
Ela abaixou novamente a cabeça e ele a ergueu, com delicadeza.
– Olhe para mim.
Ela assim fez e quando ele pensou que ela cederia novamente aos seus encantos, ela recuou.

O próximo encontro de Maridelma foi com Flávio Buarque. Ela o aguardava em frente ao supermercado, quando ele terminou o expediente.
– Amor, você aqui? Que surpresa mais agradável! – Ele a beijou. – Aconteceu alguma coisa?
– Sim, aconteceu.

Pelo caminho ela contou tudo o que havia descoberto sobre as tias e o modo abrupto com que trataram Belinha naquela manhã.

Ao término da narrativa, Flávio opinou:
– Ao que parece, a vida delas não foi mesmo nada fácil, mas também não foi a pior. Será que elas não percebem isso? Que tiveram glórias que muito poucas pessoas tiveram e deveriam agradecer pelo pouco ou muito que conquistaram na vida?

Ele suspirou e prosseguiu:
– Devemos sempre agradecer o pouco ou muito que conquistamos, Maridelma. Aprendi isso já faz tempo, muito tempo. Acho até que já nasci, pensando assim se é que isso é possível.
– Segundo o Espiritismo e o Budismo e outras religiões, filosofias e doutrinas que acreditam no processo de reencarnação, sim.

Ele concordou com um sorriso bonito e completou:
– Como já lhe disse, a minha vida não foi nada fácil. Eu e meus irmãos tivemos de ser fortes quando nem sabíamos o que era ser forte. Foi uma barra, um desafio e tanto, mas

superamos.
Ele travou os passos, voltou-se para ela, afastou-lhe os fios que o vento lhe jogava sobre os olhos e a beijou.
– Você... você está tão linda hoje.
– Quer dizer que nos outros dias...
– Quero dizer que hoje você está reluzente. Seus olhos brilham.
Um beijo terno entre os dois se repetiu, ao findar do sol no horizonte.
– Sabe o que mais admiro em você, Maridelma? É que você não está sentindo ódio de suas tias pelas maldades que fizeram, não é mesmo?
– Fiquei aborrecida, sim. Decepcionada, na verdade, mas... Sabe, eu tenho pena delas. Pela vida que tiveram e também pelo que você acabou de dizer. Por não perceberem que a vida delas não é ou foi tão ruim como dizem.
Ele assentiu e lhe beijou a testa.
– Mudemos de assunto agora. Falemos de nós.
Eles então seguiram para a praça, onde se sentaram num dos bancos de concreto que havia por lá, e ficaram namorando, descontraídos, de mão dadas e muitos beijinhos, ao som da cantoria dos pássaros do fim do dia.

Quando Flávio chegou a casa, Assuntinha aguardava ansiosa por ele.
– Numa hora dessa, *ocê* já deve *tá* sabendo de tudo, *né, Frávio*? A linguaruda da Maridelma já deve *tê* contado *tudinho pr'ocê*.
Ele pegou na mão dela, indicando-lhe o sofá e disse:
– Sente-se aqui. Quero trocar uma ideia com a senhora.
Ao ver sua mão envolta na dele, Assuntinha das Palmeiras arrepiou-se e atendeu ao seu pedido como que hipnotizada.
Mirando seus olhos, o rapaz de caráter extremo, expôs seus sentimentos:
– Só quero que a senhora saiba que eu não aprovo o que fizeram. Mas que compreendo os motivos que levaram vocês

duas a fazerem o que fizeram.
— *Ocê* compreende?
— Sim. Quantas e quantas vezes não cometemos uma burrada, por imaturidade, criancice, mimo? Eu mesmo já fiz coisas de que me arrependi amargamente depois, que me fizeram olhar no espelho e me perguntar: "O que é isso, rapaz? Onde você estava com a cabeça para ter feito o que fez? Você é um cara inteligente, pense melhor antes de agir. Antes de se revoltar."
A mulher, rubra, falou:
— *Ocê* fala tão bonito, *Frávio*.
— Obrigado, Dona Assunta. Só estou querendo ajudar.
Diante dos olhos brilhantes dela, ele prosseguiu:
— Toda vez que eu cometia uma burrada comigo, eu sentia remorso e culpa. Ficava com aquilo, corroendo o meu interior, martirizando o meu coração. Quando era com os outros, sentia-me também muito mal, péssimo, na verdade. Foi então que aprendi a pedir desculpas aos outros e assim voltei a me sentir melhor outra vez. Então me ocorreu que eu deveria também me pedir desculpas pelas burradas cometidas e passei a fazer desde então, o que só me trouxe alegrias. Passei também a me policiar, pensar duas, três vezes, quantas vezes fosse preciso, antes de fazer qualquer coisa sob o domínio da raiva, do ódio, da revolta e da inveja.
A palavra "inveja" fez a mulher sentir um arrepio na espinha.
— Sabe por que aprendi a me policiar, Dona Assunta? Porque pedir desculpas uma, até duas vezes, é digno, mais é falta de vergonha na cara, mau-caratismo, pobreza de espírito.
Ele não teve bem certeza se ela o entendeu, mesmo assim completou:
— Por isso, penso que a senhora deveria pedir desculpas a todos os envolvidos nessa história e, também, à senhora. O que acha?
Ela, fascinada pelo rosto bonito do rapaz, a apenas dois palmos de distância do dela, concordou sem saber com o que

exatamente concordava.
– Muito bem – ele elogiou. – Agora me dê um abraço.
E ela, como que hipnotizada, atendeu mais uma vez ao seu pedido.
– Obrigado por existir, Dona Assunta. Muito obrigado.
Ela não disse nada, estava em alfa.
No dia seguinte, ao passarem em frente à casa de Dona Generosa, a mulher chamou as duas.
– Vocês são más – começou ela num tom que pouco usara em toda a vida. – A Tereza me contou tudo o que fizeram e, eu, a princípio, não acreditei, mas depois do que soube do que fizeram a Belinha... Sua própria irmã... Como puderam?
Durvalina e Assuntinha engoliram em seco.
– Sabe qual é a maior estupidez na vida, a meu ver? – continuou a senhorinha com voz embargada. – É preferir fazer inimigos a amigos. Aproveitar-se da ingenuidade de um cão, que não tem a mesma capacidade da percepção humana, para matá-lo, porque não conseguem se comprazer da sua alegria. Para mim, quem não gosta de bicho, algum problema tem e muito sério. Minha mãe dizia que todo aquele que se irrita com um cão ou gato, é suspeito. Devemos ficar com o pé atrás. Eu deveria ter percebido que o Babalu Primeiro não gostava de vocês, mas eu me deixei levar pelas aparências, e, infelizmente, as aparências enganam.
– A senhora *terminô?*– foi Durvalina quem perguntou.
– Terminei.
– Então passar bem.
– O pior cego é aquele que não quer ver! – arrematou Dona Generosa. – E o mais imbecil, é o que não admite que está errado quando no íntimo sabe que está!
As duas deram de ombros e aceleraram os passos. Os vizinhos, todos, agora olhavam torto para ambas, que fingiam não se incomodar, empinando o nariz e estugando os passos. Mas a carência de afeto e calor humano cresciam cada vez mais dentro delas.

237

Na noite seguinte, Durvalina voltou arrasada para a casa.
– Ué – estranhou Assuntinha. – A igreja hoje *acabô* mais cedo?
– Eu desisti, Assuntinha.
– *Ocê, o quê?!*
– É isso *memo* o que *ocê* ouviu. Perdi *finarmente* a paciência com o porta-voz, filho da mãe. Disse *pra* ele muitas e boas. E foi bem no meio do *curto*. O *óme num* sabia se ia *pra* direita ou pra esquerda. Fiquei tão fora de mim, que os *capanga* do demônio, tiveram de me *arrastá pra* fora da igreja. Ai que ódio!
Assuntinha estava pasma.
– Ocê... ocê... – ela não conseguia terminar a frase. Subitamente caiu numa gargalhada de se envergar até o chão.
Durvalina riu com ela e, por pouco, não molhou sua saia de xixi.
Logo, descobriu que uma vez desvinculada daquela que se passava por uma igreja de respeito, não poderia mais contar com as amizades que fizera lá. Todos lhe viravam a cara quando cruzavam por seu caminho, induzidos, certamente, pelo porta-voz mau-caráter, mais um, dentre tantos, que se diz enviado de Deus quando na verdade é do diabo.
Nesse ponto, apesar de não perceber, Durvalina só saiu ganhando.

A raiva pelo modo que a vizinhança passou a tratá-las, depois que souberam de suas artimanhas, fez com que Assuntinha decidisse vingar-se de todos. Para isso, saía na calada da noite, toda de preto, parecendo um urubu de um metro e sessenta de altura, e ia de porta em porta, abrindo os lixos e derramando seu conteúdo pela calçada. Rasgava-os de forma que pensassem que fora um cão que fizera aquilo, o que de fato convenceu todos. Aquilo tornou-se uma aventura para ela, permitindo-lhe dar boas gargalhadas, toda vez que se sentava no vaso para fazer suas necessidades. Ali também ela revia e refazia os planos para quando ganhasse uma grande soma no jogo do bicho.

O dia mais árduo na vida de Assuntinha foi quando Flávio chegou para informá-la que se mudaria de casa, que já tinha condições de pagar por um canto seu num lugar mais adequado. O que ele queria mesmo com a mudança, era não mais alimentar ilusões dela para com ele.

– Mas *ocê num tá* contente aqui? Se *farta arguma* coisa, *nóis* providencia – falou Assuntinha, visivelmente transpassada.

Ele aproximou-se dela, pegou em sua mão e mirando fundo seus olhos, explicou-se mais uma vez.

– *Num* queria que *ocê* fosse embora – desabafou ela, quase chorando. – *Ocê trazeu* alegria *pra* essa casa e *pra* minha vida.

Ela enxugou uma lágrima.

– Eu queria ter *ocê* do meu lado pra sempre, *Frávio*.

– E vou estar, Dona Assunta. Sempre que possível virei vê-la. A senhora e sua irmã se transformaram na minha família aqui no Brasil.

Ao piscar, as lágrimas vieram para fora.

– *Ocê* vai *memo* se *casá* com a Maridelma?

– Tudo indica que sim. Eu quero muito e sinto que ela também quer.

– Então *ocê* logo, loguinho, vai *esquecer d'eu*.

– Prometo que não.

Houve uma pausa e ela perguntou, chorosa:

– *Ocê* gosta dela, *né?*

– Sim, Dona Assunta, sou apaixonado por ela.

– É porque ela é jovem e bonita, *num* é?

Ele riu e ela completou:

– Na minha cabeça, *ocê* ia *vivê* comigo até o *finar* da vida. Diz *pra* mim, se eu fosse moça e bonita como ela, *ocê* casaria comigo?

239

– Sim! – respondeu ele sorrindo de orelha a orelha. – Certamente que sim! E a senhora há ainda de encontrar um homem, por volta da sua idade, casar-se e ser muito feliz. Minha tia sempre dizia que todo mundo é como uma panela, tem sempre uma tampa.
O rosto dela murchou como uma flor.
– Ninguém nunca *gostô d'eu, Frávio*. O único *óme* que apareceu, me *largô* bem no dia do nosso casamento. E foi na igreja, num apareceu, *num mandô* recado, *nadica de nada*.
– Eu sinto muito.
– Ele era muito parecido *c'ocê*. No modo de *sê*.
– Há coisas muitas injustas na vida, Dona Assunta. Ninguém entende direito por que elas acontecem, mas... a vida é assim.
Ela assentiu, enquanto mais lágrimas rolavam por sua face.
– A senhora já pensou na possibilidade de ele ter morrido, enquanto seguia para a igreja, para o casamento de vocês? A senhora me disse que o lugar onde moravam era ermo, com sítios, fazendas e vilarejos distantes um dos outros, ligados por estradas de terra que depois de uma chuva viravam um lamaçal, não foi? Pois bem, se o cavalo que seu noivo montava, tivesse pisado em falso, num desses declives à beira de estrada, ou empinado por ter se assustado com alguma coisa, seu noivo poderia ter caído, batido a cabeça numa pedra e morrido sem que ninguém tivesse sabido da sua morte. Se alguém encontrou seu corpo, já deveria estar em estado de decomposição, irreconhecível.
– Será?!...
– É uma explicação. Deveria procurar investigar.
– Já faz tanto tempo...
Houve uma pausa e ele, então, perguntou:
– Posso me mudar, então? Com a certeza de que ainda somos amigos e sempre seremos?
Ela demorou, mas acabou respondendo que "sim" com um singelo balançar de cabeça. Ele ajeitou então os cabelos

grisalhos e maltratados dela, prendeu-os atrás das orelhas e beijou-lhe a testa.
– Não se esqueça nunca do quanto lhe sou grato por tudo.

Ela se segurou mais uma vez para não chorar escancaradamente na frente do rapaz, mas logo que visualizou a vida feliz que Flávio poderia ter ao lado da sobrinha, a vontade de chorar virou vontade de esganar os dois, ele e Maridelma, ao mesmo tempo.

Assim que ele deixou a casa, a mulher saltou do sofá e, subitamente, dominada por uma fúria abissal, começou a quebrar tudo que havia por ali feito de vidro ou porcelana. Quando Durvalina chegou, assustou-se não só com a bagunça, mas também ao ver a irmã estirada ao chão, na posição fetal, descabelada e chorando baixinho, sentida, amargurada.
– Assuntinha – agitou-se ela. – O que foi?
Por mais que tentasse, Assunta não conseguia responder.
– Diga, maninha, o que foi?
– Ele...
– Ele? Ele quem?
– O *Frávio*... ele foi embora, Durvalina. Foi embora *pra* sempre.
– Por quê?
– Porque *qué morá* sozinho! Isso é coisa da endemoniada da nossa sobrinha, é ela que *tá* pondo *minhoca* na cabeça dele. Querendo *ponhá* ele contra *nóis*. Ela me dá um ódio!
– Ô, Assuntinha...
A irmã ficou verdadeiramente penalizada com o martírio da irmã mais velha. Então a ajudou a se sentar ao seu lado no sofá e a fez deitar a cabeça em seu colo e ficou a lhe fazer um cafuné, como faria uma mãe na esperança de acalmar um filho. O pranto se estendeu pela quietude do lugar por quase quinze minutos e foi Durvalina quem o quebrou, dizendo:
– A vida num gosta *memo* de *nóis*, Assuntinha.

241

Assuntinha concordou plenamente:
– Nunca *gostô*.
E no minuto seguinte levantou uma suspeita:
– Ou é *nóis* que *num* gosta da vida?
– *Tamém*.
As duas se silenciaram novamente por um tempo.
– E *nóis acabô junta* outra *veiz* – completou Durvalina, minutos depois.
– *Acabô!* – admitiu Assuntinha. – Mas pelo menos sem o *inferno* do nosso pai.
– É *memo*.
– Por *falá* nele, tá mais do que na hora de *nóis levá flô pra* ele.
– *Ocê* tem razão, Assuntinha. Como sempre, *ocê* tem toda razão. *Vamo,* sim. Faz tempo que *nóis num vai*.
– E sabe *duma* coisa, Durvalina? *Levá frô pro* pai é só o que resta *pra nóis*.
E a irmã do meio concordou mais uma vez com a irmã mais velha.

No dia seguinte as duas partiram logo de manhã, para a cidade onde haviam sepultado o pai, levando consigo um buquê de flores colhidas do canteiro em frente a casa, misturadas com ervas daninhas, mas elas não se importavam com isso.

Ao voltarem, as duas avistaram Belinha em frente ao portão da casa em que residia. Desde a discussão, não haviam mais se falado. Belinha ficou mais uma vez com pena de ambas, os olhos estavam tristes, o semblante agoniado, pareciam a carência transformada em gente. Por isso, dirigiu-se a elas:
– Vi vocês, saindo com um buquê de flores hoje pela manhã... Foram levar para o pai, foi?
Ela temeu que as duas a ignorassem, afinal, haviam lhe pedido categoricamente para nunca mais se dirigir a elas, mas não foi o que aconteceu.
– Como é que *ocê* sabe? – perguntou Durvalina com

inesperada amabilidade.
— Deduzi.
As duas irmãs se entreolharam.
— Podiam ter me chamado para ir junto — continuou Belinha, aproximando-se das duas.
— Ocê tem seus *afazer*, Belinha — respondeu Assuntinha também com simpatia. — E aquele cemitério... *ui,* é horrível.
— Todo cemitério é triste, minhas irmãs, mas a tristeza faz parte da vida, não é mesmo?
Elas concordaram.
Nisso o carro de Manoel parou em frente ao portão da garagem e ao avistarem-no as duas rapidamente entraram na casa e trancafiaram a porta.
Nesse ínterim, Belinha comentou com Manoel:
— Durvalina e Assuntinha foram visitar o túmulo do papai
— Ah, que gesto prestimoso — zombou ele.
— Elas não são de todo más, como você pensa, Manoel.
— Nossa! Depois de tudo que aprontaram conosco?
— O importante é que elas voltaram a falar comigo, e, isso, para mim, é um bom sinal.
Manoel mordeu os lábios, em dúvida.

Foi no dia seguinte, numa tarde de garoa fina, quando as duas irmãs, cada qual sentada numa ponta do sofá, tricotando, tentavam mais uma vez se conformar com o destino que tiveram na vida, que Belinha apareceu.
— Eu sei que vocês me disseram para nunca mais vir aqui. Não só eu, mas também minha corja — falou ela com certo bom humor. — Mas quando fiz esse bolo de banana caramelizada que sei que vocês adoram, não podia deixar de lhes trazer um pedaço.
Belinha tirou o pano que cobria a travessa para que as irmãs pudessem ver e sentir o cheiro da sobremesa. Era de fato, de dar água na boca.
— Hum... — murmurou Durvalina, lambendo os beiços. — Parece muito *bão.*

– E está.
Assuntinha tomou a travessa das mãos da recém-chegada, voltou-se para Durvalina e falou, incisiva:
– Mas *ocê num* vai *comê* tudo, não!
– Assuntinha!
– É isso *memo*, Durvalina. Se eu *bobeá ocê* raspa o tacho. Ou *mió*, a travessa!
Belinha riu e Assuntinha, procurando ser simpática, falou:
– Senta aí, Belinha, *vô passá* um cafezinho *bão* pra *nóis*.
Assim ela fez e foi nesse instante que Durvalina lhe contou sobre seu rompimento com a igreja e os absurdos que viveu lá, nas mãos do porta-voz, na esperança de se casar.
– Esse povo é assim, mesmo, Durvalina – comentou Belinha, horrorizada. – Aproveitam-se dos inocentes e carentes para se enriquecerem.
O café foi servido e as duas mulheres pareciam crianças, saboreando o bolo delicioso. Foi quando Assuntinha ia abocanhar mais um pedaço, que ela parou ao meio, arregalou os olhos estranhamente e disse:
– *Ocê*, por acaso, num *enevenenô* esse bolo, *né?*
– Envenenar? – espantou-se Belinha. – Ora, minha irmã...
– É que... – gaguejou Durvalina, lançando um olhar para a irmã mais velha. Um olhar de dúvida, se deveria ou não contar o que se lembrou. Foi Assuntinha quem acabou revelando:
– É que... – ela riu. – *Ocê* lembra quando eu fui *pará* no pronto-socorro aquela *veiz?* Pois bem...
E ela contou os verdadeiros motivos que a levaram até lá, bem como Belinha depois de ter provado do pudim de leite condensado de Dona Generosa.
Belinha riu e admitiu:
– Neste caso, é melhor rir do que chorar.
Ela pensou que seria muito mal recebida pelas irmãs, que lhes custaria voltar a amizade com ela, mas não, em meros

segundos a impressão que tinha é de que nada acontecera entre as três.
— Agora se arrumem! — ordenou Belinha, pondo-se de pé.
— O quê?! — as duas irmãs se entreolharam.
— É, vistam um vestido bonito que eu vou levá-las ao cinema.
— Cinema?! — os olhos das duas brilharam. — É memo?
Belinha confirmou que sim com um ligeiro balançar de cabeça e um sorriso bonito. Por volta das quinze e trinta, as três chegaram ao cinema para pegarem a sessão das dezesseis horas.
O filme escolhido foi "Passagem para Índia" e, mesmo com legenda, algo que Durvalina e Assuntinha sentiram dificuldades para acompanhar, as duas adoraram o filme e o aconchegante escurinho do cinema, com pipoca, refrigerante e o lanterninha, vigiando os presentes. Dali, Belinha as levou para jantarem num restaurante muito gostoso e, depois, foram para a sorveteria que era considerada a melhor da cidade onde saborearam pelo menos três sabores de sorvete de massa.
Foi um dia fora do comum para Durvalina e Assuntinha, agradável e surpreendente demais. Ao deixá-las em casa, antes de partir, Belinha voltou-se para as duas e falou, seriamente:
— E podem falar mal de mim se quiserem. Falar ou pensar. Eu não vou me importar, o que me importa mesmo, é nos manter unidas.
As irmãs assentiram e, desta vez, com total sinceridade.

À noite, quando Belinha e Manoel, Maneco e Lieco estavam reunidos na casa da família, Belinha relatou os últimos acontecimentos. Maridelma e Flávio não estavam presentes porque haviam ido ao cinema também assistir a grande sensação das telas da época.
— O quê? — exaltou-se Manoel com a esposa. — Depois de tudo o que aquelas bruxas nos fizeram, você ainda as trata bem? O que deu em você, Belinha?

— É isso mesmo, mamãe — opinou Maneco. — O papai tem toda razão.

Lieco falou a seguir:

— Assim, Dona Belinha, elas vão pensar que se tudo volta às boas, não importa o que façam de ruim para os outros, tudo sempre acabará bem.

— É isso mesmo, mamãe! — reforçou Maneco, impostando a voz.

— Eu estou inconformado com você, Belinha — acrescentou Manoel, parecendo querer subir pelas paredes de ódio.

— Suas irmãs são más. Sei que é difícil para você aceitar o fato, mas...

Belinha lhe respondeu então à altura:

— Você diz que está decepcionado comigo, Manoel...

— E estou mesmo.

— Engraçado... Você se diz um homem tão religioso, tão devotado a Deus... Não perde uma missa a cada domingo, reza, comunga, ouve com atenção os sermões e, no entanto, é incapaz de perdoar o que minhas irmãs fizeram? Duas interioranas, quase sem cultura alguma, que não tiveram sorte no amor, também porque meu pai não lhes permitiu e... Que religiosidade é essa que não lhe permite perdoar, compreender o próximo? Que continua a deixar crescer em seu coração o mesmo nível de ódio e revolta que minhas irmãs deixaram crescer no coração delas? De que vale frequentar a igreja todo domingo, dizer de boca cheia que é religioso se diante de um fato como esse, que nos ocorreu, é incapaz de refletir a respeito para compreender e perdoar?

Manoel engoliu em seco. Não esperava por aquela resposta. Voltando-se para Maneco, Belinha também lhe reservou algumas palavras:

— E você, meu filho? Que se diz tão espírita, que fala com tanto orgulho a respeito do Kardecismo. Como pode o perdão continuar tão distante do seu coração? Como pode continuar julgando suas tias, sabendo que só a Deus cabe esse direito?

— Elas não são santas, mamãe.

– Eu sei, Maneco. São humanas. Em evolução. Foi você mesmo que me explicou que somos seres espirituais em evolução, lembra? Que não somos perfeitos, precisamos nos aperfeiçoar, expandir nossa consciência.

O rapaz abaixou a cabeça.

– Filho, de que vale você ir ao Centro, uma vez por semana, assistir às palestras, receber o *passe* se longe de lá, continua se deixando abater pelo ódio, rancor, revolta e inveja que os outros alimentam em seus corações?

Ela tomou ar e completou:

– Pelo pouco que sei do Espiritismo, assim como do Budismo, tudo que se faz, de bom ou de ruim, voltará para você, se não nesta vida, numa próxima, certo? Então, onde é inteligente se manter rancoroso com os outros?

Maneco Neto também não esperava por aquelas palavras tão pertinentes.

Voltando-se para Lieco, Belinha também lhe destinou algumas palavras:

– E você, Lieco? De família Budista, que faz um trabalho social maravilhoso. Onde fica a compreensão e o perdão para Durvalina e Assuntinha? Pouco conheço do Budismo, mas tenho a certeza de que o preceito é o mesmo de todas as religiões: amar o próximo como a ti mesmo!

A jovem também se sentiu constrangida diante da chamada de atenção. Belinha suspirou e concluiu seus pensamentos e sentimentos:

– Por isso, vou continuar ao lado de minhas irmãs, sim! Não só por serem minhas irmãs, mas por serem também duas criaturas de Deus. Elas necessitam da minha ajuda e do meu carinho, tanto quanto um carente. E talvez tenham razão quando me disseram que eu nunca tivera tempo para elas. De tão envolvida com a minha família, devo ter sido mesmo um pouco relapsa com ambas.

Ninguém dali soube mais o que dizer. Foi Manoel quem falou, finalmente:

– Você tem razão, Belinha. Fiquei tão preso ao ódio, à raiva

247

e à revolta pelo que Durvalina e Assuntinha nos fizeram, que não percebi que estava, de certa forma, agindo como elas.
Maneco e Lieco avalizaram as palavras de Manoel.
– Você tem toda razão quando diz que elas são suas irmãs e que deve se dedicar a elas... Laços de família não devem mesmo ser rompidos, era o que minha mãe sempre dizia.
Ele respirou fundo e foi sincero mais uma vez:
– Acho que devo lhe pedir desculpas e agradecer-lhe por ter me aberto os olhos. Tem razão, toda razão, quando questionou a minha religiosidade. De nada vale eu frequentar a igreja toda semana, ouvir o sermão, orar, pagar o dízimo se longe dali continuo uma besta.
Todos riram.
– O mesmo digo eu – afirmou Maneco.
– Eu também – admitiu Lieco.
– Que bom que eu pude ajudá-los de certa forma – completou Belinha, feliz.
Manoel foi até a esposa e a abraçou, carinhosamente. Maneco imitou seu gesto com a namorada.
Quando Maridelma e Flávio chegaram do cinema, o assunto foi novamente abordado e ambos também encorajaram Belinha a voltar às boas com as irmãs, tornar-se, até mesmo, mais próxima delas. Depois trocaram impressões sobre o filme assistido.

Desde então, Belinha passou a se dedicar mais às irmãs. Por meio de uma agência de turismo, levou-as para conhecer o sul do país. Porto Alegre, Caxias do Sul, Gramado. Para Durvalina e Assuntinha que nunca haviam viajado antes, foi como se compartilhassem do mesmo sonho.

Ao voltarem da viagem, quando as duas conversavam com Belinha na calçada em frente a sua casa, Manoel chegou do trabalho. Ao verem-no, as cunhadas, alarmadas, apressaram-se em partir, com medo de que ele as enxotasse dali como fizeram com Tereza e Belinha semanas antes.

– Durvalina! – chamou ele, esforçando-se para se mostrar alegre por vê-la, e foi abraçá-la. – Como vai?
– Manoel... – gaguejou Durvalina, deixando ser envolvida pelo abraço.
Depois ele cumprimentou Assuntinha com a mesma alegria e polidez.
– Já estava com saudades – acrescentou, sorrindo amarelo. – Gostaram da viagem?
– Sim, muito – admitiu Durvalina, ligeiramente corada.
– Eu também – admitiu Assuntinha, puxando Durvalina pelo braço. – Vamos, Durvalina, já *tá* tarde.
– Vamos, sim, Assuntinha.
As duas seguiram apressadas em direção a casa em que moravam, enquanto Manoel abraçado a Belinha, ouvia a esposa lhe dizer:
– Parabéns, Manoel... Você demonstrou hoje grande evolução.
– Não foi fácil, Belinha, mas...
– Pelo menos você está tentando.
– Sim.
E ele beijou a esposa, afetuosamente.
O próximo gesto carinhoso partiu de Maneco. Convidou as tias para irem assistir a uma palestra no Centro que frequentava. A palestra falava sobre a importância do humor e do riso na vida de todos.

Quantas vezes você sorriu hoje?
E na semana? E no mês?
Quantas vezes você sorriu para seus filhos, hoje?
E na semana? E no mês?
Quantas vezes você sorriu com seus filhos,
com seu bem amado, com quem vive ao seu lado, hoje?
E na semana? E no mês?
Rir faz bem para o coração, para a alma, para tudo. Foi descoberto recentemente que rir 12 minutos por dia é altamente saudável. Faz bem para a saúde!

Portanto, vale a pena investir naquilo que nos faz rir, que nos ensina a soltar boas gargalhadas. Tem muita gente que ainda não aprendeu a rir solto e liberto. Às vezes, até sabe, mas não se permite.

Depois da palestra, Durvalina e Assuntinha tomaram um *passe* e voltaram para casa, sentindo-se mais leves, como se um banho invisível tivesse lhes lavado a alma e, por isso, dormiram muito melhor naquela noite.

Lieco também fez um gesto carinhoso para com ambas. Convidou-as para irem a uma festa beneficente na sede budista que frequentava com sua família.

Foi lá, na frente de todos, que Assuntinha soltou mais uma de suas pérolas.
– Essa *estatueta* é do *tar* do *Bunda,* é?
– Buda, Dona Assuntinha. B-u-d-a!
– *Eta óme* feio, sô? Careca?! Odeio *óme* careca!
E todos riram da sua simplicidade.

Aos sábados ou domingos, Flávio, como sempre, aparecia para almoçar ou jantar com as duas, mas depois da reconciliação com Belinha, Maridelma passou a ir com ele e era sempre muito bem recebida, ainda que Assuntinha sentisse ciúme explícito, ao ver os dois juntos.

A próxima viagem turística de Durvalina, Assuntinha e Belinha foi para o litoral catarinense. As duas nunca haviam visto uma praia, a não ser por fotos. Diante do mar, elas pareciam ter voltado no tempo, regredido à idade de quatro, cinco anos, não mais do que isso. Era felicidade que não cabia em si. Belinha, mais uma vez, sentiu-se realizada por poder propiciar aquilo às irmãs, algo tão simples, mas de grande efeito para as duas.

Chegou o dia, então, em que Maneco surpreendeu as tias com uma sugestão magnífica e surpreendente.
– Bem, titias, tenho uma boa notícia para as senhoras.

– Boa notícia?!
As duas se entreolharam.
– Sim. O proprietário da casa que alugam, pôs ela à venda e penso que o valor que pede é razoável. Uma bela oportunidade para as senhoras terem uma casa própria na cidade...
– Mas é tão *véia*...
– Eu sei, mas num futuro próximo podem demoli-la e construir uma nova.
– Uma casa nova? – alegrou-se Assuntinha.
– Sim.
– Do jeitinho que *nóis quisé?*
– Isso mesmo.
– *Ocê* ouviu isso, Durvalina?
– Ouvi sim, Assuntinha. Que *maravia*, não?
– O importante agora – continuou Maneco –, é comprar a casa do jeito que está, garantindo assim o terreno que anda cada vez mais raro nesta região. Eu, no lugar das senhoras, não perdia essa oportunidade. Lembrando que o terreno é colado ao nosso, assim estarão sempre em contato conosco.
Elas finalmente se empolgaram:
– Se *ocê tá* dizendo que o negócio vale a pena, Maneco...
– Vale, sim, titias.
Belinha ajudou:
– É uma oportunidade única, minhas irmãs.
– É pegar ou largar – completou Maneco, sorrindo.
Durvalina e Assuntinha novamente se entreolharam e, com um sorriso de ponta a ponta, disseram, em uníssono:
– Então *nóis fica* com a casa!
Belinha e Maneco aplaudiram a decisão das duas.
– Falemos agora sobre o dinheiro para a compra – continuou o rapaz. – Quero saber como andam suas economias.
As duas novamente se entreolharam e logo o desânimo se estampou em suas faces, especialmente na de Durvalina.
– Bem... – gaguejou ela. – *Nóis num* tem muita economia não, sobrinho.

251

— Não, como não? — exaltou-se o rapaz. — Vocês duas não gastam com nada.
As irmãs se entreolharam, novamente, alarmadas.
— Vocês têm, sim! — afirmou Belinha, querendo ajudar. — Um bom dinheiro guardado que eu sei.
Foi Durvalina quem respondeu:
— É que a minha parte, Belinha, bem... eu dei tudo *pra* igreja que eu frequentava.
— Deu?! — Assuntinha soltou quase um grito. — Tudo aquilo?!!!
— Doei... — corrigiu-se Durvalina, apressada. — Mas foi por uma boa causa! *Pra* que Deus abençoasse a nossa casa em nome de Jesus.
— E desde quando, Durvalina — exaltou-se Assuntinha ainda mais —, o Criador precisa *recebê pra abençoá arguém* ou *arguma* coisa?
— Mas...
Ela começou a chorar.
— Durvalina foi uma tonta! — Assuntinha criticou. — Uma boba!
Durvalina tentou se defender:
— O Porta-Voz disse que quanto mais dinheiro eu desse *pra* igreja mais a minha vida ia *sê* abençoada por Deus.
— Durvalina... — murmurou Belinha, penalizada com a inocência da irmã.
Assuntinha não deixou por menos. Disse, com todas as letras:
— *Ocês acha memo* que a Durvalina deu o dinheiro *pra tar* da igreja *pra recebê* a bênção do Senhor? *Facinho!* Foi mais *pra consegui* um marido do que *quarqué* outra coisa!
Dessa vez foram Belinha e Maneco que se entreolharam, ainda mais perplexos.
— É isso *memo* o que *ocês ouviu!* — reiterou Assuntinha.

Durvalina tentou mais uma vez se defender:
— Eu vi ele *casá* tanta *muié* que... — ela não conseguiu

terminar a frase, chorou ainda mais sentida. – Buá!!!!
  Depois de consolar a irmã, Belinha voltou-se para a outra e perguntou:
    – E quanto as suas economias, Assuntinha? Você deve ter um bocado, não?
  A irmã fugiu do seu olhar.
    – Assuntinha... – insistiu Belinha.
  Com grande dificuldade a mulher respondeu:
    – Também *num* tenho mais nada não, Belinha.
    – Nada?!!!
    – É que apostei tudo no *tar* do jogo do bicho! Fui apostando, ganhando, perdendo, ganhando e quando vi...
    – Quer dizer que vocês duas não dispõem mais de suas economias para comprar a casa?!
  Belinha estava surpresa e inconformada com o que descobriu.
    – E agora? – lamentou Durvalina em lágrimas.
    – Agora – respondeu Belinha, entristecida –, teremos de esperar uma nova colheita para que possamos juntar uma boa quantia para comprar a casa. E torcer para que o proprietário não a venda até lá.
  A decepção tornou-se visível em todos, porém, ao saber de tudo, Manoel decidiu fazer um agrado às cunhadas que sempre prezou e tanto quiseram prejudicá-lo. Adiantou o dinheiro para comprarem a casa, reembolsando-lhe nas próximas colheitas. Ao saberem da notícia, as duas mal cabiam em si de felicidade e constrangimento diante do homem que tanto mal quiseram por inveja. As duas o abraçaram e choraram em seu ombro.
    – Nosso cunhado é *memo* muito *bão pra nóis* – exclamou Durvalina com voz embargada. *Eta cunhadão!* O *mió* de todos!
    – Uma beleza, uma doçura! O mais bonito – completou Assuntinha.
    – O mais bondoso – arrematou Durvalina.
    – O mais...
  Manoel resolveu dar um basta na lavação de elogios

exagerados.
— Agradeço a vocês duas por palavras tão... sinceras. Já são o suficiente, obrigado.
Com o filho, Manoel comentou, baixinho, minutos depois:
— Eu as vejo chorarem, me abraçarem calorosamente e, mesmo assim, não sei se é sincero.
— Eu também nunca sei, papai. Acho que nunca saberemos.
Risos.

O dia da assinatura da escritura foi comemorado depois com um almoço feito com muito carinho por Belinha e Maridelma. Tiveram direito até a um brinde com champanhe. Estavam todos presentes: Manoel, Maneco, Lieco, Maridelma, Flávio...
— Um brinde a Dona Durvalina, Dona Assunta e a casa agora de propriedade das duas! — falou Flávio, esbanjando alegria. — Viva!
E todos repetiram: viva!
Durvalina e Assuntinha pareciam ter rejuvenescido 10 anos de tanta alegria.

Parte 16

Quando a avó de Lieco adoeceu, Maneco passou a levar a namorada para visitas frequentes na cidade onde vivia. Lieco amava a avó, e tal como aprendera no Budismo, os antepassados deveriam ser reverenciados em vida, em morte, sempre. Depois de mais um dia de visita, o casal de namorados se preparava para voltar para casa, quando Maneco, ao adentrar seu carro, avistou as duas tias, seguindo à frente na calçada do outro lado da rua.
– O que foi? – a namorada perguntou.
Ele franziu a testa para ver melhor e respondeu, pensativo:
– Minhas tias.
– Suas tias?!
A moça virou-se naquela direção.
– O que têm elas?
– A questão é: onde vão elas?
– Visitar alguém, certamente.
– Aqui?! Nunca soube que tivéssemos parentes na cidade.
– Você ainda fala delas como se ambas fossem duas bandidas! Os tempos são outros, Maneco... Elas agora são outras, esqueceu?
– É que depois que alguém apronta uma com você, Lieco, fica meio difícil acreditar nessa pessoa totalmente, não acha? A gente confia, desconfiando.
– Deixe-as em paz, Maneco.
– Quer saber de uma coisa? Você está certa, foi exagero meu, desculpe-me.
Os dois trocaram um beijo afetuoso e Lieco ligou o rádio. A

estação AM tocava, naquele momento, sua música favorita.
— Adoro essa canção.
— Você já observou que toda música sertaneja fala de traição ou de rejeição?
— Ah...
— É sério. Pode observar.
Maneco riu, enquanto Lieco aumentava o rádio. Foi quando ela começou a cantar o refrão, junto com a dupla sertaneja, que o rapaz soltou um uivo de satisfação:
— Já sei!
— O quê?
— O que elas vieram fazer aqui na cidade! É onde o vovô foi enterrado, vieram certamente ao cemitério.
— Pode ser, meu querido, mas o cemitério que eu saiba fica na entrada da cidade, a não ser que haja outro no final desta rua.
— É, você tem razão. Você quer saber de uma coisa? Vou tirar a cisma.
Ele pisou no freio, olhou pelo retrovisor e, assim que pôde dar meia volta, fez. Não levou muito tempo para que avistasse as duas tias, seguindo pela calçada.
— Lá estão elas. Parecem dois corvos, não?
— Maneco!
Ele riu.
— Por que não dá carona as duas?
— É, talvez você tenha razão.
— A mulher na relação, querido, tem sempre razão.
— Ai ai ai!!!
Risos.
Ele já estava estacionando o veículo quando as tias pararam em frente a um portão de ferro, largo e pintado de marrom. Logo apertaram a campainha e o portão se abriu e as duas entraram.
— As duas vieram à cidade mesmo para visitar alguém — concluiu Lieco. — Algum parente ou amigo.
— Só pode. Vou perguntar à mamãe quem mora aqui.

Maneco ficou por alguns minutos divisando o portão, coçando atrás da nuca, com a sensação crescente de que algo estava errado naquilo tudo. Sem mais delongas, deu meia volta e retomou seu caminho.

Assim que encontrou a mãe, perguntou:
— Mamãe a senhora tem algum parente em Santa Mariana?
— Parente? Que eu me lembre, não, por quê?
— Porque vi as titias lá, hoje.
— Suas tias? Assuntinha e Durvalina?
— As próprias.
— Que estranho... Ah, Maneco — Belinha riu. — As duas certamente foram visitar o túmulo onde o seu avô foi enterrado.
— Pode ser. Mas eu as encontrei numa rua bem longe de onde fica o cemitério da cidade. Pararam em frente a um casarão e entraram.
— Casarão? Que tipo de casarão?
— Um casarão...
— Vou perguntar a elas que lugar é esse, assim que chegarem. A não ser que tenhamos um parente lá e eu desconheça ou me esqueci por completo.
— Pode ser.

Assim que encontrou as irmãs naquele final de tarde, Belinha perguntou a respeito da ida de ambas à cidade em questão.
— Ah!!! — as duas exclamaram em uníssono.
— Fomos visitar a Marieta. Lembra-se dela? — foi Assuntinha quem respondeu.
— Marieta? Não.
— Ah!!! É porque quando *nóis conheceu* ela, *ocê* já tinha mudado da fazenda, Belinha. Ela era amiga da dona da fazenda vizinha *da* nossa. Conheceu *nóis* por acaso...
— Foi sim, Belinha — confirmou Durvalina. — Quando *fomo na* quermesse...
— À missa — completou Assuntinha ao mesmo tempo. As duas coraram.

– À missa ou à quermesse? – indagou Belinha, carregando o sobrolho.

Ambas riram.

– Nos dois lugares – respondeu Assuntinha vermelha como um pimentão. – Eu a conheci quando fui à missa e Durvalina na quermesse. Foi isso...

– Foi... foi isso *memo* – confirmou Durvalina. – Uma criatura tão amorosa.

Belinha fez ar de assentimento e falou:

– Estou querendo ir visitar o túmulo do nosso pai. Ando sonhando muito com ele recentemente. Acordo sempre com uma sensação esquisita.

– Isso é normal, Belinha. A saudade faz isso com *nóis*.

– Não sei... Nunca senti isso antes.

– *Fiínha, num* se *preocupa* mais com isso. Já *tivemo* lá, *pusemo fror* e *tá* tudo uma beleza.

– *Pusemo* muita *fror.*

– *Fror...* Muita *fror.*

– Mas eu queria tanto ir visitar... é mais do que querer, entende?

– Não, Belinha, *num* entendo. Além do mais, cemitério *num* é lugar de ir sempre. Deveria ser só *memo* uma vez na vida e outra na morte, só isso.

– De qualquer modo...

– De *quarqué* modo *ocê num* merece *perdê* seu tempo, visitando um lugar tão triste como aquele.

Assim que Belinha encontrou o filho naquela noite, Maneco perguntou à mãe:

– A senhora conversou com as duas? Descobriu o que foram fazer lá?

– Foram visitar o túmulo de seu avô e uma conhecida.

– Sei...

Belinha, analisando o semblante do filho, concluiu:

– Maneco, você ainda continua desconfiado de suas tias? Não confia nelas plenamente?

– Desculpe-me, mamãe, é que para mim, depois que alguém me apronta algo, é sempre tão difícil confiar nessa pessoa novamente. Descobri que para mim é mais fácil perdoar, do que voltar a confiar.
– Mas suas tias mudaram, filho.
– Foi o que a Lieco me disse.
– Então...
O filho beijou a mãe na testa, pediu-lhe novamente desculpas e prometeu:
– Juro que vou me esforçar para voltar a confiar nas duas, mamãe. É uma promessa.
A mãe sorriu, feliz.

Dias depois, de tanto sonhar com o pai, Belinha fez um pedido muito sério a Manoel:
– Preciso ir a Santa Mariana visitar o túmulo do meu pai, você poderia me levar?
– Poderia ser um funcionário meu?
– É lógico que sim, Manoel!
– Então é só me dizer quando.
– Amanhã, se não estiver ocupado.
– Mesmo que tenha algum compromisso, delego para outra pessoa.
– Obrigada.
Ela o beijou, agradecida.
Imediatamente, Belinha foi convidar as irmãs para irem com ela.
– Mas *nóis teve* no cemitério *num* faz uma semana, Belinha – respondeu Assuntinha com desânimo.
– Eu sei, mas como lhes disse, ando sonhando muito com o papai, o que para mim significa que devo ir visitar seu túmulo.
– Belinha, Belinha, *ocê* sabe o que o povo diz, *né?* – preveniu Assuntinha. – Quem muito frequenta o cemitério logo se muda *pra* lá.
– Nunca ouvi isso em toda a minha vida – respondeu ela,

rindo.
— Não?! Mas, Belinha, esse é um ditado tão popular.
— Nunca ouvi.
As irmãs deram de ombros e acabaram cedendo ao pedido da caçula diante de sua insistência.
No dia seguinte, lá foram as três à cidade de Santa Mariana, levadas por um funcionário da empresa de Manoel. Passando a entrada do cemitério, as três dobraram à esquerda e começaram a subir a alameda levemente íngreme que havia ali. Ao chegarem ao topo, tomaram o caminho da direita e logo pararam em frente ao túmulo de seu Honório José das Palmeiras. Belinha fez o Nome do Pai e se pôs a rezar um Pai Nosso. As duas a acompanharam enquanto choravam feito carpideiras.
— Pobre papai. Nem tive tempo de me despedir dele — lamentou Belinha, lacrimosa. — A vida é muitas vezes, ingrata.
— Sem dúvida, Belinha — concordou Durvalina em meio a um choro exagerado.
Elas já iam partindo do local quando um dos funcionários do cemitério, passou novamente pelas três e fez um aceno, lançando um olhar muito suspeito para o trio.
— Que homem estranho! — murmurou Belinha.
Nem bem fechou a boca, o funcionário chamou as três.
— Senhoras.
Foi Assuntinha quem travou os passos, primeiramente, e voltou-se para trás. Diante do sinal do sujeito, ela disse:
— Ele deve *tá* querendo *falá* do trocadinho que eu e Durvalina *damo pra* ele *mantê* o túmulo sempre limpinho. *Ocês* vão na frente, que eu *vô* logo atrás. Encontro *ocês* na entrada do cemitério.
Belinha quis esperar pela irmã, mas Durvalina gentilmente insistiu para que continuassem. Assim que Assuntinha se uniu novamente as duas, falou, com raiva:
— Esse *pessoar num* se contenta *memo* com nada, *sô. Nóis* dá a mão e eles logo *qué* o pé. *Eta* gente mesquinha.

– Não sabia que haviam combinado com um funcionário para manter o túmulo bem cuidado – comentou Belinha a seguir.
– É o mínimo que *nóis podia fazê* pela memória do pai, *né,* Belinha? – respondeu Durvalina com voz de comoção.
– Verdade. Quero colaborar.
– Nada disso, *fiínha* – adiantou-se Assuntinha. – *Ocê* já faz muito por *nóis*. Muito *memo*.
Belinha voltou para a casa, sentindo-se satisfeita. Agora podia dormir mais tranquila, sem o peso de estar sendo negligente quanto à memória do pai.
Maneco, assim que encontrou a mãe, quis saber aonde ela havia ido:
– Fui ao cemitério com suas tias, filho. Visitar o túmulo de seu avô. Eu tinha de ir, filho. Não posso deixar o lugar abandonado. Não é certo.
– Compreendo.
O filho abraçou a mãe e acariciou seus cabelos. Em meio ao seu abraço, Belinha, entre lágrimas, comentou:
– Você acredita, filho, que suas tias pagam um funcionário do cemitério para manter o túmulo bem cuidado?
– Jura?! Eu jamais pensei que se preocupariam com isso.
– Pois é. Isso revela que a gente nunca conhece uma pessoa totalmente. Como eu sempre disse: suas tias são boas e acredito nisso piamente.
Maneco aproveitou mais aquela noite, para rever seus julgamentos sobre as tias, algo importante para ele, para se sentir melhor.

Semanas depois, lá estava Maneco novamente em Santa Mariana, acompanhando Lieco em mais uma visita à avó adoentada. Durante o tempo todo, o rapaz se manteve quieto e distante.
– O que foi? – perguntou Lieco assim que entraram no carro para voltarem para casa.

– Sinto-me estranho... Com uma sensação esquisita – respondeu ele com voz profunda e gutural. – Já venho me sentindo assim já faz alguns dias. Cheguei até a falar com Dona Eliza no Centro, recebi um *passe*, mas...
– Maneco, Maneco, Maneco!
– Por que está falando assim comigo?
– Porque te conheço bem, meu amor. Abra-se comigo. Vamos! O que tá pegando? Alguma coisa anda te martirizando, o que é?
– É que... – havia uma boa dose de constrangimento na sua voz, agora.
Lieco riu e o incentivou a falar:
– É sobre suas tias, não é?
– Sim – respondeu ele, ligeiro, transparecendo grande alívio. – Por mais que eu tente, não consigo confiar nelas plenamente.
– Pare de se culpar por isso e você se sentirá melhor.
– Melhor mesmo, Lieco, eu só vou me sentir se...
Ele deu meia volta com o carro e tomou outra direção.
– O que deu em você?! – assustou-se Lieco, segurando-se firme no assento.
– Só há um jeito de eu me sentir melhor, Lieco. Só um! Depois eu peço perdão a Deus, de joelhos.
Minutos depois, o veículo estacionava em frente ao casarão onde havia o portão de metal pintado de marrom.
– Que lugar é esse?
– É o lugar onde minhas duas tias estiveram naquela tarde, lembra?
– Sim, mas o que o traz aqui?
– Fiquei curioso, sabe? Vai que esse lugar é uma casa da luz vermelha e...
– Suas tias jamais visitariam uma... São religiosas e muito recatadas, não?
– Nunca se conhece alguém de verdade, Lieco. Nunca!
– Não exagere.
O portão se abriu naquele instante e uma moça de rosto

simpático apareceu:
– Pois não?
– Boa-tarde, essa casa... ou melhor, esse casarão é uma residência?

A moça fez ar de interrogação.
– Quem é o senhor?
– Meu nome é Maneco Lustosa Neto. É que vi outro dia minhas duas tias visitando esse lugar e gostaria de saber, se possível, que lugar é esse... É que elas andam *variando*, sabe como é, por causa da idade...

A moça pareceu indecisa por alguns minutos, por fim respondeu o que o jovem queria saber. Maneco e Lieco se entreolharam, pasmos e chocados ao mesmo tempo.

Foi no dia seguinte, logo pela manhã, que Maneco voltou novamente ao casarão cujo portão era marrom. Desta vez, tinha sua mãe e Maridelma ao seu lado.
– Que lugar é esse, filho? – indagou Belinha, intrigada.
– A senhora já vai saber.

O portão se abriu e, segundos depois, a mesma moça com quem Maneco havia conversado no dia anterior, apareceu.
– Pois não? – disse ela muito polida.
– Olá. Trouxe minha mãe para fazer uma visita a quem lhe falei ontem.
– Ah, sim, pois não. Queiram entrar, por favor.

Belinha, sem entender nada, acompanhou o filho, Maridelma os seguiu. Foi uma tremenda surpresa quando mãe e filha avistaram Manoel lá dentro, aguardando pelos três.
– Manoel?! – exclamou Belinha, surpresa.
– Papai! O que o senhor está fazendo aqui? – quis saber Maridelma também surpreendida por vê-lo ali.
– É uma longa história, filha.

Ele abraçou a esposa e disse, olhando firmemente em seus olhos:
– Estou aqui por causa de sua mãe. Para lhe dar coragem e força.

263

Belinha, encolhendo-se toda, falou:
— Estou começando a ficar assustada. Um de vocês quer me dizer o que está acontecendo aqui?
O marido assentiu e puxou a esposa até uma amurada onde a fez se sentar.
— É novamente sobre suas irmãs, Belinha.
— Minhas irmãs? O que as duas aprontaram dessa vez?
Foi Maneco quem respondeu:
— Elas mentiram para a senhora quando disseram que o vovô estava enterrado nesta cidade.
Os olhos de Belinha se arregalaram ainda mais.
— Mentiram?!...
— Sim.
— Mas eu fui ao cemitério, vi o túmulo, a placa... Seu pai foi junto comigo na primeira vez em que estive lá. Vi também o funcionário que suas tias pagam mensalmente para cuidar do lugar.
Maneco, procurando se manter calmo, falou:
— A senhora ainda não percebeu o que aconteceu, mamãe? Elas mandaram fazer aquela placa e, o tal funcionário que a senhora pensa que elas pagam para manter o túmulo em ordem, é, na verdade, para pôr a placa com o nome do vovô, toda vez que elas pedirem.
— Não pode ser.
— Mas é.
Maridelma estava boquiaberta tanto quanto a mãe.
— Mas se o avô de vocês não está enterrado nesta cidade, aonde então ele foi sepultado?
— Em lugar nenhum, mamãe.
O rosto de Belinha se transformou ainda mais e Maneco explicou:
— Não foi enterrado em lugar nenhum porque ele, mamãe, bem... Não morreu! Está vivinho da Silva. Morando aqui nesta casa de repouso.
O horror tomou de vez a face de Belinha. Foi preciso trazer água e calmante para ela se recompor.

O baque maior foi quando ela reencontrou o pai, sentadinho no fundo da grande varanda que cercava o lar dos idosos.
— Papai? — murmurou ela, entre lágrimas.
Os olhos de Seu Honório José das Palmeiras se encheram d'água quando avistaram a filha.
— Bela, Belinha... ocê finarmente veio me vê, fiinha.
A filha abraçou o pai enquanto derramava-se em pranto. Todos choraram com ela.
— Papai... — sibilou Belinha entre lágrimas. — Como é bom revê-lo, papai.
— *Fiiínha...*
— Eu amo você, papai.
— *Fiínha...*
— O senhor está sendo bem tratado aqui?
A resposta pareceu saltar-lhe a língua:
— Sim, *fiinha.*
— Mesmo?! Seja sincero comigo, papai.
— Aqui é *bão* sim, *fiinha...* O médico *mandô* eu vir *pra* cá, aqui *tô* eu, *né?*
— Ô, papai...
E novamente a filha abraçou o pai adorado.

Com a promessa de voltar no dia seguinte, Belinha e sua família partiram. Durante todo o trajeto, ela se manteve calada e pensativa. Ao chegarem a casa, ela descansou por meia horinha e, então, mostrou-se disposta a ir conversar com as duas irmãs a respeito do que descobriu.
— A senhora quer que eu vá com a senhora, mamãe? — prontificou-se Maridelma.
— Não, filha. É melhor eu enfrentar essa barra sozinha.
— Se a senhora prefere assim...
— Será melhor.
A mãe deu um passo e Maneco, falou:
— Mamãe, boa sorte!
Ela voltou-se para ele e tentou sorrir. Tomou ar e prosseguiu, adentrou o quintal em frente à casa das irmãs e parou junto

265

à porta que dava acesso à sala. Deu três toques e aguardou.
— Quem é? — ouviu-se a voz de Durvalina. — Se *qué* esmola, vá embora! *Num temo* nada, não!
Belinha repetiu os toques.
— Vai vê quem é, Durvalina — pediu Assuntinha com voz autoritária.
— Por que *ocê num* vai?
— Por que *tô* tricotando, *num tá* vendo?
— *Tá bão!* — Ela foi, mas foi resmungando: — Tudo eu, tudo eu nessa casa!
Espantou-se, ao ver Belinha ali parada, olhando seriamente para ela.
— Bela Belinha, *ocê*, querida?!
Belinha assentiu sem perder a seriedade.
— Quem é? — perguntou Assuntinha, esticando o pescoço para frente.
— É a Belinha, Assuntinha.
— Ah...
— Posso entrar? — perguntou Belinha na sua delicadeza de sempre.
Durvalina imediatamente abriu a porta para lhe dar passagem.
Ao vê-la, Assuntinha pôs o tricô de lado e prestou melhor atenção a irmã recém-chegada.
— O que houve, *fiínha? Ocê* parece nervosa... Aconteceu *arguma* coisa?
— Já sei! — adiantou-se Durvalina. — O Manoel tem *memo* outra, é isso? *Finarmente ocê* descobriu. Ô, coitada e *nóis tentô* te *avisá!*
— Não é nada disso — respondeu Belinha quase chorando.
— Então diz, eu e Durvalina *tamo* ficando *preocupada.*
Belinha buscou dentro de si coragem para prosseguir:
— Estou muito decepcionada com vocês.
As duas se entreolharam e disseram, juntas:
— Com *nóis?!*

— Com vocês, sim!
— Mas o que foi que *nóis fez*? Diz.
— É, *fíinha*, diz...
Belinha tomou ar e aguardou, por alguns segundos, amenizar o calor dentro do seu peito. Só então disse:
— Como puderam mentir para mim durante todo esse tempo?
— Mentir?!
As duas ficaram visivelmente alarmadas.
— É. Mentir. Papai está vivo, vivíssimo! Descobri isso horas atrás. Estive com ele na casa de repouso. Local onde vocês o deixaram internado.
As duas irmãs se encolheram.
— Por que fizeram isso? Onde já se viu inventar uma mentira pavorosa dessas?
As duas agora estavam vermelhas, estupidamente rígidas e mudas. Apenas os olhos pareciam se mover.
— Eu quero uma resposta! — tornou Belinha ligeiramente enfurecida. — Jamais pensei que pudessem me decepcionar tanto.
Assuntinha franzia o sobrolho em desagrado, parecendo querer digerir o que estava acontecendo. Durvalina parecia fazer o mesmo.
Um silêncio desconfortante se estendeu a seguir e, quando não mais pôde ser tolerado por Assuntinha, seu rosto afilado e entediado, endureceu, e ela disse numa exclamação aguda e enojada:
— *Ocê*, Belinha... Nunca teve de ouvir os *berro* daquele *óme* que *ocê* chama de pai. Nunca teve de *lavá* as *cueca suja* dele, *limpá* os *banheiro, ouvir* os *arroto* que ele dava na mesa... Não, *ocê* nunca *passô* por nada disso.
— É isso *memo*, Belinha — colaborou Durvalina. — *Ocê* nunca *passô* por nada disso.
Assuntinha prosseguiu:
— O pai é um *óme* que nunca foi capaz de *dizê* uma palavra de carinho *pra nóis*. Uma palavra de amor... Nunca foi *capaiz*

267

de *dá* um abraço em *nóis* duas. *Dizê* um "muito obrigado" por tudo que *nóis* fazia *pra* ele.
— Nunca — confirmou Durvalina, olhos lacrimejando. — *Nóis* fazia, fazia e fazia de tudo por ele e ele só sabia *espezinhá nóis* duas!
Assuntinha reassumiu a conversa:
— *Nóis aguentô* nosso pai por tempo demais, Belinha. Por tempo demais! *Ocê casô*, teve *fio*, noites e noites de amor e alegria, enquanto *nóis ficô presa* naquela casa *véia*, nas *mão* daquele *óme* que *arguém* lá de cima ou do inferno, por pirraça, fez dele o nosso pai.
Belinha, chocada, murmurou:
— Vocês amam o papai, sei que amam.
Durvalina foi sincera ao responder:
— *Amamo memo*. Infelizmente.
— *Ocê* sabe o que foi *vivê presa* naquele casarão da fazenda, imaginando como seria o mundo lá fora, o que tinha a oferecer *pra nóis,* o mundo que *ocê,* seu marido e seus *fio* tanto contava e *nóis* nunca podia *prová*. Um mundo que *nóis sonhava vivê* todo dia, *todo* instante, mas por causa do pai...
— Eu jamais pensei... — balbuciou Belinha, entristecida também por ver a realidade em que as irmãs viveram durante anos. Ela sabia que era verdade, conhecia bem o pai.
Assuntinha completou o que ia dizer:
— *Ocê* jamais *pensô* que a nossa vida fosse tão *miseráve* ao lado do pai, *né?* É lógico que não, pois como já *dissemo, ocê* nunca teve tempo *pra nóis.*
Assuntinha suspirou e prosseguiu:
— *Nóis tava cansada* do pai... De *sofrê* nas *mão* dele... Lá onde ele tá hoje, ele *tá mió.* É bem tratado, sabia?
Belinha levou as mãos aos cabelos, num gesto desesperador e, chorando, desabafou:
— Deus meu, tudo isso é pavoroso...
Durvalina, deixou o corpo relaxar no sofá e fez novo desabafo:
— Aquele *véio* chato só sabia *berrá* e *mandá.*

Assuntinha reassumiu a conversa:
— *Nóis* queria a liberdade, Belinha. A chance de *tê* um pouco de paz, só isso. Por isso, *colocamo* o *véio* lá, naquela casa de repouso. Um lugar asseado, onde o danado é bem cuidado. Tanto a vida dele quanto a nossa *miorô* depois que ele foi *morá* lá. Foi *bão* pra ele *ficá* lá tanto quanto foi *bão pra nóis ficá* sem ele.

Belinha, mirando fundo seus olhos, falou:
— Deveriam ter me dito o que sentiam...
— *Ocê* nunca ia *deixá nóis levá* o *véio pra* lá, *Belinha*. Ia? Confessa. *Num ia!*

O silêncio caiu pesado no recinto, levou quase três minutos até que Belinha dissesse:
— Por mais que uma casa de repouso seja um lugar que ofereça tudo que há de bom para o nosso pai.
— Seu pai — corrigiu Assuntinha rapidamente. — Pra *nóis* foi sempre um carrasco.
— De qualquer modo — continuou Belinha —, não quero, não posso, não acho certo deixá-lo morando lá.
— *Ocê*, por acaso, *tá* querendo *trazê* o *véio* ranzinza de *vorta pra nóis* duas *cuidá*? O *véio* que nunca teve uma palavra de amor *pra nóis*? O *véio* que sempre fez o *possíve* e o *impossíve pra espezinhá* as *fia*?
— Ainda que ele seja ranzinza, insuportável, é o nosso pai, Assuntinha.
— Então, *ocê* que fique com ele, Belinha. Na *tua* casa!
— Vou falar com o Manoel.
— Fala, fala sim! Porque o pai, morando com *nóis,* nunca mais!
— Como disse, vou falar com o Manoel.

Quando Belinha chegou a casa, largou seu corpo no sofá e chorou, sentida. Os filhos e o marido a consolaram.
— Inacreditável o que essas duas são capazes de fazer... — admitiu Manoel com raiva.
— Tenho pena delas, Manoel — admitiu Belinha, ao se

269

recompor. – Ao conversar com as duas a respeito, elas me fizeram ver um outro lado da história, um que eu via, mas não inteiramente.
Belinha continuou:
– Conhecemos na vida muitas pessoas. Umas boas, outras más. Devemos agradecer a Deus quando encontramos pessoas boas. E as ruins também, pois com elas aprendemos que a ruindade tem sempre motivos para existir e não vale a pena.
– Belinha...
– Mamãe – interrompeu Maneco. – A senhora continua com pena das duas depois do que fizeram com o vovô?
– Calma, Maneco – interveio Maridelma. – As titias são irmãs da mamãe, a mamãe as ama.
O rapaz levantou-se e procurou se conter, sem muito sucesso.
– Filho – pediu Belinha, chorosa. – Elas sofreram um bocado, tendo de conviver com seu avô. Só agora percebo.
– Ora, mamãe, quantas e quantas pessoas não sofrem diariamente na vida, ao longo da vida e, nem por isso, transformam-se num monstro como elas. Só porque sofreram agora é motivo para terem feito tudo o que fizeram?
– Tente compreendê-las, Maneco!
– Eu tento, mamãe, eu juro que tento, mas não consigo! Acho que estou com a cabeça quente. Preciso tomar um *passe*.
Maridelma opinou mais uma vez:
– Eu também tenho pena das titias.
– Ah, tá, Maridelma... – revoltou-se Maneco novamente. – Quer dizer então que um cara rouba e mata, porque sente inveja do que o outro tem e, tudo bem? Temos de ter pena dele por não ter o que sonha e nem faz por merecer? Eu não concordo. Preciso mesmo refrescar a minha cabeça!
Ele bufou.
Sem que percebessem, Manoel deixou a casa para visitar as duas cunhadas. Deu três toques na porta e ao verem-no ali, foi preciso Durvalina tapar a boca para conter o grito.

— Manoel! — alarmou-se Assuntinha, ao vê-lo, entrando sem ser convidado.
— Só vim avisar as duas — começou ele, sério como nunca —, que o que vocês fizeram dá cadeia.
— Cadeia?!!! — ambas se arrepiaram. — Do que *ocê tá* falando?
— Fingir que o pai de vocês havia morrido, pagar para um funcionário do cemitério emplacar uma cova com um morto que nunca existiu, forjar uma certidão de óbito, o que devem ter pago uma boa quantia, para o trambiqueiro que a forjou, bem, tudo isso é mais do que o suficiente para vocês irem parar na cadeia.
— *Ocê* vai entregá *nóis duas,* Manoel? Suas *cunhada querida* do coração?
Ele riu, implacável e respondeu a toda voz:
— Vou, vou sim!
Elas o peitaram com os olhos e ele não recuou, peitou ambas da mesma forma.
— Eu acho bom vocês duas irem pedir desculpas para a Belinha e acolher o pai de vocês aqui, antes que as denuncie para a polícia. E antes também que eu tome essa casa de vocês!
Os lábios de Durvalina tremeram e o queijo de Assuntinha também. Elas já não estavam mais conseguindo conter o pavor dentro de si.
Ao despedir-se, Manoel fez um adendo:
— Quero meu sogro aqui nesta casa o mais tardar amanhã à tarde, tempo suficiente para vocês duas tirarem do lugar onde o deixaram. E quero que cuidem dele como se cuidassem da pessoa mais preciosa na vida de qualquer ser humano: Jesus.
— *Ocê* tem a ousadia de *compará* aquele *véio* insuportável com Jesus?
Manoel não respondeu, apenas partiu, pisando duro. Ao chegar ao portão, lançou novamente um olhar ameaçador na direção das cunhadas, que tremeram nitidamente.

Assim que se fecharam na casa, as duas encostaram-se contra a porta e desabafaram uma com a outra:
— Ele pode *memo mandá nóis* duas pra prisão, *num pode?*
— Pior que pode, Assuntinha.
— *Mardito.*
— Nojento.
— Agora *nóis vai tê* de *fazê* o que ele *mandô, pra escapá* da polícia.
— E *continuá* com essa casa.
— Sim, sim.

Manoel seguiu caminho, levando consigo um sorriso bem humorado. Ria da expressão no rosto das cunhadas, apavoradas com o que ele jamais faria contra elas.
— Aquelas duas são terríveis e, ao mesmo tempo, cômicas — comentou consigo mesmo, rindo.

Ao saber de tudo, Flávio ficou novamente surpreso, mas, por nenhum momento, permitiu se voltar contra as duas que o ajudaram quando mais precisou.

Ao reencontrar Lieco, Maneco desabafou:
— Mamãe agora está com pena das duas; penso até que se sente culpada por elas morrerem de inveja dela, por não terem tido uma vida feliz como a dela. Será que ela não compreende que ninguém pode ser responsável pela felicidade alheia, que por mais que nos esforcemos para fazer alguém feliz, ele só será de fato feliz se decidir ser?
— Ela pode vir a saber, Maneco, tudo é uma questão de tempo. Tenha paciência com ela.
— É — ele suspirou, expelindo o peso da indignação. — Você tem razão, meu amor. Como sempre e acho que é por isso que te amo.
— Só por isso?
Ele riu, recuperando o bom humor.
— Não! Também por fazer minha vida mais feliz e colorida.

Completar o que não se pode completar sozinho. Ele a beijou e abraçou firme e fortemente, devotando-lhe todo o amor que sentia por ela.
— E nossa história vem de muito tempo, Maneco... Começou há muitas vidas atrás. E não termina nesta. Ele, sorrindo, deixou que um novo beijo lhe dissesse mais do que mil palavras.

No dia seguinte...
As duas entraram na casa de Belinha, a passos lentos e inseguros.
— Belinha... — chamou Durvalina com um fio de voz.
Belinha, olhos ainda vermelhos de tanto chorar, olhou para ambas sem dizer uma só palavra.
— *Descurpa nóis*, Belinha... — foi Durvalina quem falou primeiro. — *Nóis errô, errô* sim, mas quem não erra? Já disse o padre...
— A Bíblia... — corrigiu Assuntinha.
— Ah, sim, a Bíblia! Lá tá escrito que Jesus certa *veiz, falô:* "Quem *num tivé* pecado que *num* atire a primeira pedra!".
— Não, Durvalina! — Assuntinha novamente quis corrigir a irmã. — Quem *num tivé* pecado que não atire a primeira pedra, nem a segunda, nem a terceira... Mas depois...
Belinha ajudou:
— O certo é: "Quem não tiver pecado que atire a primeira pedra.".
— Isso *memo, fiínha...* isso *memo. Nóis pecô,* mas...
As duas se puseram a chorar tão forçadamente, que a cena se tornou mais cômica do que dramática. Então, Durvalina se ajoelhou aos pés da irmã caçula e falou, com voz de personagem de Shakespeare:
— Pode *ficá* tranquila que *nóis vai recebê* o pai de *vorta. Vamo cuidá* dele com o *memo* carinho e dedicação de sempre. Porque uma coisa é certa, eu e Assuntinha sempre *cuidô* dele muito bem.
— Isso é verdade — admitiu Belinha, emocionada.

273

– Sim, Belinha, é. *Nóis* só *num qué vortá* a *morá* na fazenda. *Gostamo* daqui.
– Perdoa *nóis*, irmãzinha. Perdoa? – interveio Assuntinha a seguir.

Belinha estava prestes a responder quando Manoel, que até então se mantivera escutando a conversa, parado num canto escondido do corredor rente à sala, entrou no aposento e disse:

– Se vocês duas querem mesmo o perdão da Belinha, que mostrem, por meio dos cuidados para com o pai de vocês, que realmente merecem o seu perdão.

– Manoel... – agitou-se Belinha sem ir além.

– É isso mesmo, Belinha. Quero saber se o que elas estão prometendo, não é da boca *pra* fora.

– Cunhado! – exaltou-se Durvalina, fingindo indignação.

– É *craro* que não!

E as duas irmãs se entreolharam, falando pelo olhar, como de hábito.

Foi naquela mesma tarde que ambas receberam o pai na casa em que viviam agora na cidade. Foi Manoel e Maneco que foram buscá-lo na casa de repouso.

– Papai! Que bom rever o senhor – Durvalina fingiu saudade, juntando as mãos em sinal de louvor.

O homem resmungou alguma coisa inaudível.

– Seja bem-vindo, papai – reforçou Assuntinha com uma exclamação suspeita. – A casa é modesta, mas é aconchegante, o senhor vai *vê*.

Seu Honório José mediu as duas de cima a baixo e falou, com descaso:

– *Ocês* duas *num passa* de duas *cobra*. Duas *cobra* venenosa.

– Papai – repreendeu Belinha. – Elas são boas com o senhor.

– Essas duas? – riu – São dois demônios *disfarçado* de *muié*.

– Não exagere, papai.

O jantar aquela noite foi na casa de Belinha com a presença de todos, exceto de Durvalina e Assuntinha que se sentiam envergonhadas pelo que fizeram. Flávio e Lieco se simpatizaram com Seu Honório José, que os tratou bem, no seu jeito modesto de sempre, sem deixar certamente de arrotar à mesa e limpar a dentadura, com seu dedo, como se fosse um fio dental.

Somente quando o pai adormeceu, aquela noite, é que ambas tiveram um pouco de paz.

– *Finarmente* o *véio* pegou no sono. Ufa! *Tô* acabada! – bufou Durvalina.

– Antes tarde do que nunca! – opinou Assuntinha, coçando o seu nariz de bruxa.

– Nosso martírio *recomeçô,* minha irmã.

– Isso *num* é certo, *num* é... Enquanto a outra, a *fíinha* do coração, dorme ao lado do marido, *nóis somo* obrigada a *dormi* aqui do lado desse *óme* malcriado. Que ódio!

– *Num fala,* Assuntinha. *Num fala.* É *memo* muito *farta* de sorte a nossa!

***

Não eram somente Durvalina e Assuntinha que se deixavam corroer pela inveja. Muitos mais na cidade, no Estado e no país apodreciam do mesmo mal. Sentir ódio, raiva e implicância por alguém são também efeitos do doce amargo da inveja.

Juares Montes passou a ter raiva (inveja) do irmão que sempre adorou, depois que ele se casou com uma moça rica e pôde, assim, ter uma vida mais abastada.

Ernesto Figueiredo passou a ter raiva (inveja) da irmã, porque soube aplicar melhor o dinheiro que herdara dos pais e, assim, teve melhor êxito financeiro do que ele.

Jurema Marino tinha ódio (inveja) da melhor amiga, por ela ter se casado com um homem, que jamais pareceu ter condições de um dia prosperar na vida, mas prosperou e muito além do esperado, bem diferente do marido dela, o qual passou a menosprezar por isso. O mais triste em toda a história é que Jurema não expressava o seu talento inato para mudar uma vírgula na sua condição financeira. Poderia gastar as horas que consumia, amargando sua vida com a inveja, em algo mais produtivo e próspero para sua família.

Renata Segal passou a sentir ódio (inveja) da irmã, que soube se empenhar nos estudos e, por isso, conseguiu alcançar, mais tarde, um lugar de destaque na empresa em que foi trabalhar.

Selma dos Reis se corroía de inveja do primo que arriscou montar uma sorveteria e se deu bem, algo que ela nunca ousaria correr o risco de fazer.

Claudio Queirós, por sentir inveja dos primos, que estavam em melhores condições econômicas do que ele, passou a roubar na empresa onde trabalhava, na tentativa de se igualar a eles e acabou sendo descoberto e demitido por justa causa. Por pouco não foi para a cadeia.

Juliano Rolim herdou uma quantia razoável que poderia ajudá-lo a montar um negócio próprio, só que preferiu ostentá-la. O que ampliou sua inveja interminável daqueles que acreditaram em si, ousando montar sua própria empresa, grande ou pequena, seguindo os passos certos para aquilo. Ele passou a sentir raiva também de si mesmo por ter feito o que fez.

Marcos e Diana Marcondes foram somando dívidas em cima de dívidas e, quanto mais dívidas faziam, mais ódio sentiam da vida, dos bancos e dos ricos, como se esses fossem culpados pela má administração do orçamento mensal de ambos. Os dois jamais paravam para analisar se o modo como administravam suas finanças era o melhor para garantir a prosperidade. Deve se ter tempo para pensar nisso, e não desperdiçá-lo com o ódio e a inveja que no começo são doces, mas depois amargam tudo, até a alma.

Dulce Feitosa odiava cada vez mais seu patrão, dizendo para todos: "Não sei como ele vai poder aproveitar os lucros de sua empresa a sete palmos abaixo da terra!". Na verdade, ela invejava a posição, o status e o poder que o patrão ocupava na empresa, no mundo dos negócios e na sociedade. Queria estar no seu lugar sem levar em conta as décadas de esforço que o sujeito passou para chegar aonde chegou. Dulce até então não percebera que ninguém na verdade trabalha para os outros, que cada um trabalha mesmo é para si mesmo, para pagar suas despesas pessoais. Toda dedicação e esforço que faz no trabalho, seja qual for a posição que ocupe, é para o seu total benefício econômico.

Gilvan Medeiros vive um constante conflito com seu pai, dono de uma empresa de renome, construída com grande esforço ao longo da vida por ele. Exige que o pai lhe passe o total controle dos negócios, atitude que o pai considera precipitada. O que Gilvan quer, na verdade, é o poder, o status e o brilho que a posição lhe trará na sociedade e na família. Ele pouco está se importando com o equilíbrio e o sucesso da empresa, na verdade, não é capacitado para administrá-la devidamente e sabe disso, mas quer a posição, para ofuscar seu complexo de inferioridade, o qual o perturba há tempos. Só que não é assim que elevamos nossa autoestima, tudo que é feito para compensar uma deficiência da estima, logo cai por terra e quando cai, vamos ao fundo do poço. O melhor mesmo a se fazer, é procurar os meios saudáveis descobertos até então para elevar a autoestima.

Lucinda Salles sente inveja do cabelo armado de Antônia, que inveja o corpo esbelto de Cristina e para compensar, ambas procuram algo uma na outra para denegri-las e se sentirem superiores a elas.

O mesmo acontece em relação a celebridades da TV ou da própria cidade onde moram. Muita gente as inveja e para se sentirem superiores a elas, tentam lhes pôr defeitos. Uma perda total de um tempo que poderia ser mais bem aproveitado para elevar sua paz, sua autoestima, seu caráter e sua integridade física e espiritual.

É, a inveja faz com que o invejoso procure ou crie defeitos em quem ele inveja, para que ele se sinta superior e não diminuído diante da pessoa.

Há também muitas mães espalhadas pelos cantos e encantos do mundo, deixando-se também corroer pelo doce amargo da inveja, mesmo depois de terem realizado seus maiores sonhos:

casar-se, ter filhos e construir um lar doce lar. De repente, a certa altura da vida, o marido, os filhos e tudo mais que conquistaram, passam a não significar mais nada ou tanto quanto valem; com isso, vem o descontentamento pela vida e a inveja crescente, tal como uma lombriga, das mulheres que julgam ser mais felizes do que elas.

Virgínia Farah é outro exemplo de mulher atormentada pela inveja e todos os males que ela nos traz. O foco maior de sua inveja é sua irmã, por ela ter tido mais sucesso na vida pessoal, afetiva e financeira do que ela. Para Virgínia, a irmã leva uma vida de princesa e ela a de uma simples criada. Para piorar a situação, seu marido foi diagnosticado com câncer, o que a deixou possessa, não pela doença, mas pelo fato de o plano de saúde não cobrir totalmente o tratamento, obrigando-a usar suas economias e, até mesmo, a fazer empréstimos para pagar o tratamento do marido.

Desde então, Virgínia passou a reclamar ainda mais de sua vida, alegando falta de sorte, mesmo tendo casa própria, uma bela chácara e uma generosa aposentadoria. Sem contar com os filhos que estão muito bem financeiramente e poderiam ajudar os pais nessa hora.

Virginia passou também a dizer, para quem quisesse ouvir, que preferia morrer diante dos fatos, algo triste e injusto num mundo onde muitos lutam para sobreviver.

Quem sofre mais com tudo isso não sou eu nem você nem o padeiro da esquina, é a própria Virginia, por insistir em amargar sua vida ao máximo.

O surpreendente é que mesmo antes da doença do marido e do sucesso da irmã, Virginia já reclamava um bocado de tudo, o que nos leva à pergunta: "É a vida que judia da pessoa ou é a pessoa que se judia na vida?".

Temos diversas missões a cada reencarnação e uma delas, uma das principais, é aprender a fazer muito com pouco, valorizar o pouco ou muito que se tem, satisfazer-se com o que ganha, reclamar menos, agradecer mais, deixar de ser a vítima do universo, a pobrezinha e coitadinha. Todos deveriam parar para ajudar, inclusive todos os anjos e arcanjos da constelação solar.

Encarar nossos desafios é viver com sabedoria, é dar um passo, um sinal para Deus de que podemos ser mais, quando tudo nos parece menos. É, enfim, evoluir espiritualmente.

O *complexo de vítima* é um mal que atinge milhares e milhares de pessoas e que só serve para frustrar e desencantar a existência de cada um. Portar-se como pobre coitado, o *"judiação"*, não é bonito e quem se porta assim, sabe, no íntimo, que não é, por isso revolta-se com a vida sem perceber que na verdade está revoltado consigo mesmo por agir assim.

Nosso eu, nosso íntimo, quer brilhar, quer sentir orgulho de si mesmo por méritos alcançados por esforço próprio, talento desenvolvido e expresso, coragem e caráter. Abomina o complexo de vítima pelos danos que causa à moral e à integridade humana e espiritual.

Gostamos, por exemplo, de celebridades e ídolos populares, porque nos parecem fortes e poderosos, transparecem grande autoestima e poder de realizar e acontecer no mundo, espelhos da nossa alma, que ofuscamos por medo, preguiça, falta de empenho, falsa moral e ideal.

Já diz a canção: "Viver é fazer todo sonho brilhar!", então, brilhe como alguém que você admira muito, porque ele reflete todo o poder que há dentro de você, algo que desconhece ou renega.

A mesma capacidade que Deus deu a uma pessoa bem sucedida, Ele deu àqueles que precisam avançar e prosperar em todos os sentidos da vida. Reconheça isso e mãos à obra.

Mas muitos não querem acreditar em si, apostar em si, ousar. Querem que Deus, a vida, o governo e tudo mais do gênero lhes deem tudo o que invejam nos outros, de mão beijada, porque é mais fácil ganhar do que arregaçar as mangas e ir à luta.

Lembre-se, porém, que o poder de alguém não nasce de uma hora para outra, é primeiramente explorado e desenvolvido, depois expressado e aperfeiçoado com o tempo.

Querer pular as etapas e o período de tempo é o mesmo que querer pular as etapas da evolução, e a vida não permite ser ludibriada, porque você próprio não gosta de ser, gosta mesmo de quem chega lá por mérito do passo a passo evolutivo.

Alguém disse, certa vez, que por trás de todo problema, a inveja é o foco principal. Será? É um bom tópico para refletirmos, que tal?

Verdade seja dita! Enquanto um fica, invejando de um lado, e o outro, invejando de outro, mesmo que o resultado disso tudo seja sempre uma tremenda insatisfação, um desperdício de vida, as árvores vivem em paz porque não invejam as demais...

Animais, montanhas, nuvens, satélites e as ondas do mar vivem em paz pelos mesmos motivos.

Passarinhos e peixinhos, o vento e a chuva, o tempo e o vento também vivem na mesma sintonia por jamais provarem do desagradável doce amargo da inveja. Feliz daquele que se iguala a eles.

Guarde isso no seu coração!

Ainda que você tenha motivos mil para invejar alguém ou muitos, você já parou para se perguntar se merece sofrer por isso? Faça! Pois o invejoso, por mais motivos que tenha para invejar alguém, é sempre quem sofre mais com a inveja.

Ao se perceber, invejando uma pessoa ou muitas, compreenda que isso é um sinal da vida para você aprender a usar melhor suas potencialidades ou desenvolvê-las.

A vida está sempre nos chamando a atenção para despertar o nosso melhor, que muitos nem sequer ousam pensar existir em seu interior.

Chama nossa atenção também para que percamos ilusões, tal como pensar que o outro é mais feliz por ter isso ou aquilo e o péssimo hábito de nunca se contentar com nada, por mais que conquiste algo parecido de quem inveja tanto.

Agora, se mesmo depois de você ter lido tudo isso, você bater os pés feito criancinha mimada, dizendo...

"*Mas eu quero, porque quero e não me conformo por não ter o que o outro tem e, por isso, quero que o outro deixe de ter e que se lasquem os bons modos, não nasci para ser politicamente correto, não sou hipócrita para dizer que comigo está tudo bem, que não sinto inveja de ninguém e que quero tudo de bom pra quem tem o que eu tanto quero. Não, mesmo!*"

Neste caso, só lhe resta sofrer porque ninguém escapa das leis da evolução, aplicadas pela vida.

E a história continua...

Parte 17

Desde a volta do pai, Durvalina e Assuntinha procuravam ser gentis com ele como nos velhos tempos. Apesar de ele continuar sendo rude com ambas, elas haviam decidido ignorar seus maltratos.

– *Vamo tomá* café, meu pai – convidou Durvalina, certa tarde, ao perceber que já era quase quatro da tarde.

Ao tocá-lo na altura do ombro, Honório José das Palmeiras enfezou-se:

– *Tira* essa mão suarenta de cima de *d'eu!*
– Papai... – Durvalina engoliu em seco.

Sem piedade, o homem achincalhou as duas mais uma vez. Foi tanto xingamento que ambas o deixaram falando sozinho e foram para a cozinha.

– Chega! *Pra* mim, chega! – explodiu Durvalina, tapando os ouvidos com toda força.

Assuntinha, também bufando de raiva, lamentou:

– Deus do céu, o pai *num* tem jeito *memo*. É um grosso.
– Um *grosseirão!*
– *Sabe* o que eu penso, Durvalina? Que ele nunca vai *batê* as *botina!* É bem capaz de *nóis morrê* antes dele e infeliz.
– Bem capaz...
– *Eta* diacho!
– *Vô fazê* um chá *pra acarma* os *nervo*.
– De camomila *pra* mim.

Durvalina, suspirando pesado, voltou os olhos para o céu e falou, em tom de desabafo:

– Isso *num* é justo, meu Senhor, *num* é! Enquanto a Belinha fica na melhor, *nóis* duas *fica* nessa casa feia, pobre, com esse *óme* chato!

– Nosso pai... – lembrou Assuntinha.
– É... nosso pai.
Durvalina tornou a bufar, colocou a chaleira no fogo e voltou a se sentar junto à irmã.
– *Tô* fula da vida, Assuntinha. Com ódio mortal. E tudo é culpa do Manoel, aquele rancoroso, vingativo, mau-caráter. Tomara que morra! Que bata o carro ou *quarqué* coisa assim.
– Durvalina...
– Deixa eu *desabafá,* Assuntinha.
– *Num* é isso. *Tô* sentindo cheiro de gás.
– Agora que *ocê falô, tô* sentindo *tamém.*
Voltando-se na direção do fogão, Assuntinha repreendeu a irmã:
– Sua boba, *ocê ponhô* a chaleira no fogão, *ligô* o gás, mas *num riscô* o *fósfro.*
– Eta! Que cabeça a minha. *Abre* a porta e as janelas *pro* gás sair.
Em seguida, Durvalina desligou o gás e abriu a janela rente à pia.
– Nossa, isso podia ter matado *nóis* duas! Uma explosão e...
Ela parou e olhou bem para Durvalina que a principio não compreendeu aonde ela queria chegar, mas quando sim, disse:
– *Ocê num tá* pensando em...
Durvalina, com muito cuidado, respondeu:
– Acidente acontece todo dia, Assuntinha. Um botijão que deixa *escapá* o gás é muito comum. Um *véio* que não anda muito bem da cabeça, pode muito bem vir até a cozinha, *ligá* o gás e *esquecê* do que fez.
– Desmemoriado como anda, certamente que sim – afirmou Assuntinha, pensativa.
As duas refletiram em silêncio por um minuto.
– *Ocê num* teria *corage* – desafiou Assuntinha, provocativa.
Durvalina respondeu lépida e faceira, olhando bem para

283

a irmã:
— Será?
— *Num* teria!
— É, *ocê* tem razão.
Foi nesse exato momento, de bom senso e compaixão, que as duas tremeram ao berro do pai:
— Durvalina! Assuntinha! Cadê *ocês,* suas *inútil!*
As duas se entreolharam e, num milésimo de segundo, repensaram a respeito da coragem e do bom senso.
— *Nóis* sairia de casa, deixando o gás ligado e loguinho, loguinho, ele bateria com as bota... — confabulou Durvalina quase num sussurro.
— Mas a casa pode *explodi* — observou Assuntinha repentinamente preocupada.
— Que exploda! Contando que *nóis fique* livre desse *peste.*
— *Num* diz *peste,* Durvalina. É nosso pai! Diz demônio que é mais suave.
— Ele chama *nóis* duas de *peste,* então tenho também o direito de *chamá* ele assim.
— É... acho que *ocê* tem razão dessa vez.
Diante do novo berro do Senhor Honório José, as duas foram até ele.

No dia que acharam mais adequado, ambas ligaram a boca do fogão e deixaram o gás se espalhando pela casa. Antes disso, certificaram se todas as janelas e portas estavam fechadas para que obtivessem o efeito desejado. Em seguida, saíram e se dirigiram para o centro da cidade, não antes, porém, de fazerem o possível e o impossível para chamarem a atenção dos vizinhos, cumprimentando efusivamente cada um, para que todos testemunhassem, depois, que horas exatamente ambas haviam deixado a casa.
— Eles vão *perguntá pra nóis* por que *nóis deixô* nosso pai sozinho — pontuou Assuntinha.
— *Vamô dizê* que ia *sê* só por um tempinho, o suficiente

284

pra nóis fazê compra no centro da cidade.
— É uma boa *descurpa,* Durvalina.
— E *num* é? — Durvalina se sentiu orgulhosa por ter pensado aquilo.
As duas passearam pelo centro sem ter pressa alguma. Nunca foram tão pacientes com os vendedores como naquele dia, quanto mais demorassem para atendê-las, melhor. Riam de qualquer coisa e comeram pastel de queijo e palmito, daqueles deliciosos que só se encontram em feira. Dividiram até uma caipirinha num bar frequentado mais por homens do que por mulheres, lugar que jamais poriam os pés, mas naquele dia, fizeram e com muito gosto.
— *Eta!* Que *dílicia!* — exclamou Assuntinha feliz como há muito não ficava.
— Eu *bebia* mais uma — confidenciou Durvalina, vermelha por causa da bebida.
— Sem exagero. *Num* esquece que quando *nóis vortá pra* casa, *vamo tê* de *fazê* aquele drama todo. *Chorá* como nunca *choramo* na vida, *pra* ninguém *suspeitá* o que *nóis aprontô.*
— É verdade — respondeu Durvalina acentuando bem o "r".
Ela suspirou e completou:
— *Vamô* embora, então, Assuntinha. Numa hora dessa o *véio* já *tá* frio e esturricado.
— Ufa! *Finarmente nóis tamo* livre daquele...
— *Finarmente.*
As duas pagaram a caipirinha com muito gosto e, deram até uma generosa gorjeta para o atendente, algo que viam os outros fazerem, mas nunca faziam.
Ao descerem do ônibus, desaceleraram os passos conforme foram se aproximando da casa onde moravam.
— *Num* vai *sê* perigoso *nóis entrá* na casa cheia de gás *espaiado* pelo ar? — indagou Assuntinha, preocupando-se então.
— É só *nóis num acendê* a luz ou *riscá* um *fósfro.*
— Como *ocê* sabe disso?

285

— Não sou tão burrinha quanto *ocê* pensa, Assuntinha. Aprendi isso com o Cesário — Durvalina suspirou e acrescentou: — Por falar nele, que Deus o tenha... — novo suspiro. — Que Deus o tenha bem longe de mim! Onde já se viu *deixá* eu viúva antes de *consumá* o nosso casamento? Onde? Que ódio!

Elas foram se aproximando da casa e, quando passaram em frente a de Dona Generosa, Tereza lançou um olhar de suspeita para as duas. Ambas, com surpreendente amabilidade, acenaram para ela, deixando Tereza de cenho franzido, cismada por ter sido tratada com tanta cordialidade.

— Essas duas estão novamente aprontando *arguma* — murmurou a mulher consigo mesma. — O que será dessa vez?

As duas pararam em frente ao portão da casa onde residiam, tomaram ar e entraram.

— Abre a porta bem *devagarinho* — sugeriu Assuntinha.

— *Tô* com medo — argumentou Durvalina, percebendo-se trêmula.

— Que medo, que nada. Devia *tê* pensado nisso antes de *consumá* o *prano*.

— Ai...

— Gira essa maçaneta com firmeza, Durvalina. *Vamô lá*.

A mulher estava prestes a abrir a porta quando ouviram o carteiro chamando pelas duas. Ambas deram um pulo, tiveram quase um enfarte tamanho o susto. O funcionário do correio também olhou para elas com certa suspeita, o que deixou ambas com a pulga atrás da orelha. De repente, todos pareciam estar suspeitando do ato que cometeram.

— Obrigada — agradeceu Durvalina que foi apanhar a correspondência. — Boa tarde.

O homem fez um aceno e partiu.

— Agora venha — chamou Assuntinha, transparecendo impaciência.

A porta foi finalmente aberta e o cheiro do gás imediatamente invadiu suas narinas.

— Deixe a porta escancarada *pro* gás *sai*.

Durvalina obedeceu.

– Pai? – chamou Assuntinha, baixinho, dirigindo para o quarto do homem.
Durvalina também chamou por ele:
– Papai, o senhor *tá* bem?
Não houve tempo para ouvirem a resposta, uma explosão cobriu todos os sons e jogou as duas longe.
A família estava toda reunida na Santa Casa da cidade, quando Durvalina recobrou os sentidos.
– O que aconteceu? – perguntou, mal conseguindo articular as palavras.
– Uma explosão – explicou Belinha. – Deve ter vazado gás na casa de vocês e, de repente, tudo foi pelos ares. Você sobreviveu por pouco.
– Onde *tá* a Assuntinha?
– No outro quarto, ainda inconsciente.
– Ela vai *ficá* boa?
– Os médicos acreditam que sim.
Durvalina ia dizer mais alguma coisa, mas o choro a impediu, um choro sincero dessa vez.
– O que será de nós agora, Belinha? Sem casa...
– Nós daremos um jeito, Durvalina. Não se preocupe com isso agora, por favor.
Foi uma grande felicidade para as duas irmãs quando Assuntinha despertou do coma. Havia muitos ferimentos, mas todos haveriam de se cicatrizar.
– *Qué dizê* que foi tudo *pras cucuia?!* – perguntou ela com certa dificuldade para falar.
Belinha assentiu.
– Nossas *roupa* também?
Belinha novamente fez que "sim" com a cabeça.
– Sapato, meia, *carcinha?*
E Belinha completou:
– E também os móveis, utensílios domésticos, objetos pessoais...
– *Tudinho memo?*

— *Tudinho* — confirmou Belinha com pena da irmã.
As duas se silenciaram por uns segundos até Durvalina, com certa alegria, afirmar:
— Pelo menos *ficô* o terreno, né?
— É, pelo menos — concordou Belinha, procurando sorrir. Nova pausa.
— E o que será de *nóis* agora, Belinha? — quis saber Assuntinha, rompendo o silêncio. — Onde é que *nóis vai morá*?
— Quanto a isso não se preocupem, minhas queridas. Jamais as deixaria sem um lar. Vou ajeitar a edícula da minha casa e vocês ficarão lá, se não se importarem, até que possamos construir a casa nova no lugar da que explodiu. O terreno de vocês é bom e dá para construir uma linda casa. Que tal?
Durvalina, de bico, reclamou:
— Mas edícula num é casa, *né,* Belinha?
— É a edícula, ou voltarem a morar na casa da fazenda. Vocês escolhem.
As duas se arrepiaram.
— Isso não! — gemeu Durvalina, aterrorizando-se com a possibilidade.
— Nem *pensá* — Assuntinha arrepiou-se ainda mais. — Lá é muito solitário.
— Eu sei — concordou Belinha, segurando-se para não rir.
As duas irmãs novamente se entreolharam, falaram-se pelo olhar e disseram, juntinhas:
— *Nóis fica lá c'ocê,* Belinha, pode *deixá!*
— Que bom — exclamou Belinha — como diria Dom Pedro I: "Diga ao povo que fico!".
Dias depois, o médico foi dar a boa notícia às irmãs:
— Vocês já podem ir pra casa.
— Casa! — exclamou Durvalina, alegre. — *Finarmente!*

Chegando lá, Belinha as conduziu para a edícula que ajeitara com todo carinho para abrigar as duas irmãs queridas.
— Não é um palacete, mas é um local agradável — disse.

— Por enquanto *tá bão pra nóis*, Belinha – respondeu Durvalina, medindo tudo de cima a baixo.
— *Verdade* – concordou Assuntinha com forçoso contentamento.
— Daqui a pouco o almoço será servido – continuou Belinha. – Fiz aquela torta que vocês duas tanto gostam.
— De *legume?*
— Essa mesmo!
— Que *dilícia! Tô* com fome, muita fome. A comida do *hospitar* é muito sem graça.
— Se é.
A mesa estava lindamente posta quando Belinha chamou todos para almoçar.
— Pessoal, o almoço está servido!
Manoel foi o primeiro a aparecer, seguido de Maridelma e Flávio e, por último, de Maneco amparando o avô. Quando Durvalina e Assuntinha viram o pai vivo não contiveram o grito, um grito ensurdecedor e histérico. Avermelharam-se e desmaiaram para a surpresa de todos.

Visto que as duas não despertavam do desmaio, apesar dos esforços de todos, Maridelma ligou para o hospital e pediu para falar com Leonias, para saber o que deveriam fazer diante da situação. O rapaz, muito solícito, imediatamente correu para lá, para examinar as duas senhoras. Flávio não gostou de vê-lo ali, ainda que fosse por uma boa causa. Leonias também se sentiu mal diante da sua presença. Maridelma não se deu conta do fato, tampouco do seu ato falho.

Quando recobrou os sentidos, Durvalina segurou firme no punho de Belinha e disse, aflita:
— O pai... o pai *tá* vivo...
Havia profunda aflição na sua voz:
— *Num* entendo como é que ele pode *tá* vivo... Pensei que tivesse morrido na explosão. *Ocê* me disse no *hospital* que ele *tava* morto.
— Eu? – defendeu-se Belinha. – Não disse, não!

— *Ocê* disse, sim!
— Você me perguntou: "E o pai?" e eu respondi: "Depois falamos dele".
— Então... Pensei que ele tinha morrido na explosão.
— Não teria como.
— Como não?
— O Maneco, ao ver vocês duas, saindo da casa, achou melhor ir buscar o papai pra ficar conosco, para não deixá-lo só.
— E por que ele *num desligô* o gás, se o gás já *tava* vazando?
As sobrancelhas de Belinha se arquearam.
— Como sabe que o gás já estava vazando a essa hora?
— Ué, *fíínha*, foi a *concrusão* que *nóis chegô, né?*
— Bem, de qualquer modo, o Maneco não poderia ter percebido.
— C-como não?
— Seu nariz estava totalmente trancado por causa da gripe forte que pegou.
— Gripe?!!!
Durvalina e Assuntinha se entreolharam pelo rabo do olho e o desânimo tornou-se evidente na face das duas. O pai, de quem tanto queriam se ver livres, continuava vivo. Perderam uma casa, quase suas vidas para se verem livres dele e, no entanto, o tiro saíra pela culatra, que lástima!
— Com vocês aqui — completou Belinha —, será mais fácil de eu cuidar do papai.
— Ah!...
Quando as duas terríveis se viram a sós, confidenciaram uma com a outra:
— Sabe quando é que *nóis duas vai ficá* livre do pai, Assuntinha? Nunquinha! Ele ainda vai *enterrá nóis* duas. *Ocê* vai *vê!*
— Começo *achá* que *ocê* tem razão, Durvalina. O pior é que *perdemo* a nossa casa, nossas *roupa, apareio* doméstico, móveis, tudo, enfim, *pra nóis ficá* livre do traste e ele continua vivo, vivinho da Silva. *Nóis num* tem *memo sorte*, minha irmã.

– *Num* tem. E justo *nóis,* duas *arma* boa que só faz o bem *pro* próximo.
– Que vai à missa todo *finar* de semana.
– Que reza todo dia.
– De manhã, tarde e noite.
– *Num* sei por que Deus judia tanto de *nóis.*
– Isso é coisa do demônio.
– Só pode!

Diante dos últimos acontecimentos envolvendo as tias, Maneco foi falar com a mãe:
– Mamãe, a senhora acha que, por acaso, apenas uma suposição, não se ofenda, mas...
– Diga, Maneco, o que é?
– Será que a tia Durvalina e a tia Assuntinha não deixaram o gás ligado de propósito, para que o vovô morresse asfixiado?
– Maneco!
– Mamãe, se elas foram capazes de mentir para a senhora que ele havia morrido, e interná-lo sem o conhecimento de ninguém naquela casa de repouso, penso que elas poderiam...
– Maneco, meu filho, suas tias são meio malucas e, como já lhe disse, compreendo por que se tornaram assim, mas não fariam uma barbaridade dessa contra o próprio pai. Não, isso nunca! Pai é sempre pai. Por mais bravo e impaciente que seja com um filho.
– Se a senhora diz...
– Digo porque é verdade.
Maneco, pensativo, indagou:
– Por que sofremos de inveja, mamãe? Deve haver uma explicação, não acha?
– Sim, com certeza há. Mas não sou a pessoa adequada para lhe responder.
– Mas é minha mãe que eu tanto amo e isso já basta para mim.
Ele beijou e abraçou Belinha que, pensativa, comentou:

– Penso que suas tias se tornaram invejosas por não terem tido sorte no amor, filhos... Pelo menos foi disso que elas reclamaram para mim.
– Mamãe, tanta gente tem vida pior que a delas. Não têm sequer uma casa para morar e, mesmo assim, não saem por aí, fazendo maldades por inveja.
– Eu sei.
– Falta de amor não foi, pois sempre a amamos e fomos muito dedicados a elas. Seria então uma questão de caráter?
– É tudo tão complexo, filho. Ainda assim tenho pena das duas. Muita pena. Ainda que tenham errado, são minhas irmãs.
Belinha fez uma pausa antes de acrescentar num arrepio:
– Nossa!...
– O que foi?
– Um arrepio esquisito. Deve ter sido porque...
– Sim? – o filho incentivou a mãe a prosseguir.
– É que me ocorreu agora que... bem... mesmo que suas tias tivessem tido tudo o que sempre almejaram, mesmo assim elas ainda seriam do jeito que são. É algo que pertence a elas, um lado negro do eu, entende? É horrível chegar a essa conclusão, mas...

Aquela noite, no Centro, Maneco conversou com Dona Eliza a respeito e a resposta que obteve dela foi:
– Meus mentores me dizem que a inveja tem muito a ver com a falta de ter o que fazer. Cabeça vazia, oficina do diabo. Quem não se ocupa, expressando o seu melhor e suas potencialidades, acaba sempre reclamando de tudo e não se sentindo útil, o que é uma lástima para a alma que necessita dessa preciosidade para se manter equilibrada. Quem não sabe agradecer a Deus pelas pequenas e grandes dádivas da vida, também são pessoas com maior tendência à inveja, procurar pelo em ovo, encontrar problema onde não tem.
– Minha mãe diz que minhas tias se tornaram invejosas,

porque a vida das duas foi sempre muito difícil e miserável.
— Difícil? — Dona Eliza articulou bem a palavra. — Mas isso não é desculpa para invejar, rogar praga e fazer maldades para os outros. A vida de todo mundo é difícil e requer trabalho constante. É preciso ordenhar vaca, apanhar os ovos, dar ração para as galinhas, cozinhar, manter a casa limpa, e tudo isso dá trabalho, dele ninguém escapa o que é bom, pois faz com que todos se sintam úteis, o que é formidável para a alma como já disse.
Maneco agradeceu mais uma vez a Dona Eliza e seus mentores e mais tarde relatou à mãe o que conversaram.
— Só queria ver suas tias felizes, Maneco... Será que um dia elas poderão ser?
Maneco não teria respondido à pergunta de Belinha sem a ajuda maravilhosa que recebeu de seu mentor, ali a seu lado:
— Mãe, tudo é uma questão de opção. A vida nos recebe sempre, todo dia, a todo instante, nos ofertando opções sadias e não sadias, tudo vai depender das escolhas que fizermos. Quando recebermos um limão, temos a opção de fazer dele uma deliciosa limonada. Quando recebermos um "Não" temos também a opção de fazer dele um aprendizado. Quando um relacionamento acaba, temos a opção de nos confortar com o nosso amor próprio, que nos distanciará da dor e do desencanto pela vida ou ficar só no sofrimento, sem reagir. Todos os dias temos a opção de seguir pela vida com bom humor, fazendo da alegria uma terapia diária, ou sermos uma pessoa mal-humorada, amargurando tudo e todos a nossa volta. Temos também a opção de nos alimentar com o que é saudável para o nosso organismo, favorecendo, assim, a nossa saúde, ou comer o que lhe prejudicial. Cabe sempre a cada um escolher o modo como quer cuidar de si mesmo física e espiritualmente. Assim é a vida... Opções e escolhas, escolhas e mais opções.
— Sem dúvida, filho. Sem dúvida.
Belinha o beijou e elogiou suas palavras. O mentor também se sentiu confortado pelo elogio.

A seguir, Belinha foi atender ao chamado do pai que agora residia no quarto de costura da casa que também servia para visitas.
— Diga, papai — falou ela, achegando-se à cama onde ele já se encontrava deitado. — Quer um leite quente?
— Não, fiinha. Quero apenas *te fazê* um pedido.
Belinha sentou-se na beiradinha da cama e falou:
— Pode fazer, papai, sou toda ouvidos.
E o que o pai pediu, surpreendeu magicamente a filha. Ele queria que ela cuidasse com muito carinho das irmãs até o final de suas vidas. Que não morreria sossegado sem sua promessa o que ela concordou sem pestanejar. Faria, mesmo que ele nunca lhe houvesse pedido aquilo e com tanto amor.

Foi no dia seguinte, por volta da hora do almoço, que Belinha chamou as duas irmãs na sala para uma conversa.
— Durvalina, Assuntinha, o Maneco quer lhes falar.
As duas se entreolharam um tanto apreensivas.
— Sobre o quê? — alarmou-se Durvalina, receosa de que o sobrinho houvesse descoberto que elas haviam sido responsáveis pela explosão da casa. — Aconteceu *arguma* coisa?
— Não — respondeu o rapaz, achando graça do desespero das duas.
Foi bem nesse momento que ele teve a certeza de que as tias haviam mesmo deixado o gás ligado na casa, para se verem livres do pai.
— Bem, titias... — começou Maneco no seu tom mais gentil.
— Eu vim lhes falar sobre a construção da nova casa.
Imediatamente as duas suspiraram de alívio.
— Ah, é isso! Ufa!
Maneco, pasmo a olhos vistos, procurou se manter calmo para explicar:
— Chamarei um engenheiro e um arquiteto amigos meus para que desenhem, segundo sugestões deles e das senhoras, a casa de vocês. Que tal?
— *Maravia!* Pode *chamá!*

E as duas sorriram, de orelha a orelha, verdadeiramente felizes.

Assim que se viu só, Maneco ficou a se perguntar, repetidas vezes, se deveria ou não entregar as tias. Não tinha provas contra elas, mas sabia que foram as responsáveis pela explosão da casa, na tentativa de matar o pai. Após muito refletir a respeito, achou melhor guardar segredo daquilo, seria um escândalo na vizinhança, as duas poderiam ser linchadas pelos vizinhos, que quase tiveram suas casas danificadas pela explosão e, poderiam também ter morrido com o que houve.

A verdade também poria seu pai e, provavelmente sua mãe contra as tias e, diante da circunstâncias em que ambas se encontravam, o melhor mesmo era mantê-los longe da verdade. Um segredo para o bem de todos. Mesmo porque ele não teria provas concretas para incriminá-las, seria sua palavra contra a das duas, mas ele sabia, com certeza absoluta, infelizmente, que ambas foram as responsáveis por aquilo.

A única notícia boa em meio à tragédia foi perceber que ele havia totalmente se curado da gripe forte que pegou. Sem ela, teria percebido o cheiro do gás e, sim, certamente, evitado mais uma insensatez das tias. Tão lamentável quanto tudo era perceber que naquela história fatídica, ninguém perdera mais do que elas, o que revelava mais uma vez que está certo quem diz que aqui se faz, aqui se paga!

Nesse ínterim, aconteceu outro inesperado momento na vida de Maridelma. Ao perceber que Flávio andava estranho com ela, decidiu falar com ele a respeito. O rapaz, sem rodeios, explicou:
— Naquele dia em que suas tias passaram mal e você ligou para o hospital...
— Sei e daí?
— Por que você mandou chamar o Leonias?
— Ora, meu amor, porque fiquei desesperada. Minhas tias caídas ao chão, roxas, sem despertar do desmaio por mais que

tentássemos reanimá-las.
— Penso mesmo que foi um ato falho.
— O quê?
— Sim, Maridelma. Você chamou Leonias porque no íntimo vem pensando nele...
— Flávio...
— Por favor, deixe-me terminar. Vocês namoraram por quase oito anos e terminaram por causa de uma bobagem armada por suas tias. Um amor assim, de tanto tempo, não morre de uma hora para outra, ainda mais quando se descobre que o que os levou a romper foi uma armação feita por inveja, por duas senhoras que volta e meia metem os pés pelas mãos.

Ele tomou ar e completou:
— Naquele dia, enquanto o Leonias examinava suas tias, eu percebi também a troca de olhares entre vocês dois, seu jeito interessado de olhar para ele e, também, de acompanhá-lo até o carro, cobrindo-o de elogios e agradecimentos.
— Você ficou enciumado, é isso? — comentou Maridelma, tentando parecer menos sem graça diante do rapaz.
— Maridelma...
Ela tentou interrompê-lo, mas ele muito firme falou:
— Você ainda o ama!
— O quê?!
— Sim!
— Não!
— Ainda o ama, sim. Admita!
— Isso é puro ciúme da sua parte.
— Eu estou querendo ajudá-la. Não quero me casar com uma mulher que ama outro para que nem eu nem ela sejamos infelizes.

As palavras dele tocaram-na profundamente.
— Eu gosto do Leonias, gosto sim, mas amar...
— Amar... Reflita bem sobre isso, para não ser desonesta consigo mesma, comigo e com ele.
Novamente as palavras dele a impressionaram. Flávio foi direto outra vez:

– Você precisa conversar com o Leonias. Cara a cara. Vai ser importante para os dois.

Maridelma lembrou-se então do dia em que esteve no hospital para conversar com o ex-namorado a respeito do que as tias haviam lhes aprontado. "Sim, Maridelma, você gosta dele, mas amar, amar mesmo, é a mim que você ama.".

Diante da repentina ausência da moça, Flávio Buarque foi enfático mais uma vez:

– Vou lhe dar o tempo necessário para resolver isso.

Ela tentou dizer algo, mas nada ecoou, apenas seus lábios se moveram. Ao voltar para casa, conversou com a mãe a respeito, que a aconselhou a aceitar a sugestão de Flávio: que ela procurasse mesmo Leonias para uma conversa a dois.

Maridelma mal dormiu naquela noite e na manhã seguinte, faltou na faculdade para ir falar com Leonias, em sua casa, antes de ele seguir para o hospital.

Maridelma ficou olhando para o homem que fora seu namorado, por quase oito anos, procurando, meio que desesperadamente, pelas palavras certas para explicar o porquê de estar ali.

Diante da sua insegurança, Leonias foi até ela, abraçou e a beijou doce e calorosamente. Deu-lhe apenas chance para respirar e voltou a beijá-la, enlaçando-a com ternura, num silêncio generoso, rompido apenas por uma ou outra palavra abafada de amor.

Minutos depois, ele a soltou de seus braços e se afastou, sem descolar seus olhos dos dela.

– Que bom que você voltou para mim, Maridelma! Que bom que está nos dando novamente uma chance. Que bom ser seu novamente e você ser minha, só minha...

– Leo... – ela tentava falar, mas não conseguia.

– Eu disse, aquele dia no hospital, que você ainda me amava... Era só uma questão de tempo para perceber. Que bom que percebeu!

De repente, Leonias se tornara surpreendentemente aquele que compreendia seus sentimentos mais profundos, algo que

297

jamais pensou que seria capaz de fazer.
– Nós nos amamos, entenda isso – continuou ele. – Merecemos ser felizes, juntos. Amor é isso! Suas palavras tinham um toque reconfortante de ternura tanto quanto o calor que sentiu, vindo de seus lábios, ao aproximá-los novamente dos seus.
– E nunca mais, por favor, Maridelma. Nunca mais, mesmo, deixemos a inveja dos outros destruir nossa paz.
Ele novamente buscou avidamente sua boca e a beijou, incendiando suas veias, com as ondas de amor que tanto harmonizam o espírito.
Quando Maridelma reencontrou Flávio, ele soube, pelo simples modo com que ela olhava para ele, o que havia acontecido e foi novamente compreensivo com ela.
– Foi melhor assim, Maridelma, acredite – desabafou.
– Mas... e você? – questionou ela com voz embargada e olhos lacrimejantes.
– Eu? Bem... Devo prosseguir na minha jornada. Eu amava meus pais e tive de me separar deles antes, muito antes do que deveria ser por direito, mas, a vida quis assim. Eu amei meus tios, irmãos e também tive de me separar deles da mesma forma que aconteceu com a garota que tanto amei em Portugal. Amar e me desapegar das pessoas que amo, Maridelma, acho que é o meu maior desafio e aprendizado nessa minha jornada. Seguir amando, mesmo longe de quem tanto amo é, talvez, a minha maior missão de vida.
– Mas isso não é justo – disse ela, chorosa.
– Não é uma questão de justiça, Maridelma, e, sim, de aprendizado da alma.
Ele procurou sorrir e completou:
– Quando saí da casa de sua tia, eu perguntei a ela: "Posso me mudar com a certeza de que ainda somos amigos e sempre seremos?" e ela, com certo custo, respondeu que "sim".
Risos.
– Conosco acontecerá o mesmo, Maridelma. Estaremos sempre ligados, ainda que seja por um laço invisível do univer-

so. Da minha parte, será assim, posso lhe garantir, a não ser que você não queira.
– É lógico que quero, Flávio.
– Então está combinado. Eu e você unidos pelo amor só que numa outra sintonia.
Os olhos dela brilharam cheios d'água.
– Você é tão maravilhoso, Flávio... Compreendo muito bem por que eu e minha tia nos apaixonamos por você.
As mãos de ambos se tocaram e ele então a abraçou, apertado.
– Eu te amo, Maridelma e sempre vou te amar.
E ali se encerrava o namoro dos dois, uma união não muito longa, mas que permitiu a ambos grandes aprendizados de vida.

Quando o próprio Flávio contou a Assuntinha sobre o término de seu namoro com Maridelma, a mulher o tratou como se ele fosse a criatura mais frágil do mundo. Ao contrário do que esperava, Assunta não ficou feliz com o rompimento do casal, sabia o quanto ele adorava Maridelma e sofreria por isso.
– Ocê gostava dela... Gostava, não, gosta, né memo? Num queria vê ocê sofrendo como eu sofri – confidenciou Assuntinha sincera como nunca.
– Mas a senhora, Dona Assunta, mesmo diante dos piores sofrimentos ao longo da vida, sobreviveu e, bem, isso é admirável, não acha? Saber que podemos ser mais quando a vida é menos.
Um risinho engraçado escapou pelo canto direito da boca da mulher, ela gostara do que ele disse, muito.
– Só promete pra essa véia aqui que ocê num vai sumi, por favor.
– Eu já lhe disse, Dona Assunta e torno a repetir: "Sempre que possível virei vê-la... A senhora e sua irmã se transformaram na minha família aqui no Brasil."
E ela mais uma vez gostou de suas palavras.

299

No final da semana seguinte, Maneco e Lieco chegaram, contando a todos sobre seus planos de se casarem em breve. Estavam tão felizes que para eles, a infelicidade jamais existira ou viria a existir um dia.

Durvalina e Assuntinha procuraram se alegrar com a chegada do casal, transparecer a mesma felicidade que todos sentiram com a notícia do casamento dos dois, mas era uma alegria forçada. Quando se fecharam dentro do quarto, na edícula, criticavam tudo e todos sem ter nem por que.

Dias depois, Belinha e sua família haviam ido a um casamento e, por isso, Assuntinha e Durvalina ficaram sós na casa com o pai. Depois de lhe servirem a janta, ajudaram-no a chegar à varanda, onde ele gostava de ficar sentado numa cadeira de cordas entrelaçadas, até sentir sono e se recolher. Naquela noite a lua brilhava esplendorosa no céu cintilante de estrelas, e pai e filhas ficaram ali, admirando a visão magistral.

– *Eta* céu bonito, *sô* – comentou Seu Honório José, depois de cuspir longe um pigarro. – Faz eu *lembrá* da fazenda.

– A fazenda... – murmurou Assuntinha repentinamente saudosa.

Durvalina também pensou no lugar e, com isso, trouxe de volta à memória, lembranças do que vivera lá.

– Lembra, pai, quando o senhor correu atrás de mim?

O pai riu.

– Lembra quando eu corri na madrugada...

Riram.

– Lembra das *enchente?* Nossa, daquela vez foi forte, hein?

Durvalina, saudosa, comentou:

– É tudo tão divertido quando *nóis oia pro* passado, não? É como se tudo tivesse de *tê* sido do jeitinho que foi. Tim-tim por tim-tim!

– *Ocê* acha *memo, fia?*

– Acho sim, pai.

– Agora que *ocê* disse, Durvalina, eu *tamém* acho que tudo

tinha de *tê* sido do *jeitico* que foi.
Assuntinha também concordou:
— É engraçado quando *nóis oia pra trás* e vê beleza no que viveu, *né?*
— Se é.
Risos.
— Sabe, *fia...* Eu gostava da fazenda... gostava muito, mas...
Ele novamente limpou a garganta e cuspiu longe.
— Quando *ocês* me levaram *pra morá* naquele lugar... Bem...
— Perdoa *nóis,* pai.
— Calada, ainda num terminei!
Durvalina engoliu em seco e Seu Honório José foi adiante:
— Aquele lugar, *fia...* eu gostei de *morá* lá.
As duas se entreolharam, surpresas.
— O senhor *gostô?*
Ele assentiu, balançando a cabeça positivamente.
— O senhor *tá* falando sério, pai? — indagou Assuntinha, pasma.
— Sim, *fia.* Era divertido *morá* naquele lugar...
— Na casa de repouso?
— Lá *memo.* Fiz amigos lá. Só lá é que pe*r*cebi o quanto eu era solitário na fazenda. Depois que sua mãe morreu, foi só solidão.
— *Ô,* pai... *Qué dizê* então que *morá* na *tar* casa de repouso *num* foi tão ruim assim, é?
— Lá eu jogava *baraio,* truco, dominó. Foi *bão* demais, *sô!* Eu era bem cuidado, tinha comida farta e roupa lavada e pe*r*fumada. Cheguei até *ficá* de namorico com uma *muié* que também morava lá. Pena que ela logo *empacotô.*
Ele secou uma lágrima e prosseguiu, denotando grande satisfação:
— Mas eu, Honório José das *Parmeira num ia casá* com ela não, sabe? Porque esse *óme* aqui é *óme* de uma *muié* só

301

na vida e o nome dela foi Arminda Lago. Só ela que eu amei de verdade. Só ela que fez esse *véio* aqui feliz. *Eta muié* boa, *sô*.
— A mamãe era *memo* uma *muié* muito boa, pai. Pena que morreu tão cedo.
— *Num* é à toa que se diz, por aí, que os *bão morre* cedo, infelizmente.
— Infelizmente.
Os três se silenciaram a seguir, mantendo na cabeça, a imagem de Arminda Lago e os bons momentos que passaram ao seu lado.
Ao se recordarem das palavras do pai, ditas há pouco: "Aquele lugar, *fia*... eu gostei de *morá* lá... Era divertido... Fiz amigos lá. Só lá é que percebi o quanto eu era solitário na fazenda. Lá eu jogava *baraio*, truco, dominó. Foi *bão* demais, *sô*. Eu era bem cuidado, tinha comida farta e roupa lavada e perfumada. Cheguei até *ficá* de namorico com uma *muié*...".
Durvalina e Assuntinha se sentiram menos culpadas por terem-no largado na casa de repouso. Algo que fizeram, alegando ser uma clínica médica onde ele teria de ficar por ordens médicas até que recebesse alta.
— A vida é muito das *esquisita*, sabe? — continuou Durvalina, quebrando o silêncio. — O senhor *num* concorda, pai?
O pai desta vez não respondeu, permaneceu calado e silencioso.
— Ô, pai?
Ele se manteve em silêncio.
— Pai? — insistiu ela, erguendo a voz.
Ele se manteve quieto e de cabeça pendida para baixo.
As duas se entreolharam, tomadas de pavor.
— Será que ele? — balbuciou Durvalina, arrepiando-se toda.
— Será? — gaguejou Assuntinha, arregalando ainda mais seus olhos que lembravam os de uma coruja.
— *Num* pode *sê*. Não depois de tanto tempo.
— Um dia ele tinha de *batê* com as *bota*, Durvalina.

— Mas esse dia sempre pareceu que nunca ia *chegá*, Assuntinha.
— Eu sei, mas *chegô!*
As duas se silenciaram e foi Assuntinha quem falou, vibrante, minutos depois:
— *Nóis firnarmente conseguiu*, Durvalina! Agora *nóis tá livre! Livre* feito passarinho!
Um sorriso maléfico e, ao mesmo tempo, inocente resplandeceu na face da mulher.
— *Finarmente!* — Durvalina também se alegrou.
— *Precisamo comemorá!*
— Deve tê pinga em argum lugar da casa, não?
— Deve, sim.
E novamente elas suspiraram aliviadas e felizes.
— Ai...
— Ui...
— *Finarmente.*
— *Finarmente...*
— Que *maravia.*
— Que *belezura!*
Mas a alegria durou pouco.
— Pena que o pai, Durvalina, era o único que se importava com *nóis.*
— Que nada, Assuntinha... Ele só se importava porque precisava de *nóis.*
— Pelo menos, pra ele, Durvalina, *nóis* era importante, agora *nóis num é pra* mais ninguém!
— Pensando *mió,* Assuntinha, *ocê* tem razão *traveis.*
Elas voltaram a olhar para o pai, morto, na cadeira de cordas e o desespero tomou conta das duas.
— *Num* morre não, pai — balbuciou Durvalina, rompendo-se em lágrimas.
— É isso *memo,* pai. *Num* morre, não! — repetiu Assuntinha, também chorando.
— *Num* deixa *nóis sozinha* aqui não! *Nóis só tem* o senhor.

Ambas se ajoelharam aos pés de Honório José, cada qual segurando uma de suas mãos, beijando-as fervorosa e repetidamente. Sim, elas amaram o pai, sempre o amaram... Foi a inveja que as fez odiá-lo, impedi-las de sentir o amor que ele tinha por elas.

Quando Belinha chegou e encontrou as duas irmãs sentadas na varanda, chorosas, estranhou.

– Belinha... – Durvalina voltou-se para ela. – Nosso pai *tâ* morto, *muié*. Morto!

Belinha levou a mão à boca, o momento que nenhum filho quer viver, chegara, infelizmente.

Durante o funeral, Maneco comentou discretamente com a namorada:

– Elas choram, mas é tudo falsidade. Devem estar felizes por ele ter passado desta para uma melhor.

– Não sei não, Maneco – retrucou Lieco –, elas me parecem mesmo sentidas com o que aconteceu. Eu diria até que estão arrasadas.

– Para mim, Lieco, essas duas são incapazes de sentirem alguma coisa de bom por alguém.

– Será que existe gente tão insensível assim? – questionou Lieco, deixando o rapaz com a pulga atrás da orelha.

Amigos de Belinha e Manoel estavam presentes, os amigos mais próximos de Maneco e Maridelma também, além de vizinhos e conhecidos do casal.

As três irmãs permaneceram de luto por quase um mês, algo muito raro hoje em dia. Foi então que Durvalina, certa tarde, despertou agitada de um cochilo inesperado. Voltou-se para Assuntinha e disse, com certa aflição:

– O pai *chamô nóis,* Assuntinha.
– O pai?!
– É.
– Mas, Durvalina, o pai morreu.
– Mas Assuntinha, eu juro por Deus que ouvi ele chamando

eu agorinha *memo.*
Engrossando a voz, ela tentou imitar a voz do pai:
– "Durvalina... Durvalina!!!!".
Entristecida completou:
– Será que nem *memo* depois de morto, o pai vai *deixá nóis* em paz?
Assuntinha bufou:
– *Ocê tava* cochilando, Durvalina. Cochilando.
– É *memo?*
– Sim. *Ocê sonhô* com o pai, chamando *ocê.*
– Ufa! – a mulher respirou aliviada e as duas se silenciaram por quase dez minutos.
Foi então que Assuntinha, com voz ponderada, comentou com a irmã:
– Eu *tava* pensando aqui *c'os* meu *botão,* Durvalina...
– O que, Assuntinha?
– Que *nóis* sempre *pensô* que o nosso maior *probrema* era o pai. Que *nóis* só num foi feliz por causa dele. Só que *memo* depois de *nóis tê ponhado* ele na *tar* casa de repouso, a nossa vida *continuô* a *mema merdinha* de sempre, *num mudô* nada. *Nadica* de nada.
– Agora que *ocê tá* falando, Assuntinha, que eu *tô* me arreparando. É *memo, como sempre ocê* tem razão, minha irmã.
– Pois é... O *probrema* também *num* era a Belinha.
– Não?
– Não! *Nóis odiô* ela, os fio dela, o marido dela, a vida dela. *Fizemo* o que *fizemo pra atrapaiá* a vida de *tudo eles...*
– É "deles tudo" que se fala, Assuntinha.
– Então: de *tudo eles* ou *deles tudo* e, *memo* assim, nossa vida *continuô* a *mema* chatice de sempre.
– Verdade!
– Então, Durvalina... Se o nosso *probrema num* era o pai, nem a Belinha, nem a *famia* dela, então... o *probrema* é *nóis memo. Nóis* que é o *probrema.*
Os olhos de Durvalina deram perfeitos sinais de apoplexia.

— É isso *memo* o que *ocê* ouviu, Durvalina — confirmou Assuntinha, seriamente. — E tem mais, viu? Num *adianta nóis querê tirá* a felicidade do outro *pra nóis sê* feliz. O que é do outro é do outro. Como diz o ditado: o que é do *óme* o bicho *num come!*

Um risinho escapou pelo canto direito de seu lábio, um que logo se repetiu e ganhou outras proporções.

— *Nóis* foi muito besta, Durvalina, em acreditar que *nóis* seria feliz, fazendo o outro infeliz.

— Muito besta, Assuntinha! — confirmou Durvalina, também rindo.

Risos.

— E eu dando dinheiro pra igreja? — continuou Durvalina, subitamente bem humorada. — Onde já se viu *tê* que *pagá pra arranjá* marido e *tê* a casa abençoada por Deus em nome de Jesus?

— *Ocê* foi burra demais, *muié* — concordou Assuntinha, rindo ainda mais.

— Fui *memo!*

— E eu jogando no bicho?

— Nossa, é verdade, Assuntinha, tinha esquecido disso!

— E eu querendo *casá* com o *Frávio,* que tem idade pra *sê* meu *fio.*

As gargalhadas a seguir foram de chacoalhar a pança.

— Burrice maior foi a do gás... *Exprodimo* a casa, *perdemo* tudo que *nóis tinha!*

— Acho que nem os *burro* da fazenda *é* tão burro quanto *nóis* duas, Assuntinha.

Gargalhadas redobradas.

— Sabe, Durvalina, pensando aqui *c'os meu botão,* cheguei à *concrusão* que a inveja é *tar e quar* uma dor de cabeça que num passa.

— O que *ocê qué dizê* com isso, Assuntinha?

— Que é chata, chata de *doê!*

O riso diminuiu e elas se silenciaram, pensativas.

— Pelo menos o pai foi feliz na *tar* casa de repouso, As-

suntinha.
– Ele disse, *num* disse?
– Disse, sim.
– Que *bão* que ele *gostô*.
– É.
Nova pausa.
– *Tava* aqui pensando com os *meu botão*, Durvalina...
Quem sabe lá *nóis* também *num* é feliz?
– *Ocê* acha?
– Sim. Se o pai que era o pai, *gostô*...
– É...
– *Num* é?

Dias depois, Belinha acordou entusiasmada, decidida a mudar o ponto de vista de suas irmãs sobre a vida. Torná-las felizes ou, menos infelizes do que eram. Preparou um café da manhã maravilhoso, com suco de laranja, torradas, geleia caseira, queijo de minas, pão quentinho, bolachas água e sal, leite quente para misturar ao café e fez tudo com muito gosto. Pôs tudo em uma bandeja e levou para o quartinho que ficava no fundo da casa. Apoiou a bandeja sobre uma amurada e bateu a porta do quarto. Nenhuma resposta. Tornou a bater. Nada senão o silêncio.
– Assuntinha, Durvalina?! – chamou ela, sem perder a gentileza da voz.
Diante da quietude tornou a chamar e ansiosa para saber por que não obtinha resposta, girou a maçaneta. O que viu dentro do quarto deixou estupefata.
Quando Manoel encontrou a esposa, Belinha estava parada em frente à janela da edícula, segurando um papel na mão, enquanto lágrimas escorriam por sua face.
– O que houve? – perguntou ele, preocupado.
– Elas foram embora...
– Embora?
– Sim.
– Para onde? Para onde foram aquelas doidas varridas?

– Não sei. Elas não dizem no bilhete.
Manoel bufou:
– Aquelas duas só servem mesmo para transtornar a vida dos outros. *Eta* duas terríveis.
Belinha ficou tão desesperada com o sumiço das irmãs que caiu de cama. Quando Maneco chegou da fazenda, contando que para lá elas não haviam ido, Belinha preocupou-se ainda mais. Quando ambas ligaram para saber como estavam todos, Maneco foi enfático ao telefone:
– Tia, aonde a senhora e tia Durvalina se enfiaram? Minha mãe está preocupadíssima com vocês. Caiu até de cama. Nós todos ficamos preocupados.
E isso era de fato verdade.
– *Fizemo* tanta *farta* assim, é? – perguntou Assuntinha do outro lado da linha.
– Mamãe quase morreu.
– Eu e Durvalina *achamo* que ela *num* ia se *importá*.
– Como não, tia Assuntinha?! Ela é irmã de vocês e irmãos se amam, esqueceu-se? Especialmente minha mãe, ela ama as senhoras.
Assuntinha engoliu em seco e contou ao sobrinho aonde agora viviam. Maneco, pasmo, desligou o telefone e passou adiante a informação.

Foi no dia seguinte, logo pela manhã, que Belinha foi visitar as irmãs na casa de repouso onde o pai havia vivido por alguns meses.
– Por que vieram para cá? – perguntou Belinha, assim que se sentou em frente as duas, na varanda que cercava o local.
– Não gostaram da edícula, é temporário, somente até...
Durvalina a interrompeu:
– Num tem nada a ver com a edícula, Belinha. *Nóis veio pra cá,* porque o pai *contô pra nóis,* antes de *morrê,* que aqui era *bão,* ele *gostô.* Eu e Assuntinha *ficamo* pasma, *nóis* pensava que ele tinha odiado, mas não, ele *adorô.* Então, eu e Assuntinha *achô* que *nóis podia* também *gostá* de *morá* aqui.

308

Assuntinha opinou:
— Aqui o *pessoar* é como *nóis,* Belinha. Assim *nóis* se sente *menos pior.*
— *Nóis* veio *morá* aqui também, Belinha, porque quem sabe aqui *nóis* é feliz.
— É.
— E o que *nóis qué* da vida, Belinha, *memo,* do fundo do nosso coração...
— Desde *pititicas...* — ajudou Assuntinha.
— É ser feliz.
— Quem sabe aqui *nóis num* encontra a *tar* felicidade — completou Assuntinha.
Belinha se emocionou.
— Espero de coração que sim, mas se não encontrarem, minha casa está de portas abertas para vocês. Sempre estará!
— Sabe o que *nóis* descobriu, Belinha? — continuou Assuntinha. — Que *nóis* sempre escolheu o caminho errado *pra sê* feliz.
— E tem um caminho certo *pra* felicidade, Belinha — colaborou Durvalina.
— Tem, sim! — continuou Assuntinha. — O oposto do que *nóis* escolheu.
Belinha sorriu e disse:
— De qualquer modo, quando enjoarem daqui, poderemos dar início à construção da casa de vocês ao lado da minha. Até lá, certamente, já teremos dinheiro suficiente para construí-la.
— *Enjoá* daqui? — Durvalina riu. — Isso aqui mais parece um *hoter!*
— É *memo,* Belinha — confirmou Assuntinha. — Um *hoter* de luxo.
Houve uma pausa até Assuntinha admitir:
— Sabe, Belinha... *Nóis* sempre *amô ocê...* Verdade *memo. Amô* também os *teus fio,* até *teu* marido... Apesar de *nóis invejá ocês, ocês completava* a nossa vida, *espantava* a solidão, *ponhava* um pouco de alegria nela, sabe? Por isso, *brigada*

309

por tudo.
Belinha muito emocionada, falou:
— Se eu não fiz mais, não foi por falta de vontade.
— *Nóis* sabe. Foi porque *ocê* tinha *tua famia, teus fio, teu* marido. Tinha de se *virá* em cinco *pra dá* conta deles, *né?*
— É.
Risos.
— Eu também amo vocês — admitiu Belinha, sincera. — Amo muito! E estarei sempre aqui.
Belinha beijou as irmãs e voltou para casa, sentindo-se mais tranquila em relação as duas. O desejo de ambas, de finalmente encontrarem a felicidade era agora também um desejo seu. Que os anjos colaborassem para que aquilo se tornasse realidade.

Mais tarde, naquele dia, depois de Belinha contar em detalhes o encontro que tivera com as irmãs, Maridelma perguntou:
— O que a senhora aprendeu com tudo isso, mamãe?
— Aprendi que a felicidade chega para todos um dia, filha. Por mais que briguemos com a vida, com todos, estamos fadados a sermos felizes um dia. O caminho até lá, pode ser tempestuoso porque muitas vezes contribuímos para ser assim, mas não há ditado mais certo do que aquele que diz "Depois da tempestade, vem a bonança". E eu acredito piamente nisso, filha. E foi, talvez, por acreditar nisso que minha vida foi, é e sempre será feliz!
Maridelma beijou a mãe, orgulhosa de ser sua filha, de estar ao seu lado em mais uma passagem pela Terra.

Às vésperas do Natal, todos os residentes da casa de repouso conversavam descontraídos na varanda, quando ouviram um sininho, tocando cada vez mais próximo. Alguém vestido de Papai Noel chegara para surpreender e alegrar todos.
— Feliz Natal! — saudou o bom velhinho. — Hô, hô, hô... Feliz Natal!

O recém-chegado distribuiu biscoitos a todos e diante de Assuntinha, parou, curvou-se sobre ela e sussurrou ao seu ouvido:
– Feliz Natal, Dona Assunta.
Assuntinha arrepiou-se inteira ao reconhecer a voz de Flávio.
– *Frávio...* – murmurou com a voz embargada.
– Como vai a senhora, Dona Assunta?
– Pensei que *ocê* ia se *esquecê* de mim.
– Não esqueci, não! Eu disse que não me esqueceria. Assim que soube que tinham se mudado para cá, vim o mais rápido que pude.
Ela pegou a mão do rapaz e a beijou, ele então baixou a barba postiça e beijou-lhe a face. A seguir, pegou o violão que havia levado consigo e cantou para todos, canções populares da MPB, contagiando-os com sua arte, alegria e entusiasmo inabalável pela vida.
Quando seus olhos voltaram a se concentrar em Assuntinha, ela se sentiu verdadeiramente feliz por tê-lo acolhido em sua casa, apesar das segundas intenções, por tudo que aprendeu com ele e, por ter realmente pela primeira vez na vida, um amigo de verdade.

A alegria de Assuntinha e Durvalina contagiou todos, até mesmo os funcionários do lugar, com exceção de Eliane Junqueira. Ela voltou-se para a colega de trabalho e num tom de deboche, comentou:
– Que vida boa dessas duas, hein? Recebem tudo de mão beijada e, ainda têm um rapagão, lindo desses, que aparece vestido de Papai Noel para alegrá-las. Essas aí não sabem nem nunca vão saber o que é tristeza e solidão, passar vontade e ter decepções com a vida. São que nem cachorros de família, só sombra e água fresca, comem, bebem e dormem sem precisar trabalhar, isso sim é vida! Não essa minha.
– A inveja, Eliane– comentou a colega –, é um doce amargo, sabia?

– E desde quando você acha que eu tenho inveja? Credo em cruz, bate três vezes na madeira. Só não acho justo que uns tenham uma vida tão fácil como a dessas duas aí, e eu tenha que trabalhar pra me sustentar.
– Pelo menos você tem um marido.
– E de que serve? Não tem onde cair morto.
– Pelo menos você tem seus filhos.
– Só me dão despesa. O que eu quero mesmo é uma vida fácil que nem dessa Durvalina e dessa Assuntinha. É isso o que eu quero para mim. Só isso! É pedir muito?

Todos têm o direito de pensar o que quiserem do outro, seguir pelas aparências, mas a verdade de cada um pode estar a quilômetros e quilômetros de distância do que aparentam ser.

 Maneco e Lieco se casaram tempos depois numa cerimônia budista e também católica, por exigência de Manoel. Maridelma e Leonias casaram-se em seguida e, nesse ínterim, a casa para Durvalina e Assuntinha foi construída no terreno que agora lhes pertencia na cidade. Ambas, porém, não mais se interessaram pela casa, tampouco quiseram visitá-la. Eram felizes, morando na casa para repouso onde Flávio sempre aparecia para alegrar todos.
 O rapaz também se casara nesse período e, Assuntinha acabou aceitando a moça, de bom grado, evitando cenas de ciúme e inveja.
 Logo, Maneco e Maridelma tiveram seus primeiros filhos, alegrando, assim, a vida dos pais, com netos lindos e sapecas. Manoel e Belinha começavam, então, uma nova fase de vida, tão feliz ou mais do que já haviam tido até então.

Fim

Vida Real

Alguns leitores não gostam de romances que descrevem o uso de bebida alcoólica pelos personagens. Muitas editoras chegam a limar do texto essas cenas, o que eu, particularmente, acho um desrespeito ao autor e à história em si. Sabemos o que o alcoolismo pode causar às pessoas, bem como o excesso de comida para muitas, mas nem por isso se tiram dos supermercados, bebidas, chocolates e tudo mais que engorda. Somos nós que temos de aprender a comer e beber na medida certa, lidar com as fragilidades que possam existir em nós.

Temos sim de relatar num livro como este, fatos como ir ao banheiro, fazer as necessidades, beber caipirinha, brindar com pinga, jogar no jogo do bicho e demais situações do gênero porque isso faz parte da nossa vida na Terra, é o nosso lado mundano, estamos exatamente aqui para transgredi-los. Essa é a nossa missão, o nosso desafio e a nossa vitória espiritual.

Portanto, sejamos leitores conscientes, almas confiantes em si e nada do que possa nos fazer mal, nos atingirá porque não o permitiremos. Amém!

Inveja saudável e inveja prejudicial

Existem dois tipos de inveja: positiva e negativa. A inveja positiva é aquela que quando você vê um carro bonito, você diz para si mesmo que gostaria de ter um e começa a batalhar para tê-lo. O mesmo ocorre, ao ver uma casa bonita, um utensílio doméstico, uma joia preciosa, uma pessoa bem sucedida. Elas tornam-se um estímulo para você, pois o incentivam a prosperar na vida, revelando que esse tipo de inveja é saudável.

O invejoso negativo é aquele que não quer ser rico, quer puxar os ricos para baixo. A felicidade se estampa em seu rosto, ao ver alguém que estava prosperando, se dar mal, perder o posto, ficar mal de saúde. Este invejoso ao invés de estudar, aprimorar-se, dar-se mérito para entrar num fluxo bacana de prosperidade, perde seu precioso tempo, rogando pragas, sem perceber que elas se voltam contra si próprio. Afinal, quem se incomoda e se tortura com a prosperidade alheia, é ele, não os prósperos.

Muitos invejosos negativos desejam que os prósperos deem para eles o que possuem, simplesmente por quererem, como fazem muitas crianças mimadas com seus pais.

Se você perceber que é um desses invejosos inveterados, mude, não só para prosperar e mudar a qualidade de sua vida, mas para viver com paz de espírito, podendo assim, absorver a vida com mais amplitude, nitidez e lucidez o que é formidável também para compreender o seu real significado dentro do cosmos.

O invejoso quer o mal do proprietário da empresa onde trabalha, por inveja da posição que ele ocupa, das condições econômicas que possui, sem perceber que se ele falir, ele também será prejudicado, pois uma empresa falida demite todos os funcionários. Como vê, é um desejo vil e prejudicial a si próprio e ao próximo, pois seus colegas de trabalho também serão prejudicados. Ter inveja é, em suma, um ato de ignorância.

Muitos invejosos negativos emanam o mal para os proprietários de empresas, comércio em geral, mesmo sem trabalhar ali. Quer vê-los na lama sem perceber que assim também está emanando o mal ao seu semelhante, pois como já disse, quando um proprietário fracassa, seus funcionários perdem com ele.

Quando alguém abre um negócio, seja ele qual for e obtém sucesso, este sucesso atinge todos em geral, pois possibilita empregos às pessoas que não têm coragem de arriscar, ou não estão aptos para aquilo ou não pensaram nisto, ou não nasceram para isso. Por isso, colaborar para o sucesso de uma empresa é uma atitude sábia e cristã, pois esse sucesso atingirá aqueles que dão vida a ela. Sabedoria é, então, torcer, admirar, aplaudir, emanar boas vibrações, olhar com os olhos do bem e não da inveja negativa para todos que prosperam.

Inveja dos altos salários

Tem gente que morre de *inveja negativa* dos altos salários que os jogadores de futebol ou qualquer outra modalidade esportiva, ou modelos recebem.

O dinheiro que esses profissionais ganham por seus trabalhos pode parecer muito, mas a carreira de um jogador, dos esportistas em geral, de um modelo e de muitos artistas dura um período muito curto, não é pelo tempo normal da maioria das outras profissões.

Acontece o mesmo com os artistas, cantores, atores, astros de cinema, escritores, artistas plásticos, entre outros, leva-se muito tempo, anos de batalha para atingir o sucesso que lhes possibilitará ganhar grandes quantias. E eles devem aproveitar ao máximo esse momento, pois o auge passa. Tanto que eles precisam administrar muito bem seus ganhos para poderem se garantir quando esse período passar.

Quando um seriado americano atinge picos de audiência, os atores da série passam a ganhar mais, o que é natural, pois a emissora e os produtores da série também passam a ganhar mais. Esses atores, principalmente os americanos, devem aproveitar bem essa chance, uma vez que no país, artistas raramente voltam a atuar na TV, fazendo outros personagens em outras séries, diferentemente do Brasil onde um ator volta a atuar em outras novelas, consecutivamente.

Mesmo os atores americanos que tentam regressar à TV, num novo seriado, são poucos os que obtêm novo sucesso. Portanto, o salário desse pessoal tem de ser também bem administrado para garantir seu futuro.

"*Ah! Mas eu queria estar no lugar de um artista, de uma celebridade, de um alto executivo! Queria, não! Quero! Para ganhar o mesmo salário que eles!*", retrucam algumas pessoas.

É preciso se perguntar se tem talento. Se tem, ser honesto consigo mesmo, para se questionar se foi atrás dos lugares certos para expressar seu talento. Foi? Procurou aperfeiçoá-los. Fez?

Aceitou correr os riscos necessários para poder expressá-los? Tal como, por exemplo, mudar para uma cidade onde haja mais oportunidade de trabalhar nessa área?

Muita gente quer estar no lugar de pessoas prósperas, sem disposição para seguir os passos e passar pelos processos que podem levá-las a mesma prosperidade. Quem não está disposto, acaba sempre, depois, reclamando e praguejando os que conseguiram chegar lá por esforço, persistência, mérito e talento.

Muita gente sofre dessa *inveja negativa* por serem preguiçosas. Sonham em ter uma empresa famosa, uma loja famosa, qualquer negócio que esteja prosperando, mas não querem passar pelos processos que levaram os proprietários dos comércios famosos a atingir o nível de prosperidade em que se encontram. Sentem preguiça só de pensar em começar.

É lógico que é bem mais fácil almejar algo pronto e próspero do que passar pelos processos que o levarão ao nível de prosperidade invejado.

Empresas, micro-empresas, comércios e profissionais bem sucedidos são como um filme pronto, muita gente pensa que levou somente o tempo de exibição para filmá-lo e editá-lo, ignoram os meses de produção e a quantidade de profissionais para deixar o filme prontinho do jeitinho que se vê na tela. Muitos chegam a pensar que a equipe de filmagem gira somente em torno dos atores que interpretaram os personagens da história.

Qualquer um que quer ter um comércio de sucesso tem de estar disposto a passar pelo processo que levará ao sucesso. Se estiver, já é um bom caminho andado.

Tem gente que inveja um simples bolo confeitado que fulana de tal faz e muito bem, pelos elogios que recebe e o lucro que obtém com a venda deles. Agora, procurar aprender como é que se faz um bolo tão bom, isso nem pensar.

Como já foi dito: a inveja tem também muito a ver com preguiça!

Certos invejosos costumam dizer:

"Se eu tivesse condições, eu montaria meu negócio próprio.".

Só que a maioria dos que afirmam isso, ao receberem uma oportunidade financeira, guardam o dinheiro, pois é melhor mantê-lo do que arriscar a perdê-lo e encarar um fracasso. Como o estímulo para montar o negócio era o de obter dinheiro, agora que possuem algum, sentem-se desestimulados. Muitos acabam até mesmo gastando o que conseguiram, sem nunca ousar montar nada e voltam a invejar e praguejar quem ousou montar seu negócio próprio.

Muitos não querem ter necessariamente a posição do outro numa empresa, querem só o seu salário, pois não querem passar pelo processo que levou essa pessoa a conquistar aquela posição, um processo que exigiu coragem, riscos e muita fé em si mesmo, aperfeiçoamento, otimismo, estudo, trabalho de qualidade etc. Tampouco querem enfrentar diariamente o que é necessário para se manter ali.

A maioria dos invejosos negativos ficam sentados, querendo enriquecer igual a certo fulano, porém, nada fazem para tornarem-se ricas, dar o primeiro passo rumo à prosperidade.

Muitas pensam que o dinheiro, os bens que uma pessoa possui, foram obtidos por um passe de mágica. Algo tipo Harry Potter *"Kabrum!!!"*.

Não tem passe de mágica nenhum, o que tem mesmo é disposição para executar as leis, seguir os passos que levam ao sucesso. Leis como a da paciência, por exemplo.

"Ah, mas eu quero ser rico, já!"

Só se você descobrir o pó de *pirlimpimpim* ou ganhar na mega sena, ou no show do milhão mas, mesmo assim, tem de recorrer a estes meios, para enriquecer sem esforço algum.

Transforme sua inveja negativa, caso a tenha, numa alavanca para a prosperidade. Não estacione nela. Você se sentirá melhor com a vida e consigo mesmo, pois dissipará a raiva, porque invejar negativamente alguém nos faz sentir raiva e, viver sem este tormento é uma dádiva, nos dá um alívio danado, porque a raiva nos estressa, acaba com a nossa *paz de espírito* e sem *paz de espírito* não há felicidade e prosperidade total.

E como é que a gente transforma inveja negativa numa alavanca para a prosperidade? Simples.

Aceitando pôr em prática as leis da prosperidade e estando disposto a passar pelos processos devidos que elas exigem de cada um.

Ah, mas dá preguiça... Será que funciona mesmo? E se não funcionar? Vou perder o meu tempo? Ai...

Tem de ter também muita coragem, fé, força de vontade e empenho, trabalho etc.

Ai...

Pois é, sacou por que o sistema econômico tem suas vantagens? Porque nos força a usar nossas potencialidades, talentos inatos, e, sendo assim, podemos conhecer melhor a nós mesmos e evoluirmos.

Atenção

Muitos prósperos gostam de despertar inveja nos que não estão fluindo na mesma prosperidade que a deles, para se sentirem superiores, ou se vingar da época em que estavam naquele mesmo patamar, submersos no mesmo tipo de inveja.

São aqueles que adoram receber os menos prósperos em suas casas para se vangloriarem do quanto estão prosperando na vida ou vão visitá-los, fazer de você uma plateia para ouvi-lo, gabar-se de seu sucesso. É uma criancice total, nota zero de evolução, o que prova que prosperidade nem sempre é sinal de evolução espiritual.

Bia, Árvore de Natal

Saiba que muitos prósperos não conseguem ficar de bem consigo mesmos e com a vida, porque estão sempre comparando sua prosperidade com a do outro. Vivem eternamente numa competição, como se o objetivo da vida fosse se tornar o mais próspero dentre todos que o cercam. Isso é uma luta em vão e me lembra a história de Bia, Árvore de Natal.

Ia tudo bem na vida de Bia até o dia em que um casal bem sucedido financeiramente comprou a casa vizinha à sua. O lugar foi reformado pelos dois, como se fossem arquitetos e decoradores profissionais. Pintaram tudo com cores pastéis, lindamente combinadas entre si.

Bia gostou tanto das cores que resolveu pintar sua casa com os mesmos tons. Sentiu-se radiante no início, mas seu contentamento durou pouco; ainda que as casas fossem pintadas iguais, algo na casa da vizinha ainda era mais bonito e atraente que a sua. O que seria?

O mais interessante era que as duas casas tinham arquitetura semelhante, pois foram construídas na época pela mesma pessoa e depois vendidas, separadamente.

Bia pensou, pensou... Refletiu com seus botões e descobriu a razão. A vizinha havia contratado um jardineiro que dera um trato no jardim, tornando-o um colírio para os olhos.

"A-ha!", exclamou Bia feliz.

Discretamente, como quem não quer nada, Bia aguardou o dia em que o jardineiro ia cuidar do jardim da vizinha e contratou-o. Exigiu que ele fizesse de seu jardim, o mesmo que fizera com o da vizinha. Que plantasse ali, as mesmas plantas, flores, grama e nos mesmos locais. Ele assim ele fez e o jardim de ambas as casas ficaram uma réplica do outro.

Bia ficou feliz, mas, mais uma vez, por pouco tempo. A grama do jardim da casa vizinha lhe parecia bem mais verde do que a sua. Chegou até a partir em busca de um produto que pudesse deixá-la mais verde, inclusive mais verde que a grama da vizinha, mas não encontrou nada.

Desde então, Bia ficava o dia todo na janela em frente a sua casa, espiando a casa vizinha, a fim de descobrir por que, apesar de tudo o que fazia para tornar a sua igual à dela, a dela ainda lhe parecia melhor.

Um dia, quando a vizinha chegava do trabalho, Bia teve um *insight*. Descobriu o que fazia diferença entre as duas casas. A casa era diferente por causa da moradora, já ouvira falar que a energia das pessoas muda o lugar, mas jamais pensou que fosse realidade.

"Pronto!", exclamou Bia, feliz.

Agora só restava seguir os passos que a vizinha tomava em sua vida, para que ela, Bia, obtivesse o mesmo sucesso. Assim, Bia, começou a frequentar o mesmo salão de beleza que a vizinha frequentava, mudou seu corte de cabelo como o dela. Adotou até o mesmo estilo de se vestir, o mesmo tipo e quantidade de bijuterias e joias que ela usava.

Maquiava-se também como ela fazia e, assim foi até Bia perceber que a vizinha continuava lhe parecendo ter algo que ela não tinha. Parecendo, como sempre, destacar-se mais do que ela.

Bia resolveu então se emperiquitar mais do que a vizinha, pois acreditava que só assim chamaria mais atenção do que ela.

Ela se emperiquitou tanto que acabou ganhando o apelido de Bia, Árvore de Natal, pois era exatamente como ela se parecia: uma árvore de Natal ambulante, de tanta bijuteria e joias que usava. Sem contar as roupas "Cheguei".

A felicidade de Bia novamente durou pouco. Começou a notar que apesar de ter feito tudo aquilo, sua vizinha ainda chamava mais atenção do que ela, continuava a ser mais atraente do que ela.

Ao descobrir que ela frequentava uma academia de ginástica, passou a frequentá-la e também fazer as mesmas aulas, mesmo não tendo jeito ou não se identificando com algumas, Bia se esforçava pois acreditava que só assim conseguiria obter a mesma magia que sua vizinha parecia possuir.

Bia passou também a ficar escondida atrás do muro que separava as duas casas, só para ouvir o tipo de programa na TV e no rádio que sua vizinha ouvia e, também para saber quais CDs ela curtia. Logo, ela fazia o mesmo, porém, nunca se satisfazendo por inteira.

Ela já estava ficando irritada.

Estava 100% "P" da vida por não conseguir a mesma beleza que ela enxergava na grama, na casa, no estilo de vida e no jeito de ser de sua vizinha. Na verdade, ela estava "P" da vida consigo mesma, por ter se submetido a tudo aquilo e não ter conseguido obter o resultado que almejava.

Certo dia, sua paciência se esgotou. Arrancou a roupa abruptamente, a maquiagem, quebrou os CDs, rasgou as revistas e livros, entre outras coisas que se forçou a ler, porque assim fazia a vizinha, e voltou a ser a velha Bia de sempre.

Só assim ela pôde perceber o quanto era mais prazeroso ser ela mesma, do jeitinho que era, e que suas insatisfações aconteciam por nunca ter se visto realmente como era. Por nunca ter tido a coragem de se expressar como mandava sua natureza interior e sua alma.

Não é a grama do vizinho que é mais verde do que a sua, como observam muitas pessoas, é você que menospreza sempre o que conquista.

Pode ser que a grama seja mais verde, sim, pois é muito mais bem cuidada do que a sua, mas ficará igual se você tratá-la da mesma forma.

Faça humor não faça guerra
Ao ler este livro, depois de pronto, ganhei bons momentos de risos e gargalhadas, o que me fez lembrar do poder do humor em nossas vidas. Eu não ria assim desde a leitura de "Só o coração pode entender", se bem que em "Nenhum amor é em vão" e "Deus nunca nos deixa sós" também tive bons momentos de gargalhadas.

Aproveito agora para falar um pouco a respeito dos benefícios do humor em nossa vida, em qualquer plano do Universo.

Quantas vezes você sorriu hoje?
E na semana? E no mês?
Quantas vezes você sorriu para seus filhos, hoje?
E na semana? E no mês?

Quantas vezes você sorriu com seus filhos, com seu bem amado, com quem vive ao seu lado, hoje? E na semana? E no mês?

"A Paz de Espírito começa com um simples sorriso!"
Pois é, tem gente que com o passar do tempo, perde o hábito de rir. Uns até nunca o tiveram.

Já faz algum tempo que a mídia vem divulgando os benefícios do riso na vida da gente, tanto que já se tornou popular o ditado: "Rir é um santo remédio!" E de fato é, pois relaxa, alivia a tensão, desopila o fígado, nos faz perder a carranca, só nos traz benefícios.

Foi descoberto recentemente que rir 12 minutos por dia é altamente saudável. Faz bem para a saúde!

Portanto, vale a pena investir naquilo que nos faz rir, que nos estimula a soltar boas gargalhadas. Especialmente aqueles que ainda não aprenderam a rir à vontade: livres, leves e soltos. Às vezes, até sabem, mas não se permitem.

Hoje, a terapia do riso tem cada dia mais adeptos. Feliz daquele que já a adotou em sua vida. Existem até jornais e revistas com matérias fixas a respeito. Piadas e histórias engraçadas são contadas, garantindo risos certos para os leitores.

Humor é tão importante na nossa vida quanto o amor
Muitas vezes, o que falta na vida das pessoas não é amor e, sim, humor. Muita gente bem amada e casada vive de mau humor, o que nos leva a perceber que amor somente não supre a nossa necessidade de buscar aquilo que desperta o riso em nós, que eleva o nosso bom humor e a nossa leveza de ser.

Muitos casais se amam de verdade, mas no decorrer dos dias é aquele diz que diz, porque um ou os dois perderam o senso de humor, ou nunca o tiveram. O relacionamento pode ser regado com o mais puro afeto e amor, mas sem um bom senso de humor, o amor desaba. Que tal, então, a partir de agora, começar a se dar tanto amor quanto humor na sua vida, na mesma proporção?

Sinta as diferenças no seu interior e exterior porque elas afetarão sua vida positivamente em todos os sentidos.

Algo raro

Eu noto que as pessoas se viciaram em dramatizar a vida. Só sabem elevar os pontos trágicos e amargos que há nela. É raro encontrar uma pessoa divertida e bem humorada; inclusive, quando se encontra uma, ela fica marcada para sempre na nossa memória.

Os desprovidos de bom humor, quando encontram alguém bem humorado, logo fazem suas observações: "Tá bem humorado hoje, hein... O que foi? Viu um passarinho verde?"

Ou o acusam de alienado, cuca fresca, por estar sempre rindo.

Já ouvi até dizerem que quem ri muito, é porque tem problema. Não é o cúmulo?

É importante, observarmos quem faz esse tipo de comentário. Você verá que são pessoas negativas e dramáticas. Pessoas que só de ficarmos muito tempo perto, nos sentimos mal, com perda de energia.

Portanto, quando se vir diante de um desses negativos, mal-humorados e dramáticos inveterados, conte-lhes uma piada, nem que seja uma picante, elas podem não rir na hora, para não dar o braço a torcer. Podem até mesmo achar um absurdo, mas, depois, vão rir sozinhas.

Agindo assim, estamos prestando um favor a essas pessoas, ajudando-as a descobrir não só o prazer do riso, como o de viver mais leve e solto.

Se você é um desses mal-humorados e dramáticos inveterados, permita-se dar um basta no seu mau humor. Passe a rir mais e logo se tornará alguém melhor para si mesmo, para os outros e para o planeta.

Para você, para a família, para todos!

Seriados como "Os Três Patetas", "Jeannie é um gênio", "A Feiticeira", "A Família Dinossauro", "Chaves", "Chapolin", entre outros, são excelentes para nos fazer rir um bocado.

Os seriados brasileiros também são excelentes para nos fazer rir. "Os Normais", "A Grande Família", "Macho Man", "Surtadas na Yoga", "Minha vida nada mole" são alguns deles.

Você pode revê-los quando quiser em DVD ou pela TV a cabo.

No Youtube, por exemplo, você pode rever os melhores momentos de "A escolinha do professor Raimundo", "Os Trapalhões" e muitos outros programas do gênero. Outra opção para manter o nosso riso em alta.

As comédias brasileiras da atualidade estão cada vez melhores. "Minha mãe é uma peça", "O político honesto", entre outras, também são formas saudáveis para nos manter sorrindo.

Hoje já temos no Brasil, o popular stand up comedy que também pode ser visto no Youtube e canais a cabo diversos. São apresentações hilárias e inteligentes. Riso garantido.

E não podemos deixar de falar também dos canais de humor, tal como "Porta dos Fundos", "Põe na Roda" entre outros que também estão à disposição no Youtube. Falam muitas verdades por meio do humor, o que nos leva também a uma boa reflexão sobre nossos atos.

Antigamente os desenhos animados de longa metragem eram feitos somente para o público infantil, hoje são para todas as idades. Hilários, nos divertem e também nos permitem entrar em contato com a nossa criança interior, algo também maravilhoso para o nosso bem-estar e paz de espírito.

E não posso me esquecer de mencionar os benefícios dos gibis e charges de jornal que também têm o poder de nos fazer rir e agradar nossa criança interior.

Hoje em dia há também programas humorísticos excelentes nas rádios. Quando estou dirigindo, aproveito para ouvi-los e é um barato observar a cara de espanto dos motoristas dos carros, passando ao lado do meu, ao me verem, rindo. Para alguns devo parecer um maluco e daí? Quem perde por não rir e se divertir são eles, não eu!

Assim, nem o trânsito consegue mais me aborrecer! Na verdade por mais lento que se encontre, fico tão concentrado no programa, que o congestionamento parece ter durado meros minutos.

A maioria desses meios de humor faz lembrar que não devemos levar a vida tão a sério, porque muito do que é sério hoje, amanhã já deixou de ser. Ou só é sério para você, pro outro é uma piada. Levar a vida somente a sério, a ferro e fogo, nos endurece por dentro, nos dá um coração de pedra.

Observe que toda pessoa que você encontra de baixo astral, carrancuda, assiste muito pouco a programas de humor. Muitos até se irritam, ao vê-los. Outros não sabem nem que existem. Os da terceira idade e afins são os que mais desconhecem estes meios e seus poderes em prol do seu bem maior.

Por mais espantoso que possa parecer, um simples seriado pode curar uma doença. É o caso do americano, de cujo nome não me recordo agora, que se curou do câncer, assistindo toda noite aos Três Patetas. Relatou esta experiência em um livro, e, assim, ensinou muita gente a recorrer a esta simples técnica quando precisarem de uma força a mais no combate a uma doença que estejam enfrentando.

O poder do riso como contribuinte na cura de doenças é tão forte que acabou sendo reconhecido pela medicina tradicional.

Os Pat Adams, grupo de pessoas que vão vestidas de palhaço, fazer brincadeiras e micagens, contar piadas e cantarolar, nos quartos dos pacientes, são hoje cada vez mais populares mundo afora. Aqui no Brasil, são chamados de 'Doutores do Riso' e têm entrada permitida nos hospitais, porque são realmente formidáveis na recuperação dos pacientes.

Os próprios médicos, enfermeiros e parentes percebem as

melhoras que ocorrem no doente após receberem a visita dessa gente formidável, o que nos revela, mais uma vez, que rir é de fato um recurso mais benéfico e eficaz para o nosso equilíbrio físico e mental do que pensamos.

Toda vez que me percebo mal-humorado ou estressado, ligo a TV ou a internet para ver programas humorísticos e logo perco a carranca e faço da tristeza um circo dentro de mim. Depois, já nem me lembro de que estive emburrado ou triste, vejo tudo com novos olhos e me torno muito mais forte e sadio e apto para solucionar qualquer problema que tenha me deixado sério ou triste demais. Como todo mundo vive situações semelhantes, aconselho a todos a fazer isso!

Aprenda também a rir de si mesmo quando der um fora, cometer um lapso, pagar um mico, como dizem os jovens. Só rindo de nós, nessas horas, é que saímos bem leves e soltos da situação.

Rir de si mesmo é um excelente potencializador de energia positiva em sua vida. É uma boa maneira de cuidar da sua saúde, relaxar, dissipar o estresse, a irritação e as frustrações. Todo mundo que se leva a sério demais, fica sério e chato demais.

Caetano Veloso está certíssimo quando diz em sua canção intitulada "Cara": *"Ria, ria que a luz se irradia!"*. É a mais pura verdade!

Para comprovar o efeito do riso sobre nós
Observe a expressão no rosto das pessoas, ao saírem de um cinema, após assistirem a uma comédia, comédia romântica, ou desenhos animados, os quais são geralmente hilários. Você notará que elas parecem reluzentes, com um brilho diferente no olhar e energia positiva ao redor. Observe, depois, também, aqueles que saem de um filme de guerra, drama e violência. A diferença no astral dessas pessoas é notável. Vão estar carregadas feito uma nuvem negra sobre seus corações.

Antídoto contra a insônia
Assistir a filmes e seriados de comédias, programas humorísticos e desenhos animados hilários, ler um livro de humor ou ouvir programas humorísticos na rádio antes de dormir, são excelentes para espantar a insônia, dormir leve e gostoso.

Não sei por que certas pessoas têm tanta necessidade de ler e assistir aos jornais nessa hora e demais. Para que saber tanto do mundo lá fora, se reclama que não tem tempo para se cuidar, falar com os filhos, amar, fazer uma dieta saudável, fazer um curso para sua evolução espiritual, ler um bom livro, estar presente para os filhos, cônjuge, parentes e amigos, entre outras coisas positivas.

Entre assistir a um telejornal ou assistir a um destes programas humorísticos, prefira os humorísticos e observe a transformação saudável que acontecerá com você.

Verdade seja dita: *Quanto mais você rir, mais sadio e feliz você se sente.*

E se você discorda que programas sensacionalistas que evidenciam somente as desgraças fazem mal à saúde, assista aos depoimentos dos apresentadores destes programas, nas quais revelam os males físicos que têm por trabalhar com isso. Você ficará surpreso com suas revelações.

Amigos humoristas
Tenho um amigo que é a piada em pessoa. Falar com ele ao telefone, é sempre terapêutico, pois ele conta tanta coisa engraçada, faz piada de tudo a ponto de me fazer chorar de rir. No outro dia, lembrei-me da conversa que tivemos e ainda dou risada. É o que eu chamo de nossa "terapia do riso" diária.

Faça humor, não faça guerra! Crie situações para rir
Nos meus vinte e poucos anos, criei um programa de entrevistas para me divertir com meus amigos. Durante uma festa, eu caracterizava um entrevistador, uma mistura de Hebe Camargo, Marília Gabriela e Clodovil e entrevistava cada um

dos presentes. Havia cenário e tudo mais e era sempre uma risada atrás da outra. Chegávamos a filmar para rever depois e rir novamente.

Hoje, já existem humoristas que você contrata para agitar suas festas da mesma forma. Eles, de antemão, pedem a você informações sobre os convidados que estarão presentes e você informa, contando sempre uma particularidade de cada um, para que o comediante possa brincar com todos. O importante é que os convidados não saibam nada a respeito, para que seja uma surpresa na ocasião.

Então, o comediante chega no meio da festa, geralmente interpretando uma mulher, personalizando uma sexóloga e contando que foi chamado ali para resolver os problemas sexuais de todos os convidados.

A seguir, tira de sua bolsa as cartas que ele mesmo escreveu, assinando o nome de cada um dos presentes e começa a ler uma a uma, sugerindo sempre coisas engraçadas para resolver os "falsos" problemas.

Ao dizer o nome e a particularidade de cada um dos convidados é riso para todo lado! Surpresa e riso. E ele ainda pede para a pessoa que lhe mandou a carta forjada, que se mostre para todos e os risos se triplicam.

É lógico que são particularidades inofensivas, bobagens, nada que vá ofender os presentes.

Se você nunca participou ou fez uma festa assim, experimente, ao menos por uma vez, além de divertida, será marcante! E tudo isso, sempre, em nome do bom humor!

Uma boa oportunidade para começar a rir e se divertir mais

Histórias infanto-juvenis podem ser também uma ótima forma de despertar o riso em nós. Quero aproveitar o momento para lhes contar uma, sabendo que ela também o fará entrar em contato com a sua criança interior, o que será ainda mais positivo para o seu bem-estar.

Se você acabou de dizer para si mesmo: "Este autor só pode estar querendo encher linguiça, contando uma história desse tipo num livro como este!" Isso revela o quanto você está rígido dentro de si. O quanto está levando a vida a ferro e fogo, necessitado de leveza e bom humor.

E eu tenho uma notícia para você, talvez uma grande novidade: não faz a mínima diferença para a vida seguir por ela rígido e sem humor, encarando tudo seriamente diariamente. Isso não vai garantir maior ascensão financeira, prosperidade, prêmios, condecorações, respeito e mais amor na sua vida. É uma ilusão se pensa assim! Portanto, por bom senso, se rindo, se chega ao mesmo lugar, prefira ir rindo, a jornada será melhor, mais feliz e a percepção da vida será outra. Real! Pense nisso!

E agora vamos conhecer a historinha.

A Bruxa que queria ser feliz

Virgínia Valquíria era uma bruxa que se sentia muito infeliz.

Cansada de tanta infelicidade, achou por bem procurar por uma feiticeira que tivesse uma poção para tornar as pessoas felizes, alegres e contentes com a vida.

Ela procurou, procurou, procurou, mas nenhuma das feiticeiras que encontrou tinha a poção que tanto queria.

Então, Virgínia decidiu ela mesma criar a tal poção. Todo dia ela tentava uma receita nova, punha asas de morcego, pelos da avestruz, saliva de crocodilo, tudo no tacho e deixava fervendo. Depois bebia, mas nada de a felicidade aparecer.

Um dia, uma velha feiticeira lhe disse:

– Os que moram nos grandes palácios geralmente são pessoas que se tornam muito felizes. Conclusão, se você morar num, encontrará a felicidade.

Por acreditar que a velha feiticeira tinha razão, Virgínia começou a construir seu próprio castelo por meio de mágica. Ao terminá-lo, exclamou:

329

– Pronto! Agora serei feliz para toda vida!
Mas a felicidade durou pouco. Uma semana depois ela percebeu que continuava tão infeliz quanto antes de se mudar para o castelo.
Chegou à conclusão de que faltava algo em seu castelo, por isso, não se tornara feliz. Assim, decidiu observar os castelos dos outros para descobrir o que faltava no seu.
Logo percebeu que nos demais castelos havia paredes, estátuas, chão e tetos banhados a ouro e prata, e no dela, não.
Virgínia, empolgada, decretou:
– Pois bem, vou banhar todo o meu castelo em ouro e prata e serei, então, a mulher mais feliz da face da Terra!
Ela cumpriu o prometido: banhou todo o seu castelo do chão ao teto, em ouro e prata.
– Pronto, agora sim, serei feliz!
A felicidade, no entanto, não apareceu e Virgínia se entristeceu novamente, profundamente.
Foi assim até que certo dia, revoltada, ela chegou a seguinte conclusão:
– Se ninguém tem uma poção para me tornar feliz, com certeza deve ter um feitiço para tirar a felicidade dos outros e passá-la toda para mim. Só para mim.
Ela então procurou pelo bruxo mais poderoso da região e lhe pediu que lhe ensinasse a fazer o tal feitiço. O bruxo atendeu ao seu pedido, prontamente.
A seguir, lançou o feitiço sobre o povo que morava nas aldeias próximas ao seu castelo.
– Caplan!!!
O tempo passou e todos continuaram felizes, menos ela. Foi então que Virgínia aprendeu que ninguém pode tirar do outro o que é dele por mérito próprio; chegou à conclusão de que nascera mesmo para ser infeliz.
Foi então que um belo unicórnio ouviu seu choro e foi ao seu auxílio.
– O que houve, Dona bruxa? Por que chora tanto?

Virgínia, fungando, explicou:
— Quero ser feliz e não consigo. Já me dei um castelo banhado a ouro e prata, acreditando que me faria feliz e continuei infeliz. Tentei roubar a felicidade dos outros, mas não consegui.
O unicórnio, muito sábio, falou:
— Vou lhe dar uma sugestão: observe o que fazem no dia-a-dia as pessoas que são felizes. Observe o que fazem, não o que possuem. Creio que, se adquirir os hábitos delas, se tornará tão feliz quanto elas.
— Será?!
— Tente! Não custa tentar!
— Hum...
Virgínia gostou da sugestão do unicórnio e resolveu pô-la em prática. O próprio unicórnio foi com ela como companhia.
Virgínia observou que as pessoas felizes tinham o hábito de fazer uma alimentação saudável, composta de muitas frutas, verduras e legumes e ela, não.
Descobriu também que as pessoas felizes tinham o hábito de praticar atividades físicas, fazer uma boa higiene bucal e corporal e ela, não; que tinham o hábito de ler livros, ouvir música, cantar, tocar um instrumento musical, brincar com os filhos, com seus animais de estimação, brincar consigo mesmas, mesmo sendo adultas, e ela, não.
Virgínia descobriu que a maioria trabalhava com prazer...
Gostavam imensamente de estar na companhia dos demais...
Cuidavam com carinho dos animais de estimação...
Protegiam a natureza...
Eram amigos de todos, não importando raça, cor ou religião.
E ela, não!
Virgínia descobriu que as pessoas felizes contavam piadas e encenavam peças humorísticas que as faziam rir e se divertir às pampas. Riam até de si mesmas quando se atrapalhavam com algo... Ela, não!

331

Foi assim que a bruxa Virgínia compreendeu por que era tão infeliz. Ela simplesmente não cultivava nenhum hábito que a ajudasse a se tornar mais feliz e de bem com a vida.

Sendo assim, resolveu mudar e, ao invés de querer tirar a felicidade das pessoas, passou a ensinar a elas como serem felizes! Deixou de ser uma bruxa má para ser uma bruxa boa, admirada e querida por todos. Um exemplo de caráter para o ser humano.

Espero de coração que esta parte do livro tenha despertado em você a importância de rir mais à vontade e com assiduidade, por todos os benefícios já citados.

Que este romance já lhe tenha provocado boas gargalhadas, com certeza; eu, pelo menos, ri um bocado, ao mesmo tempo em que fui aprendendo a ser uma pessoa melhor e mais feliz.

De coração, quero vê-lo, rindo à toa, pois como diz o grupo musical *Fala Mansa*, num de seus sucessos:

*"Ah, mas eu tô rindo à toa,
não é que a vida esteja assim tão boa,
mas o sorriso ajuda a melhorar, lalaia!..."*

E ajuda mesmo!
Com carinho,
Um Companheiro de Viagem...

Sucessos Barbara

O resumo de cada título da coleção Barbara que você vai ler a seguir, revela apenas o essencial, para que o leitor se mantenha em suspense até o final da leitura, deliciando-se com as surpresas e impactos que terá a cada página.

Pela mesma razão, pedimos a todos os leitores que nada revelem a seus colegas, amigos e familiares sobre as surpresas e emoções que terão ao longo de cada história.

Quando o Coração Escolhe

O romance conta a história de um fazendeiro, político e severo que acha que só porque conseguiu fortuna e poder na vida, pode controlar seus filhos, netos e os demais a sua volta, inclusive a própria vida.

Os atritos em família começam quando Sofia se apaixona por um negro, despertando espanto e o racismo até então velado no coração de cada um. Quando todos lhe dão às costas, a revolta faz com que ela jogue para o alto todo o conforto, o *status*, os estudos e até mesmo sua herança para não deixar de viver esse grande amor.

Ettore, ao contrário da irmã, decide se tornar padre para se esconder da grande paixão que vive pelo melhor amigo, algo que também afrontaria todos.

Mas a vida dá voltas e nestas voltas a família Guiarone aprende que amor não tem cor, nem raça, nem casta, nem idade, nem religião. E que toda forma de amor também deve ser respeitada e vivida plenamente.

Quando o coração escolhe é porque a vida quis assim, porque só dessa forma os envolvidos poderão conhecer a evolução espiritual de fato!

Suas verdades o tempo não apaga

No Brasil do Segundo Reinado, em meio às amarguras da escravidão, Antonia Amorim descobre que está gravemente doente e se sente na obrigação de contar ao marido, Romeu Amorim, um segredo que guarda durante anos. Sem coragem de lhe dizer olhos nos olhos, ela opta por escrever uma carta, revelando tudo, porém, para ser entregue somente após a sua morte. Romeu se surpreende com o segredo, mas, por amar muito a esposa, perdoa-lhe.

Tempos depois, os filhos do casal, Breno e Thiago, atingem o ápice da adolescência e para Thiago, o pai prefere Breno, o filho mais velho, o que o faz se revoltar contra os dois.

O desgosto leva Thiago para o Rio de Janeiro onde conhece Melinda Florentis, moça rica e de família nobre e europeia. Disposto a conquistá-la, trama uma cilada para afastar o noivo da moça e assim poder cortejá-la.

A ardente paixão entre os dois torna-se o centro das atenções da Cidade Maravilhosa; nenhum casal é tão perfeito quanto eles, julgam os cariocas. Mas quando Melinda descobre que o marido esconde algo de muito grave em seu passado, isso transtorna suas vidas. A paixão glamorosa torna-se um caos, mas as aparências devem ser mantidas para o bem de todos.

"Suas verdades o tempo não apaga" é um dos romances mais elogiados por leitores de todas as idades, casta e religião. Especialmente porque retrata o Brasil do Segundo Reinado, os costumes da época, os detalhes da cidade do Rio de Janeiro de forma realista e surpreendente e os horrores da escravidão.

Mulheres Fênix, Mulheres Apaixonadas

Em vez de ouvir o típico "eu te amo" de todo dia, Júlia ouviu: "eu quero me separar, nosso casamento acabou". A separação levou Júlia ao fundo do poço. Nem os filhos tão amados conseguiam fazê-la reagir. "Por que o *meu* casamento tinha de desmoronar? E agora, o que fazer da vida? Como voltar a ser feliz?"

Júlia queria obter as respostas para as mesmas perguntas que toda mulher casada faz, ao se separar. E ela as obtém de forma sobrenatural. Assim, renasce das cinzas e volta a brilhar com todo o esplendor de uma mulher Fênix.

Da mesma forma, Raquel encontra dentro de si a coragem para se divorciar de um homem que a agride fisicamente e lhe faz ameaças; Carla revoluciona sua vida, tornando-se mais feliz; Deusdete descobre que a terceira idade pode ser a melhor idade; e Sandra adquire a força necessária para ajudar sua filha *especial* a despertar o melhor de si.

Baseado em histórias reais, *Mulheres Fênix* retrata mulheres que saem do fundo do poço para começarem uma vida nova, sem mágoa, sem rancor, mais felizes e com mais amor.

Um romance ideal para todos que passam por uma profunda depressão por causa de uma separação, uma traição, um namoro ou um noivado rompido. Também para aqueles que não conseguem ser correspondidos no amor, sentem-se solitários, velhos e sem perspectivas de vida e precisam renascer no presente.

Um livro forte e real para deixar as mulheres mais fortes num mundo real.

Quando é inverno em nosso coração

Clara ama Raymond, o humilde jardineiro, mas, aos dezessete anos, seu pai a informa de que chegou a hora de apresentar-lhe Raphael Monie, o jovem para quem a havia prometido em casamento desde que era menininha.

Clara e Amanda, sua irmã querida, ficam arrasadas com a notícia. Por tomar as dores da irmã, Amanda deseja sem pudor algum que Raphael morra num acidente durante sua ida à mansão da família.

Entretanto, quando Amanda conhece Raphael Monie, ela se encanta por ele e deseja que tivesse sido ela a prometida em casamento e não Clara. Se assim tivesse sido, ela poderia se tornar uma das mulheres mais felizes do mundo. Poderia haver um revés do destino?, pergunta.

Quando é inverno em nosso coração é um dos livros mais elogiados da literatura espírita. Aborda a vida passada de cada um dos personagens, bem como as razões por terem sido unidos novamente na vida atual, para que o leitor compreenda o porquê reencarnamos ao lado das mesmas pessoas.

Se Não Amássemos Tanto Assim

No Egito antigo, 3400 anos antes de Cristo, Hazem, filho do faraó e herdeiro do trono, se apaixona perdidamente por Nebseni, uma linda moça, exímia atriz. Com a morte do pai, Hazem assume o trono e se casa com Nebseni.

O tempo passa e o filho tão necessário para o faraó deixar como herdeiro do trono não chega. Nebseni se vê forçada então a pedir ao marido que arranje uma segunda esposa para poder gerar a criança, algo tido como natural na época.

Sem escolha, Hazem aceita a sugestão e se casa com Nofretiti, jovem apaixonada por ele desde menina e irmã de seu melhor amigo.

Não é somente o filho que Nofretiti quer dar ao marido, ela quer também destruir a primeira esposa, apagá-la para todo o sempre de seu coração para que somente ela reine ali.

Mas pode alguém apagar do coração do outro quem ele tanto ama? E tão facilmente?

Se não amássemos tanto assim é um romance que surpreende todos, a cada página, impossível de se adivinhar os rumos que a história vai tomar, especialmente seu final avassalador.

A lágrima não é só de quem chora

Christopher Angel, pouco antes de partir para a guerra, conhece Anne Campbell, uma jovem linda e misteriosa, que se tornou muda depois de ter presenciado uma tragédia que abalou profundamente sua vida.

Os dois se apaixonam perdidamente e prometem se casar assim que a guerra tiver fim. Nos campos de batalha, Christopher, por momento algum, tira Anne dos pensamentos e anseia arduamente voltar para casa, para se casar com ela e ter os filhos com quem tanto sonham.

É ali que ele conhece Benedict Simons de quem se torna grande amigo. Ele é um rapaz recém-casado que também anseia voltar para a esposa que deixara grávida.

No entanto, durante um bombardeio, Benedict é atingido e antes de morrer implora a Christopher que ampare sua esposa e o filho que já deve ter nascido.

É assim que Christopher Angel conhece Elizabeth Simons

e, juntos, descobrem que quando o amor se declara nem a morte separa quem tanto se ama.

A Lágrima não é só de quem chora é um romance imprevisível, sensível e emocionante do começo ao fim.

Vidas que nos completam

Vidas que nos completam conta a história de Izabel, moça humilde, nascida numa fazenda do interior de Minas Gerais, propriedade de uma família muito rica e residente no Rio de Janeiro.

Com a morte de seus pais, Izabel é convidada por Olga Scarpini, proprietária da fazenda, a viver com a família na capital carioca. Izabel se empolga com o convite, pois vai poder ficar mais próxima de Guilhermina Scarpini, moça rica, pertencente à nata da sociedade carioca, filha dos donos da fazenda, por quem nutre grande afeto.

No entanto, os planos são alterados assim que Olga Scarpini percebe que o filho está interessado em Izabel. Para afastá-la do rapaz, ela arruma uma desculpa e a manda para São Paulo.

Izabel, então, conhece Rodrigo Lessa, por quem se apaixona perdidamente, sem desconfiar que o rapaz é um velho conhecido de outra vida.

Muitas surpresas e reviravoltas acontecem em meio a essa história contemporânea e comovente para lembrar a todos o porquê de a vida nos unir àqueles que se tornam nossos amores, familiares e amigos... Compreender também por que toda união é necessária para que vidas se completem e conquistem a felicidade que é um direito de todos.

Paixão Não se Apaga com a Dor

Esta é uma história repleta de segredos, suspense, e descobertas!

No contagiante verão da Europa, Ludvine Leconte leva a amiga Barbara Calandre para passar as férias na casa de sua família, no interior da Inglaterra, onde vive seu pai, um homem apaixonado pelos filhos, viúvo e atormentado pela saudade da

esposa morta ainda na flor da idade.
O objetivo de Ludvine é aproximar Bárbara de Theodore, seu irmão, que desde que viu a moça, apaixonara-se por ela.
O inesperado então acontece: seu pai vê na amiga da filha a esposa que perdeu no passado. Um jogo de sedução tem início e um duelo entre pai e filho começa.
De repente, um acidente muda a vida de todos, e um detetive é chamado porque se suspeita que não foi um acidente. Haverá mesmo um assassino a solta? É preciso descobrir antes que o mal se propague outra vez.
Paixão Não se Apaga com a Dor fala das consequências graves de um amor possessivo, que cega e nos distancia da verdadeira essência do amor, capaz de nos orientar ao longo de nossas vidas e nos desprender de instintos bestiais.
Um romance, enfim, surpreendente e inesquecível, impossível de parar de ler.

Ninguém desvia o destino

Heloise ama Álvaro e os dois se casam, prometendo serem felizes até que a morte os separe. Todavia, visões e pesadelos assustadores começam a perturbar Heloise. Seria um presságio ou lembranças fragmentadas de outra vida? De fatos que marcaram profundamente sua alma?
Ninguém desvia o destino é um romance de tirar o fôlego do leitor do começo ao fim, revelando que o destino traçado por nós mesmos em vidas passadas é o responsável pelas surpresas e reviravoltas que temos na vida atual.

Deus nunca nos deixa sós

Deus nunca nos deixa sós conta a história de três mulheres ligadas pelas misteriosas mãos do destino: Teodora, Ivone e Conceição. Elas se conhecem num orfanato onde são deixadas quando ainda eram bebês, um lugar conduzido por freiras amorosas e dedicadas.
O tempo passa e Teodora, mocinha, se vê entre dois amores: um vendedor de algodão doce e um médico em ascensão

que lhe possibilitará um futuro promissor. Qual escolher? Ivone, por sua vez, sem fazer drama, opta por se casar por interesse para garantir um futuro bem longe da pobreza que tanto abomina. Conceição, mais modesta, quer apenas ser feliz acima de tudo. O tempo passa, elas se casam e se distanciam uma das outras, vindo a se reencontrarem muitos anos depois, porque Teodora acredita que ambas estão precisando dela urgentemente. Estariam de fato? Ou seria a própria Teodora quem necessitava desse reencontro e até então não se dera conta?

Deus nunca nos deixa sós é um romance de leitura envolvente que nos lembra que amor e a vida continuam, mesmo diante de circunstâncias mais extraordinárias que possam acontecer.

Só o coração pode entender

Tudo preparado para uma grande festa de casamento quando uma tragédia muda o plano dos envolvidos, o rumo de suas vidas e os enche de revolta. É preciso recomeçar. Retirar as pedras do caminho para prosseguir... Mas recomeçar por onde e com que forças? Então, quando menos se espera, as pedras do caminho tornam-se forças espirituais para ajudar quem precisa se reerguer e se reencontrar num mundo onde só o coração pode entender. É preciso escutá-lo, é preciso aprender a escutá-lo, é preciso tirar dele as impurezas deixadas pela revolta, para que se torne audível, límpido e feliz como nunca foi...

Uma história verdadeira, profunda, real que fala direto ao coração e nos revela que o coração sabe bem mais do que pensamos, que pode compreender muito mais do que julgamos, principalmente quando o assunto for amor e paixão.

Nenhum amor é em vão

Uma jovem inocente, nascida numa humilde fazenda do interior do Paraná, conhece por acaso o filho do novo dono de uma das fazendas mais prósperas da região. Um rapaz elegante, bonito, da alta sociedade, cercado de mulheres bonitas, estudadas e ricas.

Um encontro que vai mudar suas vidas, fazê-los aprender que **nenhum amor é em vão,** todo amor acontece porque é a única forma de nos conhecermos melhor e avaliarmos o que realmente queremos da vida.
Uma história singela e apaixonante como a vida em si.

E o amor resistiu ao tempo

Agatha é uma garotinha muito esperta, que está sempre na companhia da mãe. É assim que as duas vão parar, sem querer, num orfanato onde reside Pietro, um garotinho que nasceu com uma deficiência física. Desde então, a mãe de Agatha não para de pensar no menino, levantando a hipótese, ainda que absurda, de que ele é seu sobrinho que morreu ainda recém-nascido. Ao comentar com a irmã, ela se trai pelo olhar e se torna evidente que a criança não morrera; ela e o marido a deixaram no orfanato e inventaram tudo aquilo. Tudo porque o menino havia nascido com uma deficiência física.

O romance "E o amor resistiu ao tempo" fala sobre a difícil arte de encarar as surpresas da vida, a dor da rejeição e os equívocos que cometemos em nome do ego e da vaidade desmedida que nos levam cedo ou tarde à solidão, num contexto geral.

Com uma narrativa surpreendente, o leitor encontra respostas para muitas das perguntas existencialistas que a maioria de nós faz ao longo da vida:
Por que cada um nasce com uma sorte diferente?
Por que nos apaixonamos por pessoas que nos parecem conhecidas de longa data, sem nunca termos estado juntos antes nesta vida?
Se há mesmo outras vidas, e se o amor pode triunfar, enfim, de forma mais lúcida e pacífica, após a morte.

A Solidão do Espinho

Ele foi preso, acusado de um crime hediondo. Alegou inocência, mas as evidências o incriminaram. Veredicto: culpado! Sentença: prisão perpétua!

Na prisão, ele conhece a irmã de um dos carcereiros, que se apaixona perdidamente por ele e acredita na sua inocência. Visto que não há como prová-la, ela decide ajudá-lo a fugir para que possam construir uma vida juntos, uma família linda, bem longe da injustiça do passado.

O plano é posto em ação, ainda que o fugitivo tenha de viver escondido da polícia até que se prove sua inocência, algo pelo qual a mulher que tanto o ama, está disposta a lutar com unhas e dentes.

Este romance cheio de emoção e suspense, com um final arrepiante, nos fala sobre a estrada da vida que para muitos é cheia de espinhos e quem não tem cuidado pode se ferir. Sangrar! Só mesmo um grande amor para cicatrizar os ferimentos, superar desilusões, reconstruir a vida... Um amor que nasce de onde menos se espera e que nos leva para a felicidade tão almejada.

Uma história de amor como poucas que você já ouviu falar ou leu.

Por Entre as Flores do Perdão

No dia da formatura de segundo grau de sua filha Samantha, o Dr. Richard Johnson recebe uma ligação do hospital onde trabalha, solicitando sua presença para fazer uma operação de urgência numa paciente idosa que está entre a vida e a morte.

Como bom médico, Richard deixa para depois a surpresa que preparara para a filha e para a esposa para aquele dia tão especial e vai atender ao chamado de emergência. Algo que vai mudar a vida de todos, dar um rumo completamente diferente do esperado, ensinar-lhes lições árduas...

Por entre as flores do perdão fará o leitor sentir na pele o drama de cada personagem e se perguntar o que faria se estivesse no lugar de cada um. A cada página viverá fortes emoções e descobrirá, ao final, que só **por entre as flores do**

perdão podemos mesmo nos libertar dos lapsos do destino e renascer para a vida e o amor.
Um romance vivido nos dias de hoje, surpreendentemente e revelador.

A outra face do amor

Verônica Linhares só conhecia a riqueza e o luxo. Não sabia o que era a pobreza tampouco fazia questão de conhecê-la. Tanto que jamais visitara as dependências dos empregados. Mas sua melhor amiga, Évora Soares era paupérrima e, mesmo assim, ela gostava dela, sempre gostou, sua condição financeira nunca prejudicou a amizade das duas como a própria Verônica pensou que aconteceria.

Quando Évora foi apresentar à amiga seu noivo, na esperança de que ela lhe conseguisse um emprego, ainda que de jardineiro na sua casa, Verônica olhou com grande interesse para o rapaz tímido e pobre que também não tinha, como se diz, onde cair morto. E foi a partir desse encontro que tudo mudou na vida dos três.

Prepare-se para viver fortes emoções com este romance favorito dos leitores.

Sem amor eu nada seria...

1937. Explode a segunda guerra mundial. Um alemão, nazista, para proteger Sarah, sua mulher amada, uma judia, dos campos de concentração nazista, esconde-a num convento, onde ela conhece Helena, uma freira grávida, que guarda segredo sobre o pai da criança.

Por se achar uma pecadora e imoral, Irmã Helena pede a Sarah que crie seu filho como se tivesse nascido dela própria. Diante do desespero da mulher, Sarah acaba aceitando o pedido.

Helena, achando-se indigna de continuar no convento, abandona o lugar. Entretanto, ao passar por um bairro judeu, saqueado pelos nazistas, com pilhas e mais pilhas de judeus brutalmente assassinados, ela ouve o choro de um bebê. Em busca do seu paradeiro, encontra a criança agasalhada no

meio dos braços de uma judia morta a sangue frio. Helena pega a criança, a amamenta e a leva consigo porque acredita que Deus a fez salvar aquele menino para se redimir do seu pecado. Assim, ela cria a criança como se fosse seu filho, ao lado de sua mãe, uma católica fervorosa.
É assim que a criança judia acaba crescendo no catolicismo e o filho de Helena, no judaísmo. O tempo passa e o destino une todos, no futuro, para mostrar que somos irmãos, não importando raça, credo, condição financeira ou religião.

A vida sempre continua

Após a perda de um ente querido, Geórgia perde totalmente o interesse pela vida. Em meio à depressão, ela recebe uma carta, comunicando que sua tia Maila lhe deixara de herança, a casa no litoral onde vivera com o marido até o fim de seus dias.
Ainda que sem vontade, Geórgia se vê forçada a ir até o local para doar os pertences da tia e pôr a casa à venda. É assim que descobre algo surpreendente sobre a tia, faz novos amigos, ajuda muitos e descobre a razão por continuar existindo.
O romance "A vida sempre continua", inspirado numa história real, leva o leitor a descobrir junto com a personagem principal da história, que há amigos espirituais, invisíveis aos nossos olhos, nos amparando constantemente.
Um romance espírita maravilhoso. Emocionante e inesquecível.

Falso Brilhante

Marina está radiante, pois acaba de conquistar o título de Miss Brasil. Os olhos do mundo estão voltados para sua beleza e seu carisma.
Ela é uma das favoritas do Concurso de Miss Universo. Se ganhar, muitas portas lhe serão abertas em termos de prosperidade, mas o que ela mais deseja, acima de tudo, é ser feliz ao lado de Luciano, seu namorado, por quem está perdidamente apaixonada.

Enquanto isso, Beatriz, sua irmã, se pergunta: como pode alguém como Marina ter tanta sorte na vida e ela não? Ter um amor e ela ninguém, sequer alguém que a paquere?

Pessoas na cidade, de todas as idades, questionam: Como pode Beatriz ser irmã de Marina, tão linda e Beatriz, tão feia, como se uma fosse um brilhante e a outra um diamante bruto?

Entre choques e decepções, reviravoltas e desilusões segue a história dessas duas irmãs cujas vidas mostram que nem tudo que reluz é ouro, nem tudo que brilha é brilhante e que aquilo que ainda é bruto também pode irradiar luz.

Trilogia Paixões

Esta é para leitores que gostam de se emocionar com histórias fortes e comoventes, baseadas em fatos reais e muito atuais.

Paixões que ferem
1º livro da trilogia Paixões

Roberto Corridoni e Liberata Nunnari se conheceram a bordo do navio que trazia suas famílias para o Brasil em busca de prosperidade, uma vida mais farta e digna para todos. Jamais pensaram que essa mudança pudesse transformar seus destinos como aconteceu, despertando tanto paixão quanto ódio na mesma intensidade no coração de todos.

Todavia, por mais dissabores que tenham provado, o destino incumbiu-se de unir todos para se libertarem dos desagrados e excessos da paixão, encontrarem, enfim, a felicidade tão almejada.

O romance "Paixões que ferem", o primeiro livro da trilogia "Paixões", fala do poder do amor, unindo casais e mais casais para que cada um de nós nasça e renasça ao longo da vida. Fala também do desejo carnal que cega todos, muitas vezes sem medir as consequências, e do ciúme e frustração por querer um amor não correspondido.

O lado oculto das paixões
2º livro da trilogia Paixões

Nesta surpreendente e comovente história, o leitor conhecerá os rumos que os personagens do livro "Paixões que ferem" tiveram, as conquistas alcançadas, as feridas que conseguiram curar com reencontros e amor verdadeiro, provando que as paixões atravessam vidas, e são, para muitos, eternas.

Uma obra surpreendente e comovente, respondendo muitas das perguntas que fazemos em relação a nossa existência ao longo da vida.

Eternidade das paixões
3º e último livro da trilogia Paixões

Em **Eternidade das paixões**, continuação do livro "O lado oculto das paixões" o leitor vai se emocionar ainda mais com a saga das famílias Nunnari e Corridoni.

Numa nova encarnação Roberto reencontra Inaiá para uma nova oportunidade de aprendizado no amor e no convívio a dois. Entretanto, quando nascem os filhos, Roberto acaba se esquecendo dos bons conselhos de sua mãe, voltando a ser novamente um homem severo e impiedoso, condenando-se a crescer espiritualmente pela dor que ele insiste em ser sua maior mentora.

Mais tarde, no Brasil da época do regime militar, todos que tomaram parte nessa história voltam a se reencontrar, para que juntos possam transpor obstáculos antigos, renovar o espírito, evoluir... Comprovar mais uma vez *a eternidade das paixões*.

O que restou de nós dois

Alexandre, herdeiro do laboratório farmacêutico mais importante e próspero do mundo, ao nascer, torna-se o centro da atenção e do amor de seus pais, especialmente de sua mãe.

Anos depois, enfurecido com o nascimento da irmã, chega a pensar, sem pudor algum, em sufocá-la durante o sono tranquilo no berço.

Quando maior, cada vez mais fascinado por sua progenitora,

passa a disputá-la com o pai, voltando-se contra ele de todas as formas, especialmente ao saber que teve amantes e um filho bastardo. Decide então, assim que possível, descobrir quem é ele para impedi-lo de recorrer à justiça seus direitos na herança do pai.

Ao completar a faculdade, fascinado por Nova York, muda-se para a cidade onde se transforma num dos empresários mais atuantes e revolucionários dos Estados Unidos. É ali que conhece Hefestião, um publicitário em ascensão de quem se torna grande amigo e vive o seu maior desafio, o que o leva para um mundo onde a dor e o amor se confundem.

O pior acontece quando a irmã de Alexandre se apaixona por seu amigo, provocando-lhe ira, reforçando seu ódio por ela.

Em meio a tudo isso, chega o relatório do detetive contratado por Alexandre para descobrir o nome da amante e do filho bastardo do pai. Misteriosamente este relatório desaparece da casa antes que ele possa ler o resultado. Inexplicável também se torna o fato de o detetive ter sumido do país sem deixar pistas.

Mais tarde, ao saber que a irmã vai conceber um herdeiro, Alexandre se vê forçado a gerar um, o mais rápido possível. Casa-se com Roxane, uma linda francesa, que nada suspeita de suas verdadeiras intenções.

Entrementes, o rapaz multimilionário anseia por encontrar a cura para a AIDS, não por querer ajudar as pessoas, mas para marcar presença na história do mundo e lucrar a ponto de se tornar o homem mais rico do planeta.

Entre dores e amores acontece esta história de amor surpreendente e apaixonante, cujo desfecho revela que a maldade humana pode não ter limites, mas o mundo espiritual está atento, não tarda em interceder em nome do bem e da paz mundial.

Depois de tudo, ser feliz

Greta tinha apenas 15 anos quando foi vendida pelo pai para um homem que a desejava mais do que tudo. Sua inocência não lhe permitia imaginar o verdadeiro motivo da compra.

Sarina, sua irmã, quis desesperadamente ir atrás dela para salvá-la das garras do indivíduo impiedoso, mas o destino lhe pregou uma surpresa, ela apaixonou-se por um homem cujo coração já tinha dona, uma mulher capaz de tudo para impedir sua aproximação.

Em meio a tudo isso, ocorre uma chacina: jovens lindas são brutalmente mortas e Rebecca, a única sobrevivente do caos, quer descobrir quem foi o mandante daquilo para fazer justiça.

Noutra cidade, Gabael, um jovem cujo rosto deformado por uma doença misteriosa, vive numa espécie de calabouço para se esconder de todos que olham horrorizados para ele e o chamam de monstro.

Num vale, Maria, uma linda menina, tenta alegrar todos os confinados ali por causa de uma praga contagiosa, odiada e temida pela humanidade, na época.

Dentre todos os acontecimentos desta fascinante e surpreendente história que se desenrola na época em que Jesus fez inúmeros milagres e marcou para sempre a história do mundo, os personagens vão descobrir que, por mais triste e desafiadora que possa ser a nossa vida, o que nos resta mesmo, depois de tudo, é procurar ser feliz.

Depois de "Falso Brilhante", "Se não amássemos tanto assim", "A outra face do amor", da trilogia "A eternidade das paixões", dentre outros romances de sucesso, o Autor nos leva a mais uma viagem emocionante pelo mundo da literatura espiritual.

Amando em silêncio

Você acredita em destino?

A mulher que se tornou a grande paixão da minha vida me disse que havia sido o destino que nos unira e eu acreditei, até alguém suspeitar que fora ela quem arquitetara o nosso encontro. Não pode ser, se me amasse de verdade não teria feito o que complicou tanto as nossas vidas a ponto de destruir minha imagem perante a minha família.

Mas desde quando, todos que amam e se apaixonam intensamente jogam limpo quando o sua felicidade afetiva está em jogo? Verdade. Mesmo assim, continuei acreditando nela, pois para mim, ninguém tem o poder de manipular o destino. Contanto, se o destino quis assim, o que estaria querendo nos ensinar obrigando-nos a viver amando em silêncio?

O doce amargo da inveja

Em "O Doce Amargo da Inveja", vamos conhecer a família de Belinha, uma mulher que nunca desistiu da vida, mesmo nas piores circunstâncias e, por isso, teve êxito no amor, com o marido e os filhos, algo que incomodou profundamente os que acreditam que só podem ser felizes, destruindo a felicidade alheia.

Pessoas que não sabem que o amor, a paz, a sorte, a felicidade, tudo, enfim, que há de bom na vida e está para todos por igual, só depende da escolha certa de cada um para que se manifeste no seu dia a dia. É isso que podemos aprender, mergulhando neste romance de profundos ensinamentos para uma vida mais feliz, repleta de amor e bom humor e saúde física e espiritual.

Por um beijo eterno

Quando Cristal era menina, muitas foram as vezes em que ela sofreu *bullying* na escola. Não por estar acima do peso, ou ter sardas, ou o nariz maior que os padrões aceitos como "normais" pelas outras crianças, mas porque dizia ver e conversar com pessoas que ninguém mais via.

Foi preciso seus pais mudarem a menina de escola, para evitar as provocações das outras crianças, mas não tardou para que tudo recomeçasse outra vez. O que Cristal mais queria de todos a sua volta é que acreditassem nela quando dizia ver e ouvir pessoas. Foi uma vizinha, que suspeitou que o que a menina via, na verdade eram os espíritos dos mortos e tentou dizer isso a seus pais.

O tempo passou e Cristal procurou de todas as formas se afastar da sua mediunidade, ela queria ser uma garota normal como todas as outras, apenas isso! Por que nascera com esse dom desenvolvido e por que os espíritos a procuravam tanto, isso é o que ela mais ansiava saber.

Em "Por um beijo eterno", o leitor vai conhecer a fundo os dramas de uma jovem médium desde menina num mundo em que a mediunidade ainda é considerada pela maioria como uma farsa ou uma loucura.

Uma história comovente e ao mesmo tempo sinistra, de provocar arrepios e medo, mas importante para quem quer conhecer a fundo e se precaver da obsessão.

As duas faces de Eva

Eva Monteze é uma das cantoras *pop* mais famosas do Brasil. Logo após encerrar mais uma de suas bem sucedidas turnês pelo país, ela decide passar duas semanas, descansando na cidade onde passava as férias com seus pais e sua irmã, quando crianças.

Margot, uma de suas melhores amigas de infância, a hospeda em sua casa onde fará uma festa para comemorar não só o seu noivado tão desejado com o rapaz por quem está apaixonada, mas também a presença de Eva na cidade.

O que ninguém poderia prever era a morte inesperada de um dos convidados, causando pânico em todos, assim que se descobre que se tratou de um assassinato.

Segredos vêm à tona e mistérios se intensificam página à página desta fascinante história de suspense, paixão e traição.

Depois de ter você

Ele, um dos atores de Hollywood de maior evidência da atualidade. Ela uma mulher de cinquenta em poucos anos, desencantada com o marido, desesperada para voltar a ser feliz. Seus caminhos se cruzam num momento quase fatídico, alterando o rumo de suas vidas para sempre. O pior acontece quando ele ganha o Oscar de melhor ator e dedica o prêmio à mulher que mudou seu destino. Era segredo, ninguém mais poderia saber, apenas ele não sabia e, com isso, novamente seus destinos são alterados.

"Depois de ter você" é um romance que retrata de forma singela o desejo de muitas mulheres, com o tempo ignoradas pelo marido que tanto amam, longe dos filhos, criados com tanto carinho, ansiosas por uma vida novamente repleta de amor ao lado de um homem interessante e amoroso. Algo possível de se realizar?

O amigo que veio das estrelas
Nem que o mundo caia sobre mim
As aparências enganam
Amor Incondicional
Teobaldo, o elefante azul
Leo Lindo, Lourdes Linda e a vaca Joia Regina Cacilda Múcha Fortuna
Muy Bella
Gatos muito gatos

e os CDs
A paz que as paixões roubaram de mim
Cantando com Teobaldo, o elefante
Criançando
Sagitariando

MAIORES INFORMAÇÕES
WWW.BARBARAEDITORA.COM.BR

Para adquirir um dos livros ou obter informações sobre os próximos lançamentos da Editora Barbara, visite nosso site:

www.barbaraeditora.com.br
E-mail: barbara_ed@estadao.com.br

ou escreva para:
BARBARA EDITORA
Rua Primeiro de Janeiro, 396 – 81
Vila Clementino – São Paulo – SP
CEP 04044-060
(11) 26158082
(11) 992084999
(11) 55815472

Contato c/ autor: americosimoes@estadao.com.br
Facebook: Américo Simões - romances
Blog: http://americosimoes.blogspot.com.br